KB059275

논어는
처음이지?

논어는
처음이지?

세상에서 제일 쉬운 논어 읽기

명로진 지음

세종
서적

논어를 읽기 전에도
그저 그런 사람이요,

읽은 후에도
그저 그런 사람이라면
곧 논어를
읽지 않은 것과 같다.

— 정이천 程伊川 (1033~1107), 《논어집주》에서

일러두기

1. 한문 원문 및 독음, 편과 절 나누기는 《논어》(유교문화연구소 지음, 성균관대학교출판부, 2005)를 기준으로 삼았다.

2. 원문 해석은 유교문화연구소, 김용옥, 김석환, 이한우, 류종목, 이기동, 신정근, 이재호, 제임스 레게 등의 판본을 참고해 편역했다. 해석이 서로 현저히 다를 경우에는 하나의 판본을 인용하고 출처를 밝혔다. 때로 여러 역자의 해석을 함께 실었다.

3. 한문 원문에 대한 띄어쓰기, 따옴표 및 문장부호 등은 필요에 따라 사용했다. 독음에는 문장부호 및 따옴표를 따로 넣지 않았다.

4. 원문의 "자子"는 "공자께서"라고 옮겼으나 다른 번역자의 것을 직접 인용할 경우 또는 상황에 따라 "선생님께서"로 번역했다.

5. 인물에 대한 소개는 각 역자의 주 및 사마천 《사기 열전》 중 〈중니제자 열전〉과 〈공자가어〉 그리고 《중국 역대 인명 사전》(임종욱 편저, 이화문화사, 2010)을 참고했다.

6. 편과 절은 "〈옹야〉 편 1절"처럼 표기했다.

7. 원문과 해석만으로도 이해할 수 있는 부분은 해설을 싣지 않았다.

8. 논쟁이 있는 절과 없어도 무방한 절은 생략했다. 중복해 나오는 절도 그중 하나를 생략했다. 특히 은인隱人이 등장하는 도가道家 스타일의 허구는 되도록 소개하지 않았다. 《논어》의 모든 절이 중요하지만 생략된 부분이 없어도 《논어》의 대의는 전혀 손상되지 않는다는 저자의 판단에 따른 구성임을 밝힌다.

9. 생략된 곳은 다음과 같다. 2-16, 2-20~23, 3-2, 3-9~12, 3-16, 3-21, 3-24~25, 4-16~17, 4-19~20, 4-22~24, 5-10, 5-12, 5-15, 5-17~18, 5-20~22, 5-24, 5-26, 6-13, 6-19, 6-22, 6-24~25, 7-27, 7-32~33, 7-35, 8-13, 8-16, 8-19~21, 10-4~5, 10-7, 10-11, 10-13~14, 10-16~18, 11-6, 11-10, 11-14, 11-20, 11-23, 12-6, 12-15, 13-3, 13-5, 13-7~9, 13-11~16, 13-19, 13-28~29, 14-12~13, 14-15~21, 14-27~34, 14-38~40, 14-42~44, 14-47, 15-4~6, 15-10, 15-14~18, 15-21~22, 15-24~27, 15-32~34, 16-5~6, 16-8, 16-10, 16-14, 17-6~8, 17-16~18, 18-5~7, 18-10~11, 19-15~19.

차례

들어가기 전에
잠들기 전 논어 한 구절   008

제1편 ○ **학이** 學而   011
제2편 ○ **위정** 爲政   034
제3편 ○ **팔일** 八佾   056
제4편 ○ **이인** 里仁   077
제5편 ○ **공야장** 公冶長   095
제6편 ○ **옹야** 雍也   114
제7편 ○ **술이** 述而   139
제8편 ○ **태백** 泰伯   167
제9편 ○ **자한** 子罕   184
제10편 ○ **향당** 鄕黨   211
제11편 ○ **선진** 先進   224
제12편 ○ **안연** 顔淵   244
제13편 ○ **자로** 子路   266
제14편 ○ **헌문** 憲問   283
제15편 ○ **위령공** 衛靈公   304
제16편 ○ **계씨** 季氏   323
제17편 ○ **양화** 陽貨   335
제18편 ○ **미자** 微子   354
제19편 ○ **자장** 子張   362
제20편 ○ **요왈** 堯曰   378

참고문헌   385
주   388

. . . .

잠들기 전
논어 한 구절

낮 동안 힘들었습니다. 급히 마감해야 할 일을 막았고 카드 빚을 메웠습니다. 그러나 여전히 일은 많고 재정 상황은 엉망입니다. 친구는 세상을 떠났고 멀리 있는 가족은 입원했습니다. 평수를 줄이며 이사하기를 수차례, 이제 더 이상 내려갈 곳이 없습니다. 이제 자야 할 시간, 《논어》를 펼쳐 듭니다.

> "선비가 도에 뜻을 두고 있으면서 헤진 옷과 거친 음식을 부끄럽게 여긴다면 더 이야기할 것이 없다."_〈이인〉편 9절

공자의 한마디에 눈시울이 뜨거워집니다. "나도 평생 내 뜻을 펼치지 못하고 살았어. 굶거나 버림받을 때도 있었지. 인생은 그런 거야." 인자한 할아버지가 제 어깨를 토닥토닥 두드려줍니다.

지난 10년 동안 잠들기 전에 《논어》를 펼쳐 눈에 들어오는 구절을 읽고는 했습니다. 처음에는 어렵고 생경하기만 했는데 자료를 찾아가며 읽다 보니 공자의 유머가, 인생이, 속내가 보였습니다. 유명한 학자도 아니고 고전을 전공한 사람도 아닌 제가 《논어》를 설명한다는 것은 어불성설입니다. 다만 《논어》에 숨은 드라마를 찾아 보이고 싶었습니다. TV 드라마보다 더 극적인 순간을 마주할 때마다 울며 웃으며 위로받았습니다. 그 감격의 순간을 나누고 싶을 뿐입니다.

이 책은 특히 《논어》를 처음 읽는 분들을 위해 썼습니다. 제가 그랬던 것처럼 보나 마나 《논어》는 지루하고, 고리타분하고, 어려울 거라고 생각하는 분들이 쉽고 재미있게 읽으실 수 있도록 애썼습니다.

《논어》를 읽는 시간은 힐링의 시간이었습니다. 자신을 써줄 사람을 찾아 천하를 헤매고, 이상을 펼치기 위해 70년이란 세월을 보냈으나, 그 어느 것도 이루지 못하고 인생을 마친 한 사나이의 목소리가 들려옵니다.

"물 한 그릇에 거친 밥, 팔베개 하고 자도 즐거움이 있나니. 옳지 못한 부는 내게 뜬구름." _〈술이〉 편 15절

공자가 우리에게 괜찮다고, 걱정하지 말라고 속삭이는 듯합니다. 너만 그런 거 아니라고, 다 그렇다고. 역사상 가장 위대한 성인 중 한 사람으로 추앙받는 나도 힘들고, 괴롭고, 곤궁했다고요. 사람은 누구나 다 그럴 때가 있다고 우리를 위안합니다.

"훌륭한 사람만이 어렵고 가난한 시절을 이길 수 있다." _〈위령공〉편 1절

힘든 낮 시간을 보내고 자기 전에 펼쳐 든 《논어》의 한마디가 평화를 줍니다. 이제 잠자리에 들어야겠습니다. 여러분도 공자 할아버지의 나직한 목소리를 듣고 마음의 평화를 얻으시기 바랍니다.

"남들이 나를 알아주지 않을까를 걱정하지 말고, 내가 남을 알아보지 못할까를 걱정하라." _〈학이〉편 16절

2017년 12월
나뭇잎이 살랑거리는 행신동에서
명로진

제 1 편 ○

학이

學而

1-1.

子曰 "學而時習之, 不亦說乎? 有朋自遠方來, 不亦樂乎? 人不知而不慍, 不亦
자왈　학이시습지　불역열호　　유붕자원방래　불역락호　　인부지이불온　불역
君子乎?"
군자호

공자께서 말씀하셨다. "배우고 때에 맞게 익히면 기쁘지 않은가? 친구가 있어
먼 곳에서 찾아오면 즐겁지 않은가? 사람들이 알아주지 않아도 신경 쓰지 않
으면 그야말로 군자라고 할 수 있지 않은가?"

•••• 보통 우리는 여기까지 읽고 《논어》를 집어던집니다. 도무지 뭐가 뭔지
모를 소리뿐이니 왜 아니겠습니까? 고리타분하고, 재미없고, 지루하고…《논
어》는 20편까지 있습니다. 눈 딱 감고 1편까지만 읽어 보십시오. 정말 괜찮은
인간 공자를 만나게 될 테니까요.

처음 두 문장은 설명이 필요 없습니다. 문제는 세 번째 문장입니다. "사람들이 알아주지 않아도 신경 쓰지 않으면"이란 뜻의 "인부지이불온" 중 "불온"의 뜻에 대해 그동안 "성내지 않는다면",[1] "화나지 아니하니",[2] "노여워하지 않는다면",[3] "원망치 않는다면",[4] 등의 해석이 지배적이었습니다. 저는 이 풀이가 진짜 이상했습니다. "내가 누군지 알아? 날 몰라보다니! 에이 쌍!" 사람들이 알아주지 않는다는 것이 이렇게까지 성낼 일인가요?

이런 괴상한 해석에 제일 크게 기여한 사람이 송나라 주희朱熹(1130~1200)입니다. 주희가 《논어집주論語集註》에서 "온, 함노의慍. 含怒意", 즉 온은 노여움을 품는다는 뜻이라고 해석한 이래 다들 이 대목을 '성내지 않으면'이라고 풀었습니다.

균형 감각을 가지고 살아본 사람은 압니다. 다른 사람들은 애당초 우리를 알아주지 않는다는 것을요. 우리가 사는 세상은 '인부지人不知'의 세상입니다. 알아주기를 원하는 마음 자체가 잘못된 겁니다. 잘 생각해보세요. 여러분을 아빠가 알아줍니까, 엄마가 알아줍니까, 형제자매가 알아줍니까? 알고 보면 가족이 인생의 주적이에요. 그렇다면 친구? 아무리 친하다고 해도 '취준생(취업준비생)'이나 실업자 친구라면 제 앞가림하기 바쁩니다. 애인? 각자도생이죠. 뭘 성을 내고 노여워합니까? 알아주지 않아도 "서운해하지 않으면",[5] "억울해하지 않으면"[6] 정도가 적당한 해석입니다. 저는 아예 "사람들이 알아주지 않아도 신경 쓰지 않으면"이라고 풀었습니다.

이 대목에 관한 한 압권은 북송 학자 윤돈尹焞(1071~1142)의 해설입니다.

"학문은 자신에게 달려 있고, 알아주고 알아주지 않음은 남에게 달려 있으니 어찌 서운할 것이 있겠는가? 學, 在己 知不知 在人 何慍之有?"[7]

대박! 인생은 자기한테 달린 겁니다. 남들이 뭐라 하든요. 정말 근사하지 않습니까?

다산 정약용과 오규 소라이

일본 에도시대 유학자 오규 소라이荻生徂(1666~1728)는 《논어징論語徵》(징徵은 검증한다는 뜻)이란 책을 써서 주희를 엄청나게 비난했다. "인부지이불온"의 "온"도 "울鬱(억울해하다)"로 풀었다. 소라이는 주희를 "아는 것도 없으면서 소견머리는 좁아터진 인간所見之陋"이라고 조롱했다.[8]

《논어징》은 소라이의 제자 다자이 순다이太宰春台에 의해 조선에 소개됐는데 소라이의 견해를 접한 조선의 선비들은 깜짝 놀랐다. 그들이 신처럼 생각하는 주희 선생님, 즉 주자를 소라이가 시정잡배처럼 다뤘기 때문이다. "주희의 생각은 억측일 뿐", "주희의 견해는 초라하다", "주희는 늘 이런 식이다. 개똥이다" 등 주희를 난도질했을 뿐 아니라 소라이의 학문 수준 또한 예상을 뛰어넘는 것이었다.[9]

이런 학문적 깊이와 사상적 자유로움에 충격을 받아 《논어》 비판서인 《논어고금주》를 쓴 사람이 바로 다산 정약용이다. 이는 조선 역사 500년에 거의 유일한 일이었다. 다산은 《여유당전서》에서 "그들의 글과 학문이 우리나라를 훨씬 초월했으니 참으로 부끄럽다"고 고백했다.[10] 그러나 주자를 비판하면 사문난적斯文亂賊

(유학의 사상을 어지럽히는 사람)이라고 파문했던 그 당시 사회에서 다산은 조심스러울 수밖에 없었다. 그는 스스로를 검열하며 글을 썼고 그렇다 보니 읽는 재미가 덜하다. 글의 본질 중 하나는 냉소인데, 경색된 시선이 지켜보는 한 분방한 독설이 살아남기란 힘들다.

1-2.

有子曰 "其爲人也孝弟 而好犯上者, 鮮矣. 不好犯上 而好作亂者, 未之有也. 君子務
유자왈 기위인야효제 이호범상자 선의 불호범상 이호작란자 미지유야 군자무
本, 本立而道生, 孝弟也者, 其爲仁之本與!"
본 본립이도생 효제야자 기위인지본여

유자가 말했다. "그 사람됨이 부모에게 효도하고 공손하면서 윗사람 해치기를 좋아하는 자는 드물다. 윗사람 해치기를 좋아하지 않으면서 난을 일으키기를 좋아하는 자는 있어 본 적이 없다. 군자는 기본에 충실하려고 애쓰는데 기본이 서야 도가 생기기 때문이다. 효와 제는 바로 인의 근본이리라!"

유자는 유약有若이라는 공자의 제자입니다. 공자보다 43세 연하였어요. 유자는 '유 선생님'이란 뜻입니다. 《논어》에 다른 제자들은 이름이 그대로 나오는데 유약은 이름과 함께 유자라는 존칭도 함께 나와요. 이렇게 선생님을 뜻하는 '자子'자가 붙는 제자는 유약(유자), 증삼(증자), 민자건(민자), 염유(염자)

정도입니다. 유 선생님이라는 표현이 나온 이유는 유자의 제자들이 글을 써서 그렇습니다. 《논어》는 공자의 얼굴을 보며 배운 제자, 그 제자의 제자(2대 제자), 2대 제자의 제자(3대 제자) 또 그 이후의 제자들이 쓴 책입니다. 유약, 증삼, 민자건, 염유의 제자들도 일부 집필에 참여했는데 선생님을 존칭 없이 이름만 쓰는 것이 예의에 어긋난다고 느껴서 선생님의 성에 '자' 자를 붙여 '유 선생님', '증 선생님' 이런 식으로 표기한 겁니다.

"군자무본"은 군자는 기본에 충실하다는 유명한 말입니다. 군자는 제대로 된 사람, 인격적으로 완성된 사람이란 의미인데 제대로 된 사람, 정말 괜찮은 사람은 근본에 신경을 쓴다는 뜻이죠. 한마디로 "뭣이 중헌디?"라는 질문에 "이것이 중허다!"라고 대답할 수 있고, 그 중요한 것에 더 집중하는 사람이라는 것입니다. 여기서 본本은 덕을 말합니다. 그럼 말末은? 이익이죠. 이 부분은 앞으로 반복해 나올 예정이니 여기서는 이 정도만 말씀드리겠습니다.

🌙 **1-3.**

子曰 "巧言令色, 鮮矣仁."
자왈 교언영색 선의인

공자께서 말씀하셨다. "말만 잘 늘어놓고 얼굴빛을 꾸미는 사람치고 드물구나! 인한 이가."

··· 교巧 와 영令 에는 모두 '예쁘다'는 뜻이 있습니다. 대체로 예쁘다는 판단은 남들이 합니다. 남의 환심을 사기 위해 달콤한 말을 하고 아첨하는 사람치고 진짜 좋은 사람은 드물다는 겁니다. 공자는 "교언영색"하는 사람을 제일 싫어했어요. 교언영색하지 않는 사람은 내면이 충실한 사람이고, 공자가 추구했던 이상적 인간상이 바로 이처럼 내면이 충실한 사람이었죠. 소라이는 "진실로 나에게서 덕을 이루는 데 힘쓰지 않고 오직 말과 안색의 아름다움만을 구한다면 한갓 남을 기쁘게 하는 데로 귀착된다"고 썼습니다.[11] 하여간 앞에 와서 간드러진 애교를 부리는 인간들은 무조건 조심해야 합니다.

1-4.

曾子曰 "吾日三省吾身 爲人謀而不忠乎? 與朋友交而不信乎? 傳不習乎?"
증자왈   오일삼성오신 위인모이불충호   여붕우교이불신호   전불습호

증자가 말했다. "나는 매일 세 가지로 내 자신을 반성한다. 남을 위해 일하면서 충실하지 못한 점은 없었나? 친구를 사귐에 믿음이 없었던 것은 아닌가? 배운 것을 올바로 익혔는가?"

··· 증자는 공자보다 46세 연하의 제자 증삼曾參입니다. 《논어》〈학이〉 편 1~4절은 자왈-유자왈-자왈-증자왈의 구조로 구성되어 있습니다. 자왈의

'자'는 공자님을 말하고 '유자'는 유 선생님, '증자'는 증 선생님이겠죠. 이 대목은 유약과 증삼의 제자들이 썼다는 설이 있습니다. 자기 선생님을 높이려고 큰 선생님인 공자님 말씀 사이에 선생님들 말을 하나씩 슬쩍 끼워 넣은 거죠.

증자의 "삼성오신—하루에 세 번 반성한다"는 문장도 많이 인용됩니다. '다른 이를 위해 일하며 충실하기', '친구를 믿음으로 사귀기' 다 좋습니다. 문제는 '배운 것을 올바로 익히기'인데 여기서 '배운 것'은 바로 공자 쌤에게 배운 것을 뜻합니다. 증자는 공자가 죽은 뒤 공자 학단의 리더가 되고 나서 제자들에게 이 이야기를 했습니다. 이때 증자는 선생이었지 학생이 아니었어요. 그러니까 저녁에 하루를 반성하면서 '배운 것을 올바로 익혔나' 반성한다는 것은 오래 전 공자 선생님에게 배운 것을 되새기면서 스스로 돌아봤다는 의미입니다.

☾ 1-5.

子曰 "道千乘之國, 敬事而信, 節用而愛人, 使民以時."
자왈 도천승지국 경사이신 절용이애인 사민이시

공자께서 말씀하셨다. "큰 나라를 다스리려면 일을 절제 있게 해서 백성에게 믿음을 주고, 비용을 절약하고 인재를 아끼며, 백성에게 일을 시키는 것은 때에 맞게 해야 한다."

•••• 말 네 마리가 끄는 수레를 승乘이라 합니다. "천승지국", 즉 천승의 나라는 전쟁을 할 때 천 대의 수레를 동원할 수 있는 나라로 공자가 살았던 춘추전국시대의 꽤 큰 나라를 뜻합니다.

큰 나라를 다스리는 도리는 일단 백성에게 믿음을 주어야 한다, 남의 돈이라고 막 쓰지 말고 비용을 절약해야 한다(이게 다 세금!), 또 인재를 아끼고 적재적소에 써야 한다는 겁니다. 이때는 인권이나 민주주의 개념이 없어서 임금이 백성을 정말 개돼지처럼 부렸습니다. 합당한 보상 따위 없이 궁궐을 짓는다, 성을 쌓는다 하면서 아무 때나 불러서 일을 시켰던 거죠. 공자는 그게 싫었던 겁니다. 그러니까 큰 나라를 다스릴 때는 꼭 필요한 일만 하고, 비용을 절약하고, 농번기처럼 바쁠 때는 사람 부르지 말고 좀 한가할 때 불러서 일을 시켜라, 공짜라고 막 불러다 쓰지 말라는 말씀이에요. 왠지 회사 사장님한테 하고 싶은 말이라고요?

1-6.

子曰 "弟子, 入則孝, 出則弟, 謹而信, 汎愛衆而親仁, 行有餘力, 則以學文."
자왈 제자 입즉효 출즉제 근이신 범애중이친인 행유여력 즉이학문

공자께서 말씀하셨다. "젊은이들아, 집에서는 부모에게 효도하고 밖에 나오면 어른을 공경하라. 말과 행실을 삼가고 믿음을 주며, 널리 사람을 사랑하되 인한 이를 가까이 하라. 이 모든 것을 행하고도 여력이 있거든 곧 공부를 해라."

····《논어》를 여러 번 읽으면서 '별말 아니네…' 하고 넘어가다가 갑자기 눈에 확 띄었던 구절입니다. 개인적으로 이런 상상을 해봅니다. 공자의 제자들이 아마도 "공부 좀 빨리 가르쳐주세요", "출세 비법 좀 알려주세요"라고 졸랐겠죠. 공자의 이름이 알려지기 시작하면서 전국에서 제자들이 몰려들었는데 잘나갈 때는 수백 명이 한꺼번에 제자로 있기도 했습니다. 그런데 쓸 만한 제자는 열에 하나 있을까 말까였던 거예요. 그저 어떻게든 속성으로 공자의 학문을 배워서 밖에 나가 판검사 되고 CEO 될 생각만 있었던 겁니다. 그런 제자들을 보는 공자의 심정이 어땠을까요? 효도가 먼저, 어른 공경이 먼저, 믿음직한 언행이 먼저, 박애하고 인한 사람을 가까이 하는 것 먼저! 이 모든 것을 다 하고도 힘이 남으면 공부! "얘들아. 공부가 다가 아니다. 먼저 인간이 되어라"라고 말씀하시는 겁니다.

1-7.

子夏曰 "賢賢易色 事父母, 能竭其力 事君, 能致其身 與朋友交, 言而有信, 雖曰未
자하왈 현현역색 사부모 능갈기력 사군 능치기신 여붕우교 언이유신 수왈미
學, 吾必謂之學矣."
학 오필위지학의

자하가 말했다. "어진 이를 좋아하기를 아름다운 여인 좋아하듯 하고, 부모를 섬
길 때 그 힘을 다하고, 임금을 섬길 때 그 몸을 다 바치며, 친구와 사귈 때 신의가
있다면 비록 배우지 않았다 해도 나는 반드시 그를 배운 사람이라 하겠다."

···· 자하는 공자보다 44세 연하의 제자로 기억력이 뛰어나고 책을 많이 읽
었던 사람입니다. 바로 앞 6절과 비슷한 맥락이죠. 학벌이나 학력 따지지 마라.
신의성실한 사람이면 됐다는 것이 자하의 주장입니다.

1-8.

子曰 "君子不重則不威, 學則不固. 主忠信, 無友不如己者, 過則勿憚改."
자왈 군자부중즉불위 학즉불고 주충신 무우불여기자 과즉물탄개

공자께서 말씀하셨다. "군자는 무게가 없으면 위엄이 없고 학문을 해도 건실하
지 못하게 된다. 충성과 신의를 중요하게 여기고 자기와 가는 길이 다른 자를

친구로 삼지 않으며 잘못했으면 고치기를 꺼리지 말아야 한다."

．．．． 앞서 "군자"라는 말이 이미 나왔지만 조금 더 깊이 들어가 보겠습니다. 사실 저는 이 말이 《논어》를 몇 년씩 읽어도 피부에 와닿지 않았습니다. 그러다 옥스퍼드 대학의 레이먼드 도슨Raymond Dawson 교수가 쓴 《논어》를 보니 군자를 "a true gentleman"이라고 해석해놓았더라고요.[12] 그 대목을 본 순간 바로 이거다 했습니다. 중국 선교사로 동양 고전을 서양에 소개하는 데 일조한 제임스 레게James Legge(1815~1897)는 군자를 "a man of complete virtue"라고 해석했습니다.[13] 완벽한 덕을 갖춘 사람이 되기 힘들겠죠? 역시 선교사인 윌리엄 수트힐William Soothill(1861~1935)은 "a true philosopher"라고 해석했고요.[14] 진정한 철학자는 아무래도 좀 멀리 간 느낌입니다. 역시 젠틀맨이 맞는 것 같습니다. 진짜 신사! 이해가 팍팍 됩니다.

"자율적 인간",[15] "제대로 배운 사람"[16]처럼 아예 군자란 말을 쓰지 않은 책도 있어요. 소라이는 "군자는 백성을 기르는 덕을 갖춘 사람"이라고 주장합니다.[17] 저는 군자가 거의 일반 명사가 됐다고 생각합니다. 여러분이 생각하는 제일 괜찮은 사람, 그 사람이 군자입니다.

"무우불여기자"를 "자기만 못한 사람과 벗하지 마라"라고 해석해놓은 책이 많습니다. 되게 치사한 해석입니다. 꼭 자기보다 잘난 사람하고만 만나야 합니까? 그럼 반에서 꼴등 하는 아이는 누구랑 사귀라는 말입니까?

자기보다 못한 사람은 만나지 말라는 설정은 공자의 가르침과 거리가 멉니다. '자기와 동류가 아닌 사람', '가는 길이 다른 사람', '올바른 도를 추구하지 않는 소인' 정도의 뜻이죠. 유유상종. 당신이 만나는 사람이 바로 당신입니다. 외롭다고 아무나 만나지 말기. 심심하다고 아무하고나 놀지 말기. 차라리 혼자 놀기. 이렇게 보면 될까요?

🌙 1-9.

曾子曰 "愼終追遠, 民德歸厚矣."
증자왈　신종추원　민덕귀후의

증자가 말했다. "삶의 마감을 신중히 하고 먼 조상까지 추모하면, 백성의 덕이 후하게 될 것이다." [18]

　　⋯ 유학자들은 삶을 마감하는 상례를 잘 치르고 조상을 추모하는 제사를 중요하게 여겼습니다. 이렇게 되면 백성이 길이길이 잘 먹고 잘 살게 된다는 말입니다. 춘추시대에 조상을 추모하는 일은 일종의 신앙이었습니다. 조상 덕을 보면 현세에 잘된다고 믿었던 것이죠. 조상의 영혼이 어떤 형태로든 현재의 나에게 영향을 미친다고 생각했습니다. 선조의 도움을 얻는 첫 번째 절차는 장례입니다. 할아버지, 아버지가 돌아가셨을 때 장례를 허술하게 치르면 조상님

이 서운해하시겠죠. 그럼 후손들 도울 생각이 나겠습니까? 그러니까 첫 번째로 장례 의식을 신경 써서 잘 행했고, 오래전 조상까지 추모하는 마음을 가졌습니다. 물론 이런 생각이 과도한 관행을 낳아 증조, 고조 또 그 이상 되는 조상의 제사까지 지내며 에너지를 낭비했던 것은 참 실수였습니다.

이 구절이 단순히 조상 추모, 즉 현실 구복을 뜻하는 건 아닙니다. 삶의 유한함과 그 속에서 영원성을 추구하며 살았던 인간 존재의 어떤 성스러운 소망을 담은 문구라고 보면 어떨까요?

☾ 1-10.

子禽問於子貢曰 "夫子至於是邦也, 必聞其政, 求之與, 抑與之與?" 子貢曰 "夫子溫
자금문어자공왈 부자지어시방야 필문기정 구지여 억여지여   자공왈 부자온
良恭儉讓以得之. 夫子之求之也, 其諸異乎人之求之與!"
량공검양이득지 부자지구지야 기저이호인지구지여

자금이 자공에게 물었다. "선생님께서 어떤 나라에 가시면 꼭 정치에 대한 자문이 들어오더군요. 그것은 선생님이 요구하신 겁니까? 아니면 그 나라에서 요청한 겁니까?" 자공이 답했다. "선생님께서는 따뜻하고 선량하고 공손하고 검소하고 사양하심으로써 그런 기회를 얻은 것이네. 선생님께서 일하시는 방식은 다른 사람들과는 차원이 다르지."

••• 자금은 공자의 제자이면서 자공의 제자이기도 합니다. 자공은 공자

의 3대 제자 중 한 사람이죠. 자공은 공자 학단을 재정적으로 뒷받침한 사람으로 공자의 비서실장 역할도 했습니다. 개인적으로 제가 제일 좋아하는 캐릭터입니다. 공자가 중국 전역을 돌 때 돈이 떨어지기도 하고 식량이 동나기도 했어요. 이럴 때 묵묵히 어딘가로 가서 곡식을 얻어오거나 일을 얻어오는 사람은 자공이었죠. 다른 제자들은 사냥을 하거나 청소를 할 때, 자공은 중개무역으로 큰돈을 벌어 공자 학원을 후원하거나 잡곡을 몇 수레씩 실어 왔습니다. 그런데도 일부 제자들은 "오늘은 왜 이렇게 밥이 적냐?"고 불평이나 해댔습니다. 그러거나 말거나 자공은 묵묵히 이들의 식생활을 책임집니다. 왜? 그저 공자 선생님에 대한 존경심 때문이었죠. 아, 눈물이 납니다.

이 대목에서 자금이 자공에게 왜 공자 선생님은 그렇게 정치에 관심이 많으신가 하고 물으니 자공은 공자께서 정치에 관심을 가지는 것은 다른 사람들과 비교할 수 없는 것이라며 자기 선생님을 변호합니다. 공자께서는 자리 하나를 얻어 목에 힘이나 주려고 정치에 관심을 갖는 게 아니라 '정치다운 정치'라는 이상을 펼치기 위해 그랬다는 이야기입니다.

주연 공자와 조연 제자들

《논어》의 주인공이 공자라면 조연은 자로, 자공, 안회 이렇게 세 명의 제자다. 이 세 사람 이름은 외워두어야 한다. 《논어》에 수시로 등장하기 때문이다.

1) 자로子路 (기원전 542~기원전 480)

이름은 중유仲由 또는 계로季路 . 공자보다 9세 연하로 공자의 가족이나 같은 인물. 《논어》의 코믹한 부분은 대체로 자로의 몫이다. 무인 기질이 다분하고 우직했다.

장점: 솔직 담백하고 대쪽 같은 성격. 모 아니면 도. 정치적으로는 진보적 성향.

단점: 생각이 지나치게 단순함. 공자에 대한 이해가 2퍼센트 부족함.

2) 자공子貢 (기원전 520~기원전 456)

이름은 단목사端木賜 . 공자보다 31세 연하로 사단의 재정을 책임지고 공자 그룹을 이끈 리더였다. 국제적인 사업가로 돈도 잘 벌었고, 공자와 고담준론을 나눌 수 있었던 유일한 인물이었다.

장점: 뛰어난 경제적·외교적 능력과 현실감각. 공자의 의중을 가장 잘 파악함.

단점: 돈 버느라 바빠서 공부를 충분히 못함. 그래도 2등.

3) 안연顔淵 (기원전 521~기원전 490)

이름은 안회顔回 . (공자가 "안회"라는 호칭을 자주 썼으므로 이 책에서는 안연 대신 안회라는 이름을 썼다.) 공자보다 30세 연하로 공자의 애제자이자 수제자. 공자 학통을 이끌 베드로 같은 인물이었으나 31세로 요절했다.

장점: 공자와 이심전심. 공자의 뮤즈. 뛰어나게 명석해 늘 1등이었음.

단점: 건강 부실. 공자와 일심동체라 질문이 없음. 너무 모범생이라 재미없음.

🌙 1-11.

子曰 "父在, 觀其志 父沒, 觀其行 三年無改於父之道, 可謂孝矣."
자왈 부재 관기지 부몰 관기행 삼년무개어부지도 가위효의

공자께서 말씀하셨다. "아버지가 살아계실 때는 그 뜻을 잘 살피고, 돌아가셨을 때는 그 행한 바를 잘 살펴서 3년 동안 부친의 길을 고치지 않는다면 효라고 할 만하다."

다 좋은데, 일단 아버지께서 올바른 삶을 사셔야 한다는 것이 문제입니다. 공자는 결코 "무조건 효도하라"고 다그치지 않아요. 아버지께서 살아계실 때 그분의 인생관, 역사관, 인간관을 잘 살펴보라고 말합니다. 그런데 만약 아버지께서 가시려고 하는 길이 옳지 않을 때는 어떻게 할까요? 공자는 〈이인〉 편 16절에서 "부모님의 잘못을 지적할 때는 가만히 말씀드려라"라고 합니다. "부모님이 잘못해도 입 다물고 가만히 있으라"고 하지 않았어요. 그래도 부모님이 변하지 않을 수 있습니다. 공자는 이어 "설사 부모님이 바뀌지 않아도 비뚤어지지 말고 더욱 공경하라"고 덧붙입니다. 대통령은 바꿀 수 있어도 부모님을 바꿀 수는 없어요. 진심을 다해 공경하는 것만이 우리의 할 일이죠. 돌아가시고 나면 그분이 행한 좋은 일, 바른 일을 잘 살펴서 3년 동안 부친의 길을 지키는 사람. 공자는 이런 사람이 효를 아는 사람이라고 보았습니다.

1-12.

有子曰 "禮之用, 和爲貴. 先王之道, 斯爲美, 小大由之. 有所不行, 知和而和, 不以禮
유자왈 예지용 화위귀 선왕지도 사위미 소대유지 유소불행 지화이화 불이례
節之, 亦不可行也."
절지 역불가행야

유자가 말했다. "예를 적용할 때는 사람 사이의 조화가 중요하다. 앞선 시대의 훌륭한 왕들은 모두 조화를 아름답게 여겼다. 하지만 작은 일이나 큰일이나 조화만 생각한다면 이루어지지 않는 것도 있다. 오직 조화만을 알고 조화를 우선하면서, 예로써 절제하지 않는다면 또한 안되는 일이 있을 수도 있다."

••••• 논란이 많은 대목입니다. '예'라는 것은 질서이자 기준인데 이것만 내세우면 각박해질 수가 있겠죠? 그래서 '화', 즉 사람 사이의 조화를 귀하게 여겨서 예와 화를 적용해야 한다는 뜻입니다. "예지용 화위귀"에 대해서는 다양한 해석이 있으니 석학들의 번역을 비교해보시기 바랍니다.

"인간관계에 있어서는 인화가 중요한 바 이는 예를 통하여 이룩할 수 있으므로 예를 통하여 인화를 이룩하지 않고 억지로 인화를 위한 인화를 추구한다면 참다운 인화에 이를 수 없다는 뜻이다".[19] "전통 의식의 작용은 다른 것과 서로 잘 어울리게 함을 목표로 한다".[20] "예의 쓰임은 화기和氣를 귀하게 여긴다".[21] "예의 씀은 화가 귀함이 되니".[22] "예절의 시행은 화합이 소중한 것이다".[23] "예를 시행함에는 조화를 이룸이 가장 소중하다".[24]

🌙 1-13.

有子曰 "信近於義, 言可復也. 恭近於禮, 遠恥辱也. 因不失其親, 亦可宗也."
유자왈 신근어의 언가복야 공근어례 원치욕야 인불실기친 역가종야

유자가 말했다. "올바름에 가까운 약속을 해야 실천할 수 있다. 예의를 잃지 않는 공손함을 가져야 치욕을 멀리할 수 있다. 그렇게 해서 가까운 이를 잃지 않는다면 또한 본받을 만하다."

· · · 올바름에 가까운 약속을 하고 그것을 실천했다고 칩시다. 공손하지만 비굴하지는 않게 처신했다 치자고요. 하지만 누군가는 그것을 싫어할 수도 있겠죠. "썩 옳은 일은 아니지만 나를 위해서 해달라", "사람이 뭐 그렇게 뻣뻣해" 하면서요. 이렇게 곁을 떠나는 사람은 어쩔 수 없다는 말씀입니다. 그래서

올바르게 살았는데 가까운 사람들이 멀어지지 않았다면 그런 사람은 따를만
하다는 거죠.

1-14.

子曰 "君子食無求飽, 居無求安, 敏於事而愼於言, 就有道而正焉, 可謂好學也已."
자왈 군자식무구포 거무구안 민어사이신어언 취유도이정언 가위호학야이

공자께서 말씀하셨다. "군자가 음식을 배불리 먹기를 바라지 않고, 집이 넓고
좋기를 바라지 않으며, 일에는 민첩하고 말에는 신중하고 올바른 생각을 갖고
스스로를 바로잡는다면 그야말로 학문을 좋아하는 이라고 할 만하다."

•••• 여기에는 군자에 대한 네 가지 정의가 나옵니다.

첫째, 배불리 먹기를 바라지 않는다. 다이어트를 해야 할까요? 먹는 것은 부
차적인 문제라는 의미입니다. 맛있는 음식, 기름진 음식을 배부르게 먹는 것이
인생의 중요한 문제여서는 안 됩니다. 저는 미식가가 아닙니다. 맛있는 음식을
먹기 위해 여기저기 찾아다니고, 그런 TV 프로그램을 보는 것이 하나도 재미
가 없습니다.

둘째, 집이 넓고 좋기를 바라지 않는다. 도널드 트럼프는 군자가 아닌 것만은
확실합니다. 이 역시 부차적인 문제입니다.

셋째, 일에 민첩하고 말에 신중할 것. 이걸 거꾸로 하면 안 되겠죠. 말은 민첩하게 하고 일은 천천히 하는 것은 아니라는 말씀입니다.

넷째, 올바른 생각으로 바르게 살기. 올바른 생각을 가지고 그 생각을 실천하는 것이 군자의 도리입니다.

1-15.

子貢曰 "貧而無諂, 富而無驕, 何如?" 子曰 "可也. 未若貧而樂, 富而好禮者也."
자공왈 빈이무첨 부이무교 하여 자왈 가야 미약빈이락 부이호례자야
子貢曰 "詩 云 '如切如磋, 如琢如磨,' 其斯之謂與!" 子曰 "賜也始可與言 詩 已矣,
자공왈 시 운 여절여차 여탁여마 기사지위여 자왈 사야시가여언 시 이의
告諸往而知來者."
고저왕이지래자

자공이 말했다. "가난하면서도 아첨하지 않고 부유하면서도 교만하지 않으면 어떻습니까?" 공자께서 말씀하셨다. "괜찮다. 하지만 가난하면서도 즐겁게 살고 부유하면서도 예를 좋아하는 사람만은 못하다." 자공이 말했다. "《시경》에 '자른 것 같고 다듬은 것 같고 쫀 것 같고 간 것 같다'고 한 것은 바로 이런 것을 두고 말하는 것이겠군요!" 공자께서 말씀하셨다. "사야, 이제 너와 함께 《시경》을 이야기할 수 있겠구나. 지나간 일을 알려주었더니 앞으로 닥쳐올 일을 아니 말이야."

· · · 〈학이〉 편의 빛나는 구절입니다. 자공의 물음은 욕망을 담고 있습니다.

《논어》에 나오는 제자들의 질문은 모두 욕망의 표현입니다. 자공이 "가난하지만 아첨하지 않고 부자지만 교만하지 않으면 어떻습니까?" 하고 물은 것은 "그 정도면 괜찮죠?"라는 의미입니다. 나아가 '내가 이 정도는 실천하고 있으니 선생님도 잘한다고 칭찬하시겠지' 하는 마음이 들어 있죠. 자기가 생각했을 때 그 정도면 훌륭하거든요.

그런데 공자를 보세요. "괜찮기는 해…" 하면서 한 단계 더 높은 기준을 제시합니다. 바로 "빈이락 부이호례", 즉 가난하지만 삶을 즐기고 부자이나 예를 좋아하는 단계죠. 자공이 90점 정도를 제시했다면 탁월한 선생인 공자는 98점 수준을 역으로 제안한 것입니다.

그랬더니 자공이 어떻게 대답하는지 보십시오. "아, 얼마 전에 제가 읽은 시 중에 '절차탁마'란 구절이 있었는데 바로 선생님의 말씀이 그걸 뜻하는 거군요!" 하고 맞장구를 칩니다. 절차탁마란 자르고 다듬고 쪼고 갈아야 멋진 조각이 된다는 뜻입니다. 원래 《시경》에 나오는 구절은 "빛나는 모습의 군자여! 자른 듯 다듬은 듯 쫀 듯 간 듯 조각 같구나"예요.

미남을 조각으로 만든다 칩시다. 대충 해서는 미남이 나오지 않아요. 최선을 다해서 선 하나하나 세심하게 갈고 쪼아야 하죠. 이런 과정 자체가 인격을 완성하는 과정과 똑같다는 말입니다.

말귀를 잘 알아듣는 제자가 예뻐서 선생님 왈 "이제야 너와 시를 이야기할 수 있겠구나" 하고 칭찬을 합니다. 이 얼마나 드라마틱한 장면입니까? 자공도 귀엽고 공자도 멋지지 않습니까?

1-16.

子曰 "不患人之不己知, 患不知人也."
자왈　불환인지불기지　환부지인야

공자께서 말씀하셨다. "남들이 나를 알아주지 않을까를 걱정하지 말고, 내가 남을 알아보지 못할까를 걱정하라."

헉! 이 편의 첫 번째 절에 나온 "남들이 알아주지 않아도 신경 쓰지 마라"와 일맥상통합니다. 결국 《논어》 편집자들은 〈학이〉 편의 시작과 끝을 같은 의미로 짜놓은 것입니다. 남들이 뭐라 하든 내버려두어라, 걱정하지 말라, 아예 관심을 갖지 말라는 말씀이죠. 내 인생은 나의 것이고 모든 시작과 끝은 내 마음에 있으니 말입니다.

제 2 편 ○

위
정

爲政

2-1.

子曰 "爲政以德, 譬如北辰, 居其所而衆星共之."
자왈 위정이덕 비여북신 거기소이중성공지

공자께서 말씀하셨다. "덕으로 정치를 한다는 것은 비유하자면 북극성이 제자리에 있는데 뭇 별들이 이를 에워싸고 도는 것과 같다."

정치는 덕으로 해야지 힘이나 돈 혹은 꾀로 해서는 안 된다는 겁니다. 덕을 베풀며 정치를 하는 것은 마치 북극성이 중심이 되고 다른 별들이 그것을 기준으로 돌듯이 자연스럽고 올바른 것이죠.

참으로 당연한 말씀입니다. 《논어》에는 이렇게 지당한 말씀이 차고 넘칩니다. 하지만 하나 마나 한 말이기도 해요. 문제는 실천이니까요. 당장 21세기 대한민국만 봐도 그렇습니다. 덕으로 하는 정치가 활짝 피어나길 바랍니다.

2-2.

子曰 "詩 三百, 一言以蔽之, 曰思無邪."
자왈 시 삼백 일언이폐지 왈사무사

공자께서 말씀하셨다. "《시경》 300편의 시는 한마디로 말해서 이것이다. 깨끗한 마음."

••••《시경》은 공자 이전부터 당시까지 유행했던 노래 300여 편을 모아놓은 책입니다. 유행가와 가곡이 망라되어 있죠. 《시경》은 한마디로 공자 학단의 학습 교재였어요. 여기 실린 시는 대부분 '풍'이라는 사랑 노래입니다. 물론 연회나 제사 때 불렀던 노래도 있습니다. 가사에는 역사, 지리, 풍습 등이 녹아 있죠. 공자는 제자들과 함께 노래를 하면서 가르쳤던 겁니다. 왜? 배움에는 즐거움이 있어야 하니까요.

공자는 탁월한 금琴(작은 거문고) 연주자이기도 해서 직접 금을 켜 제자들에게 들려주면서 노래를 가르쳤습니다. 노래는 암기할 필요가 없죠. 자주 부르다 보면 자연스럽게 외워집니다. 이 속에 사랑, 사상, 문학, 예술, 지식이 들어 있으니 노래하다 보면 알게 되고 깨닫게 되는 겁니다. 굳이 머릿속에 집어넣으려고 애쓸 필요가 없어요.

그때는 문맹률이 높았습니다. 공자 학당에 들어와서 처음 글을 배우는 사람도 있었을 겁니다. 이때 무리하게 한문을 가르치기보다는 노래를 먼저 가르치는 게 맞아요. 우리도 초등학교에 들어가서 노래를 가장 먼저 배우지 않았습니까? "둥근 해가 떴습니다" 기억하시죠? 배운 지가 40년이 넘었는데 아직도 기억이 납니다. 그럼 공자가 제자들과 합창해가면서 가르쳤던 시가 말하는 것은 무엇이냐? 공자 스스로 답한 겁니다. "사무사", 즉 꼬이지 않은 속과 거짓 없는 마음 그리고 좋은 생각!

☾ 2-3.

子曰 "道之以政, 齊之以刑, 民免而無恥 道之以德, 齊之以禮, 有恥且格."
자왈 도지이정 제지이형 민면이무치 도지이덕 제지이례 유치차격

공자께서 말씀하셨다. "법만 가지고 이끌고 형벌로 다스리면, 백성은 법망을 빠져나가는 것을 부끄러워하지 않는다. 덕으로 인도하고 예로 다스리면 부끄러움을 알게 되어 백성은 바르게 된다."

⋯⋯ 법보다 덕이 먼저고, 벌을 내리기보다는 예로 다스리는 것이 우선입니다. 법만 앞세우면 사람은 누구나 당장의 처벌만 피하면 된다고 여깁니다. 죄를 짓고도 걸리지만 않으면 된다는 것이죠. 덕으로 인도하고 예로 다스리면? 이건 내면의 문제입니다. 누구에게 걸리고 말고 하는 문제가 아니에요. 경찰이 없어도 신호를 지키고, 보는 이가 없어도 떨어진 지갑을 슬쩍하지 않는 것처럼

요. 각자의 양심, 즉 내면이 하는 말을 듣고 죄를 지으면 부끄러워해야 합니다. 지갑을 주우면 당연히 파출소에 가져다주어야 해요. 그래야 내가 스스로 떳떳하니까요.

2016년에 처음 베를린을 방문해서 지하철을 탔을 때 깜짝 놀랐습니다. 개찰기가 없었습니다. 지켜보는 승무원도 없었습니다. 아예 표를 검사하는 시스템 자체가 없었습니다. 시민들이 알아서 표를 사고 구입한 표를 지갑 속에 넣고 다닙니다. 하루권, 한 달권 등이 있고 기한이 지나면 다시 표를 삽니다. 물론 어쩌다 한 번 검사를 합니다만, 검사와 상관없이 자율적으로 표를 삽니다. 신뢰사회이기 때문입니다. 공자님 말씀처럼 "부끄러움을 알게 되어 바르게 된" 경우라고 할까요? 남에게 부끄러울 뿐 아니라, 나에게 부끄러울 줄 알아야 진짜 바르게 되지 않을까 하는 생각을 해봅니다.

 2-4.

子曰 "吾十有五而志于學, 三十而立, 四十而不惑, 五十而知天命, 六十而耳順, 七十
자왈 오십유오이지우학 삼십이립 사십이불혹 오십이지천명 육십이이순 칠십
而從心所欲不踰矩."
이종심소욕불유구

공자께서 말씀하셨다. "나는 열다섯 살에 학문에 뜻을 두었고 서른 살에 뜻을
세웠다. 마흔 살에는 흔들리지 않게 됐고 쉰 살에는 천명이 무엇인지를 알았

다. 예순 살 때는 누가 뭐라 해도 받아들일 수 있었고 일흔 살이 되니 내 마음이 하고 싶은 대로 해도 법도를 벗어나지 않게 되었다."

청소년기에는 어른이 되면 뭘 할지 정해야 합니다. 공자는 열다섯에 학문에 뜻을 두었습니다. 공자의 일생에서 굉장히 중요한 결정입니다. 공자는 하급 무사인 숙량흘과 안 씨 사이에서 태어났습니다. 숙량흘과 안 씨는 정식으로 결혼을 한 사이가 아니었어요. 안 씨는 숙량흘의 세 번째 부인이자 비공식적인 부인이었습니다. 본가에서 인정받지 못했죠. 그러다 공자가 세 살 때 아버지가 돌아가시고 어머니 홀로 공자를 키워요. 안 씨는 다른 집에 잔치가 있을 때 가서 요리를 해주고 잡다한 일을 하며 공자를 키웁니다. 어렵게 살았죠. 철들 무렵 공자는 이런 고민을 합니다. '자, 객관적으로 판단해보자. 우리 집에 돈이 있나, '빽'이 있나, 가문이 좋은가? 아무것도 없다. 나 하나다. 내가 일생 동안 뭘 해야 잘 살 수 있을까? 운동? 아직 프로스포츠가 없다. 무술? 무사의 자식이지만 사람을 해치는 건 나랑 안 맞는다. 그래, 역시 공부다!' 이랬던 겁니다. 그때부터 공자는 일생 동안 공부만 파고듭니다. 실로 공자는 공부를 좋아했고, 공부로 알려지고 공부로 이름을 남긴 사람입니다. 〈공야장〉 편 28절에도 나왔듯이 스스로를 일러 "공부를 좋아하는 사람"이라고 했으니까요.

서른 살이 되면 '립立'을 해야 해요. 독립, 자립이란 뜻입니다. 언제까지 부모님한테 얹혀살 겁니까? 마흔 살이 되면 흔들리지 않는다? 어려워요. 오십에 지천명? 힘듭니다. 그러나 우리가 공자님처럼 꼭 그렇게 되기는 어려워도 한번 애써나 봅시다. 저도 잘 안 되지만 말입니다.

2-5.

孟懿子問孝, 子曰 "無違." 樊遲御, 子告之曰 "孟孫問孝於我, 我對曰 '無違.'" 樊遲曰
맹의자문효 자왈 무위 번지어 자고지왈 맹손문효어아 아대왈 무위 번지왈
"何謂也?" 子曰 "生, 事之以禮 死, 葬之以禮, 祭之以禮."
하위야 자왈 생 사지이례 사 장지이례 제지이례

맹의자가 효에 대해 묻자 공자께서 말씀하셨다. "어기지 않아야 하오." 수레에
오르자 공자께서 번지에게 말했다. "맹손이 내게 효에 대해 물어서 내가 '어기
지 않아야 한다'고 대답했다." 번지가 물었다. "뭘 어기지 않아야 한다는 말씀
이죠?" 공자께서 대답했다. "살아 있을 때 예로 섬기고, 돌아가시면 예로 장사
지내고 제사도 예로 모시는 것을 말한다."

···· 공자의 조국인 노나라에는 임금이 있었지만 실권은 없었습니다. 한마
디로 왕은 얼굴마담이었고, 실권은 세 대부 집안이 쥐고 있었죠. 맹손孟孫씨,
숙손叔孫씨, 계손季孫씨 가문이었는데 이를 삼환三桓이라고 불러요. 모두 노환
공魯桓公 (?~기원전 694)의 후손이었기에 '환공의 후손 세 집안'이란 뜻입니다.
　계손씨가 가장 큰 힘을 갖고 있었고 맹손씨는 공자에게 우호적이었습니다.
공자 역시 기본적으로는 세 집안을 모두 경멸했지만 맹손씨 가문과는 그나마

좋은 관계를 유지했죠.

번지樊遲는 공자의 제자로 46세 연하였습니다. 힘이 좋아서 공자 말년에 공자의 수레를 몰았죠. 말하자면 개인 운전사였는데 힘은 셌지만 머리는 썩 좋지 않았어요. 그래도 공자의 드라이버였던 덕에 《논어》에 자주 이름이 나옵니다. 이 대목에서 번지의 질문은 아주 정확합니다. 효는 어기지 않는 것이라니? 도대체 뭘 어기지 말라는 것인가? 그랬더니 공자가 줄줄이 설명을 해요. 맹의자는 '어기지 말라'는 말을 알아들었을까요? 맹의자는 왜 번지 같은 질문을 하지 않았을까요? 질문도 뭘 알아야 하는데, 이때 맹의자는 건성으로 물었거나 공자의 대답을 한 귀로 듣고 다른 귀로 흘린 게 분명합니다.

2-6.

孟武伯問孝, 子曰 "父母唯其疾之憂."
맹무백문효 자왈 부모유기질지우

맹무백이 효에 대해 묻자 공자께서 답하셨다. "부모는 오직 자식이 다치지 않을까 걱정한다네."

맹무백은 앞서 나왔던 맹의자의 아들입니다. 공자가 맹의자와 같이 정치를 했으니까 맹무백은 동료의 아들이죠. 이 사람은 이름에 '무武' 자가 들어

갔을 정도로 용맹함을 자랑하고 무용을 세우기 바랐던 것 같습니다. 지금으로 말하자면 베트남전, 이라크전 이런 곳에 막 파병을 나가고 그랬나 봐요. 또 길거리에서 싸움질도 하고 다니니 찰과상은 기본이고 맨날 어디 다치고 부러지고 그러는 겁니다. 그러니 부모가 얼마나 걱정했겠어요. 이런 인간이 공자님께 "효도하려면 어떻게 해야 합니까?" 하니 공자는 "이보게, 자네 몸이나 잘 건사하게"라고 하신 거죠.

2-7.

子游問孝, 子曰 "今之孝者, 是謂能養. 至於犬馬, 皆能有養, 不敬, 何以別乎?"
자유문효 자왈 금지효자 시위능양 지어견마 개능유양 불경 하이별호

자유가 효에 대해 묻자 공자께서 답하셨다. "요즘에는 효라는 것이 부모를 먹여 살리기만 하면 되는 줄 안다. 개나 말도 음식을 주어 기르는데 만약 공경하는 마음이 없다면 이것과 다를 바가 있겠느냐?"

･･･ 이거 진짜 뜨끔한 대답이죠? 자유는 공자보다 45세 연하입니다(35세 연하라는 설도 있습니다). 문무를 겸비했고 무성이라는 고을의 군수를 맡았을 정도로 실력이 있었습니다. 이런 자유가 부모님을 모시는 데 경제적으로 어려울 것은 없었어요. 공자는 자유에게 "좋은 음식을 드리고 모시는 게 다가 아니다.

네 마음속에 공경하는 마음이 있어야 한다!"고 일침을 놓으신 거죠.

2-8.

子夏問孝. 子曰 "色難. 有事, 弟子服其勞 有酒食, 先生饌, 曾是以爲孝乎?"
자하문효 자왈 색난 유사 제자복기로 유주사 선생찬 증시이위효호

자하가 효도에 대해 묻자 공자께서 말씀하셨다. "얼굴빛을 부드럽게 하기가 어렵다. 자식이 되어 힘든 일을 하고 술과 음식이 생기면 어른에게 드리는 것만으로 어찌 효도라고 할 수 있겠느냐?"

자하는 강직한 성격이었습니다. 그래서 공자께서는 혹시라도 자하가 부모님께도 무뚝뚝하게 대할까 봐 "부드러운 얼굴로 부모를 모셔라"라고 말씀하셨어요.

똑같이 효에 대해 물어도 공자는 이렇게 저마다 다른 대답을 합니다. 제자의 성격과 상황을 파악하지 못하면 할 수 없는 일이죠. 공자의 생애를 통틀어 제자가 3000명이나 됐고 그중 이름을 남긴 제자가 77명인데 공자는 제자의 가족, 경제적 상황, 성품을 모두 꿰고 있었습니다. 그래야 정확한 답을 줄 수 있기 때문이죠. 공자는 성인이기에 앞서 훌륭한 교육자였습니다.

2-9.

子曰 "吾與回言終日, 不違, 如愚. 退而省其私, 亦足以發, 回也不愚."
자왈 오여회언종일 불위 여우 퇴이성기사 역족이발 회야불우

공자께서 말씀하셨다. "회(안연의 이름)는 나와 온종일 이야기해도 별말이 없어 꼭 멍청한 사람처럼 보였다. 그러나 그가 물러난 뒤 생활하는 모습을 살펴보면 역시 내가 말한 바를 실천하고 있다. 회는 어리석지 않다."

···· 안회에 대한 칭찬이 이제 시작되네요. 냉정한 면이 있었던 공자는 웬만해서는 사람을 칭찬하지 않는데 안회만은 입이 닳도록 칭찬합니다. 이건 시작에 불과해요.

2-10.

子曰 "視其所以, 觀其所由, 察其所安, 人焉廋哉, 人焉廋哉!"
자왈 시기소이 관기소유 찰기소안 인언수재 인언수재

공자께서 말씀하셨다. "그의 행위를 보고, 그가 지나온 바를 살피고, 그가 무엇에 편안해하는지를 관찰한다면 사람이 어찌 자신을 숨길 수 있겠는가! 사람이 어찌 자신을 숨길 수 있겠는가!"

"무엇에 편안해하는지 관찰하면 그 사람을 알 수 있다"고 합니다. 우리가 편안해하는 것은 뭘까요? 돈을 셀 때 편안한지(이럴 때 불편한 사람은 드물겠죠), 책을 읽을 때 편안한지, 미술관에서 편안한지, 클럽에서 편안한지 한번 생각해보세요. 공부할 때는 불편하고 놀 때는 편안하다면 어찌 우리를 숨길 수 있겠습니까? 그 길로 가야죠.

2-11.

子曰 "溫故而知新, 可以爲師矣."
자왈 온고이지신 가이위사의

공자께서 말씀하셨다. "옛것을 익히고 새것을 알면 능히 남의 스승이 될 수 있다."

온고溫故를 해야 지신知新이 된다는 뜻입니다. 온溫은 복습한다는 뜻입니다. '따뜻하게 데우다', '발효되다'라는 의미가 있어요. 발효는 금방 되지 않습니다. 시간이 걸리고 계속 신경을 써야 해요. 따뜻하게 해 발효시킨 식품처럼 우리의 정성과 반복이 더해져야 '온고'가 됩니다.

〈학이〉 편에 "학이시습 學而時習"이 나왔는데 온고의 온은 습과 비슷합니다. 익혀야 합니다. 옛것을 익혀야 내 것이 되고 그것이 새것을 아는 밑거름이 됩니다. 《삼국지》의 〈위서魏書〉에 "권습수전權習水戰"이라는 말이 나옵니다. "손권은 수전에 익숙하다"는 뜻이죠. 여기서 '습' 자는 익숙하다는 의미예요. 몸에 익을 정도로 익숙해지려면 수도 없이 반복하고 연습해야 합니다. 그게 익히는 겁니다. 학문을 익히는 것은 학문을 '익게 하다'는 뜻과 함께 '먹기 좋게(이해하기 좋게) 만든다'는 뜻도 있습니다. 인문 고전을 익히고 새로운 지식도 잘 알면 가히 누군가를 가르칠 수도 있습니다.

2-12.

子曰 "君子不器."
자왈 군자불기

공자께서 말씀하셨다. "군자는 그릇이 되어서는 안 된다."

••• 기器 는 그릇이란 뜻이지만 기능이나 기술에만 능한 사람을 의미하기도 합니다. "일기일예一技一藝에 능한 기능인"[1]이라는 해석이 있네요. 군자는 자기의 전문 분야에만 능통해서는 안 된다는 뜻입니다. 그럼 뭐가 더 필요할까요? 깨어 있는 정신입니다. 그 시대를 올바로 알고 무엇이 옳고 그른지 정확히 파악해야 합니다. 그렇지 않으면 친일파가 되고, 독재자의 하수인이 되고, 국정 농단의 도구가 됩니다.

2-13.

子貢問君子, 子曰 "先行其言, 而後從之."
자공문군자　자왈　선행기언　이후종지

자공이 군자에 대해 묻자 공자께서 말씀하셨다. "말을 하기 전에 먼저 실천해
봐. 말은 나중에 하고."

자공이 군자에 대해 물었다는 것은 "저도 군자가 될 수 있을까요?"라
는 욕망을 드러낸 겁니다. 자공은 언변이 뛰어난 사람이었기에 공자는 "군자는
말보다 행동이 먼저야"라고 따끔하게 지적한 거죠. 앞으로도 많은 제자들이
군자에 대해 물어봅니다. 공자는 그때마다 다른 대답을 해요. 그 제자에게 딱
맞는 군자상을 제시하는 겁니다. 이게 소크라테스와 다른 점이에요. 만약 소
크라테스의 제자가 "군자는 어떤 사람입니까?"라고 물으면 소크라테스는 이렇
게 되물었겠죠. "자네가 생각하는 군자란 무엇인가?" 그러고 나서 끝없는 문
답을 시작해 질문한 사람이 스스로 깨닫게 만듭니다. 반면에 공자는 즉문즉
답입니다. 아, 정말 공자를 만나서 묻고 싶네요. "선생님! 저는 어때요?"

☾ 2-14.

子曰 "君子周而不比, 小人比而不周."
자왈 군자주이불비 소인비이불주

공자께서 말씀하셨다. "군자는 친하게 지내되 줄을 대지 않고, 소인은 줄을 대되 친하게 지내지 않는다."

••• "소인"이라는 말이 처음 나옵니다. 소인은 군자와 반대되는 개념이죠. 좀생이, 찌질이, 밴댕이 소갈머리 등과 같은 뜻이라고 보면 됩니다. 또한 《논어》에 나오는 최고의 욕이기도 해요. 공자 쌤은 엄청 화가 났을 때 이렇게 말합니다. "그 친구는 소인이구나!"

〈자로〉편 23절에 이런 말이 있어요. 비교해보시죠.

子曰 "君子和而不同, 小人同而不和."
자왈 군자화이부동 소인동이불화

공자께서 말씀하셨다. "군자는 사람들과 화합하지만 생각 없이 휩쓸리지 않고, 소인은 생각 없이 휩쓸리지만 사람들과 잘 화합하지 못한다."

2-15.

子曰 "學而不思則罔, 思而不學則殆."
자왈 학이불사즉망 사이불학즉태

공자께서 말씀하셨다. "배우기만 하고 생각을 안 하면 세상물정을 모르게 되고, 생각만 하고 배우지 않으면 위태로워진다."

이것은 2011년 중국 염성사범대학에 특강을 갔을 때 교문에 들어서자마자 보였던 문구이기도 합니다. 현대 중국인들에게 《논어》는 죽어 있는 고사성어가 아니라 살아 있는 현실이었습니다. 이렇게 비유를 들면 어떨까요?

고시 합격하고 대통령 민정수석까지 하면서 비리를 모른 척하면 학이불사즉망.

대통령 '빽'을 업고 온갖 부정을 행하면서도 반성할 줄 모르는 건 사이불학즉태.

아, 대한민국에서도 현실의 문제네요.

2-17.

子曰 "由! 誨女知之乎? 知之爲知之, 不知爲不知, 是知也."
자왈 유 회여지지호 지지위지지 부지위부지 시지야

공자께서 말씀하셨다. "자로야! 너에게 안다는 것이 무엇인지 가르쳐주마. 아는 것은 안다고 하고 모르는 것은 모른다고 하는 것, 그것이 아는 것이다."

뒤통수를 치는 명언입니다. 이 대목을 읽다가 《소크라테스의 변명》 중 다음과 같은 말이 떠올랐습니다. 소크라테스가 정치가, 작가, 장인을 차례로 찾아가 이야기하다가, 그들이 잘 알지도 못하면서 아는 척을 하는 것을 보고 다음과 같이 말합니다.

"나는 생각했습니다. 그보다는 내가 더 지혜롭다고. 아마 그도 나도, 아름다움이나 선한 것에 대해서는 아무것도 모를 것입니다. 다만 그는 모르면서도 아는 것처럼 생각하는 반면에, 나는 아무것도 모르기 때문에 그대로 모른다고 생각하고 있습니다. 즉 모르는 것을 모른다고 생각한다는 바로 그 조그만 점에서 그 사람보다는 내가 더 지혜롭다고 생각하는 것입니다."[2]

공자 쌤과 소크라테스. 어째 두 분이 국제전화를 해서 짜고 치듯 비슷한 말씀을 하시는 것 같죠?

2-18.

子張學干祿, 子曰 "多聞闕疑, 愼言其餘, 則寡尤 多見闕殆, 愼行其餘, 則寡悔. 言寡
자장학간록 자왈 다문궐의 신언기여 즉과우 다견궐태 신행기여 즉과회 언과
尤, 行寡悔, 祿在其中矣."
우 행과회 녹재기중의

자장이 성공하는 법을 배우려고 하자 공자께서 말씀하셨다. "많이 듣고 나서
의심스러운 것은 일단 빼고 그 나머지만 신중하게 이야기하면 실수가 적다. 많
이 보고 나서 이상하다 싶은 것은 일단 빼고 그 나머지를 신중하게 실천하면
후회가 적다. 남 탓을 적게 하고 후회할 행동을 적게 하면 성공은 바로 그 가운
데 있다."

자장은 공자보다 48세 연하의 인물로 공자가 죽은 뒤 자장학파를 형성
할 만큼 영향력 있는 제자였습니다. 자장이 성공 노하우를 물었는데 공자께서
는 뭘 더 해야 하고, 스펙을 많이 쌓아야 하고, 더 가져야 한다는 말은 안 하십
니다. 성공하려면 더하지 말고 빼라고 하십니다.

"많이 듣고 나서 의심스러운 건 빼라! 많이 보고 나서 이상한 것은 빼라! 남
탓을 적게 하고 후회할 짓을 하지 마라! 그럼 성공은 따놓은 당상이다."

공자께서 설파하시는 '마이너스 성공학'. 참으로 단순하지만 위대한 성인의
처세술입니다.

2-19.

哀公問曰 "何爲則民服?" 孔子對曰 "擧直 錯諸枉, 則民服 擧枉錯諸直, 則民不服."
애공문왈 하위즉민복   공자대왈 거직 조저왕 즉민복 거왕조저직 즉민불복

애공이 "어떻게 하면 백성들이 잘 따르겠습니까?"라고 묻자 공자께서 대답하셨다. "바른 사람을 바르지 않은 사람 윗자리에 앉게 하면 백성들이 잘 따를 것입니다. 하지만 바르지 못한 사람을 바른 사람 윗자리에 앉게 하면 백성들이 따르지 않을 것입니다."

노애공(?~기원전 467, 기원전 494년부터 27년간 재위)은 공자 생애의 마지막을 장식하는 노나라 군주입니다. 그는 공자가 58세 때 10세 전후의 어린 나이로 등극했고, 공자가 노나라로 돌아온 뒤에 공자와 그 제자들과 만났습니다. 이 대화는 노애공이 20대 때 이미 원로가 된 공자와 나눈 것입니다. '직直'은 곧다, 곧은 것, 올바르고 청렴한 사람을 상징하고 '왕枉'은 굽다, 휘다, 사특하다, 부패한 사람을 상징합니다. 바른 사람이 위에 있으면 백성은 즉시 복종하지만, 썩은 사람이 위에 있으면 백성은 곧 불복한다는 뜻이지요. 만고의 진리!

2-24.

子曰 "非其鬼而祭之, 諂也. 見義不爲, 無勇也."
자왈 비기귀이제지 첨야 견의불위 무용야

공자께서 말씀하셨다. "자기가 모셔야 할 신이 아닌데 제사를 지내는 것은 아첨이다. 옳은 일을 보고도 행하지 않는 것은 용기가 없기 때문이다."

춘추시대에는 천자는 천신, 제후는 지신, 사대부와 백성은 각각의 조상에게 제사를 지내도록 신분에 따른 제약이 있었습니다. 공자 시대 노나라 대부인 계씨가 태산에 제사를 지내려 했습니다. 태산 제사는 천자의 특권이었습니다. 하지만 이 태산이 노나라 영토 안에 있었고 계씨가 독재를 했으니 아무도 말리지 못했습니다. 이 상황을 빗대어 공자가 한마디 한 것이라는 설이 있습니다. 계씨가 천신에게 알랑방귀를 꾸는 것인데 이런 행위를 보고 말리지 않는다는 것은 용기가 없어서라는 말씀입니다.

《논어》라는 책[3]

《논어》에 대한 최고의 찬사는 송나라 유학자 정자程子가 한 말이다. 정자는 중국 송나라의 정명도程明道(1032~1085)와 정이천 형제를 말하며 이二정자라고도 한다. 형제의 글이 《이정유서二程遺書》라는 책에 있고 누가 어떤 말을 했는지는 명확하지 않아 그냥 정자라고 한다.

> "《논어》를 읽지 않았을 때도 그저 그런 사람이요, 읽은 후에도 그저 그런 사람이라면 곧 《논어》를 읽지 않은 것과 같다."

《논어》를 읽기 전과 읽고 난 후에 같은 사람이라면 읽지 않은 것과 같다고? 과연 그런가? 정말 그렇다. 《논어》는 그 정도로 무시무시한 책이다. 깊고 뜨겁고 자유롭고 생생하다. 정자는 《논어》에 대해 또 이렇게 말했다.

> "어떤 사람은 《논어》를 읽고 전혀 아무 일 없는 듯 행동한다. 어떤 사람은 읽고 나서 그중의 한두 구절을 깨닫고 기뻐한다. 어떤 사람은 아는 것을 좋아하게 된다. 또 어떤 사람은 읽자마자 자기도 모르게 손발을 흔들며 춤추고 기뻐한다直有不知 手之舞之足之蹈之."

김용옥은 말했다. "《논어》는 선이다. 《논어》는 그냥 읽으면 아니 된다. 바울이 말한 바대로 항상 마음이 새로워지는(transformed by the renewal of your mind, 〈로마서〉 12:2) 변화의 체험이 있어야 한다. 《논어》는 트랜스포메이션인 것이다. 읽기 전에도 이놈이고 읽은 후에도 이놈이라면 전혀 트랜스포메이션이 없는 것이다. 《논어》는 재즈요, 선이요, 대각이다."[4]

유학자 이기동은 《논어》를 "공자의 어록이 담긴 성경聖經"이라고 규정한다.[5] 《논어》의 내용은 공자의 말, 공자와 제자 사이의 대화, 공자와 당시 사람들 사이의 대화, 제자들의 말, 제자들끼리의 대화로 나뉜다. 이 중에서도 공자의 말이 대부분이며 제자들끼리의 대화나 제자들의 말은 대개 공자의 말씀을 부연 설명하는 내용이다.

《논어》의 편찬자는 누구인가? 《논어》는 누가 썼는가? 자하를 비롯한 70명의 제자라느니, 증자와 유자의 제자들이라느니, 민자건의 문하생이라느니 다양한 설이 존재한다. 어쨌거나 분명한 것은 《논어》는 공자가 직접 쓴 것은 아니라는 사실이다. 공자 사후에 제자들이 기록한 것이다.

《논어》는 중국, 일본, 한국 나아가 아시아 전체의 사상사를 이해하는 데 필수 불가결한 책이다. 동양의 문화와 사회를 알고자 한다면 《논어》는 필히 거쳐야 할 관문이다.

제 3 편 ○

팔일

八佾

3-1.

孔子謂季氏 "八佾舞於庭, 是可忍也, 孰不可忍也?"
공자위계씨 팔일무어정 시가인야 숙불가인야

공자께서 계손씨에 대해 말씀하셨다. "자기 집 뜰에서 팔일무를 추게 하다니,
이를 용인할 수 있다면 무엇을 용인하지 못하겠는가?"

팔일무는 천자 앞에서만 할 수 있는 공연으로 가로 여덟 줄, 세로 여덟
줄로 선 64명의 무희가 추는 춤입니다. 공자가 살았던 춘추시대에는 각 연회의
무희 수까지 법으로 제정했습니다. 천자인 주나라 왕이 연회를 할 때는 8일무
(64명), 제후인 노나라나 제나라 임금의 경우 6일무(36명), 대부는 4일무(16명),
일반 선비는 2일무(4명)입니다. 그러니까 아무리 부자라 해도 일반인이라면 무
희를 4명 이상 부르지 못해요. 불법입니다. 별것을 다 법으로 정해놨죠?《예기

禮記》에 보면 "천자가 음악을 제정한 것은 제후에게 상을 주기 위한 것이다. 나라를 잘 다스리고 백성을 편하게 하면 무용수를 많이 두고, 나라를 잘 다스리지 못하고 백성을 수고스럽게 하면 무용수를 줄였다"는 구절이 있습니다. 그런데 노나라 실권자인 계손씨가 자기 집에서 연회를 열어 팔일무를 추게 했다니, 이건 대놓고 노나라 임금과 천자를 무시하는 행위죠. 그래서 예의 대가인 공자 쌤이 이 대목에서 완전 폭발하신 겁니다.

천자와 제후는 무엇인가?

주나라는 주문왕과 그의 아들 주무왕이 은나라의 폭군 주紂왕을 물리치고 새로 세운 왕조다. 기원전 1046년에 주나라를 세운 주무왕은 건국을 도운 일가친척, 신하 들에게 중국의 각 지역을 나눠주고 다스리게 한다. 주무왕의 동생 주공 단旦에게는 노나라 지역을, 재상인 강상에게는 제나라 지역을 주었다. 이것이 주나라의 봉건제다. 봉건은 봉토건국封土建國의 준말로 왕, 즉 천자는 수도 주변의 땅만 직접 다스리고 지방은 제후들에게 맡겨 조공을 바치도록 하는 제도다.

이때 왕은 주나라의 왕을 일컫는다. 그 외 나라의 왕은 지역에서만 왕 노릇을 할 뿐 왕이라고 부르지 않았다. 이들의 공식 명칭은 '공公'으로 '제환공', '노애공' 이런 식으로 불렸고 해당 나라에서는 왕에 버금가는 지위를 누렸다. 주나라 초기에는 주나라 왕의 명령이 각 제후국까지 미쳤다. 그러나 기원전 770년에 주평왕이 주나라 서쪽 융족의 침략을 피해 호경에서 낙읍으로 천도한 이후, 주 왕실의 세력이 급격히 약화되면서 춘추시대가 시작됐다. 수도를 동쪽으로 옮겼기 때문에 이 시기를

동주시대라고도 한다. 이때는 각 제후국이 막강한 권력을 누렸으므로 이 책에서
는 제후도 임금이라는 칭호로 부르지만 공식 명칭은 여전히 공이었다.

기원전 450년을 전후해 전국시대가 되면 각 제후국의 공이 너도나도 천자 행세를
한다. 한마디로 "주나라 천자? 어느 시절 이야기야?" 하면서 모두 칭왕稱王(왕이
라고 칭함)한다.

3-3.

子曰 "人而不仁, 如禮何? 人而不仁, 如樂何?"
자왈 인이불인 여례하 인이불인 여악하

공자께서 말씀하셨다. "사람이 인하지 않으면 예가 무슨 소용이며 사람이 인하
지 않으면 음악이 무슨 소용이랴."

도대체 인이 무엇일까? 북송의 유학자 정이천은 인의 반대인 불인不
仁을 마비라고 했습니다. 타인의 고통에 마비된 사람은 인하지 않습니다. 자기
만 편하면 된다는 사람 역시 불인합니다. 담배 냄새 나는 입으로 뽀뽀하려는
사람도 불인해요. 지하철에서 큰 소리로 떠드는 사람도 불인입니다. 김용옥은
"세상의 아름다움에 마비되어 있는 사람 역시 불인하다"고 했어요. 저는 이렇
게 말하렵니다. 지금 사랑하지 않는 자, 모두 불인!

"불인은 마비다"라는 정이천의 명제를 역으로 유추하면 인은 감각이 마비 되지 않고 살아 있는 상태입니다. 무엇에 대한 감각일까요? 〈안연〉 편 22절에 서 공자는 번지가 "인이 뭡니까?"라고 물었을 때 아주 심플하게 "사람을 사랑 하는 것이다"라고 답했습니다. 사랑하는 데 필요한 감각, 예민함, 섬세함이 있 어야 인한 것입니다. 무감각하고 무뚝뚝하고 무심한 사람은 절대 인할 수 없고 나아가 사람을 제대로 사랑할 수 없습니다.

사람을 사랑하는 마음이 없는 사람은 예를 알아도 아무짝에도 쓸모가 없고 음악(문화)을 누려도 소용없다는 겁니다. 점점 공자가 마음에 들지 않나요?

☾ 3-4.

林放問禮之本, 子曰 "大哉問! 禮與其奢也, 寧儉 喪與其易也, 寧戚."
임방문례지본 자왈 대재문 예여기사야 영검 상여기이야 영척

임방이 예의 근본에 대해서 묻자, 공자께서 대답하셨다. "대단하다, 그 질문! 예 는 사치스럽기보다는 오히려 검소해야 한다. 상을 치를 때는 형식보다는 슬퍼 하는 마음이 나타나야 한다."

● ● ● ● 임방은 노나라 사람이라는 것만 알려져 있어요. "도대체 예의 본질이 뭡니까?" 하고 물었는데 공자님 왈 "크도다, 그 질문!" 질문이 벌써 엄청난 거

죠. "예가 뭡니까?"도 아니고 "예의 본질이 뭡니까?"라는 것은 차원이 다른 질문입니다. 그런데 공자님은 의외의 답을 해요. 사치보다는 검소! 상을 치를 때는 형식보다는 슬퍼하는 마음! 내면의 가치가 예의 본질이지 겉으로 보이는 것은 결코 중요하지 않다는 겁니다. 장례식을 어떤 규모로 하고, 삼우제는 어떻게 하고 따위는 '슬퍼하는 마음'에 비하면 하등 문제가 되지 않는다는 거예요. 《논어》 전편을 통틀어 공자가 가장 중요하게 생각한 것은 마음입니다. 진심과 성실이 전부라는 거죠.

예수도 말했어요. "외식하지 마라!" 아웃백스테이크에서 하는 외식이 아니라 외식外飾, 즉 겉치레로 예배하고 남들 보는 데서 큰 소리로 기도하고 세상에 떠들썩하게 알리면서 기부하고 사진 찍으려고 봉사하고 그러지들 말라는 겁니다.

 3-5.

子曰 "夷狄之有君, 不如諸夏之亡也."
자왈 이적지유군 불여제하지무야

공자께서 말씀하셨다. "오랑캐조차 지도자가 있는데 중원의 여러 나라는 한 사람의 지도자가 없으니 저들과 다르구나."

"오랑캐"라는 말은 좀 실망스럽죠? 이건 공자님의 한계인 듯합니다. 그 당시에는 중원에서 좀 떨어진 초나라나 오나라도 오랑캐라고 했으니 약간 지역감정이 섞인 말이라고 보면 됩니다. 혼란한 춘추전국시대의 정치 상황을 빗대어 한 말이죠.

🌙 3-6.

季氏旅於泰山, 子謂冉有曰 "女弗能救與?" 對曰 "不能." 子曰 "嗚呼! 曾謂泰山不如
계씨려어태산 자위염유왈 여불능구여 대왈 불능 자왈 오호 증위태산불여
林放乎?"
임방호

계강자가 태산에 제사를 지내려 하자 공자께서 염유에게 말씀하셨다. "네가 그 만두게 할 수 없느냐?" 염유가 대답했다. "할 수 없습니다." 공자께서 말씀하셨 다. "슬프다, 일찍이 나는 태산에 대해 자주 이야기했긴만, 사람들이 생각하는 게 임방만 못하구나."

계강자季康子(?~기원전 468)는 노나라의 대부로 공자 말년에 노나라를 쥐고 흔든 독재자입니다. 계강자가 태산에 제사를 지내려 한 것에 대해서는 앞서 〈위정〉편 24절에서 설명했습니다. 태산은 천자만이 제사를 지낼 수 있는 상징적인 산입니다. 이 태산이 노나라 땅 안에 있었는데 지위가 대부에 불과했던 계강자가 제사를 지내려 했으니 월권을 해도 보통 월권이 아니었던 거죠.

여기 염유라는 제자가 등장합니다. 공자보다 29세 연하인 염유는 정치적 수완이 뛰어났습니다. 공자의 3대 제자인 자로, 안회, 자공 다음으로 중요한 제자이자 《논어》에 자주 등장하는 인물입니다. 염유는 이때 계강자의 비서실장이었어요. 계강자의 재산을 지키고 인사권을 행사하는 자리였죠. 공자님은 염유를 통해 계강자의 '오버'를 막으려 했습니다. 염유가 자기 능력 밖의 일이라고 답하니까 공자는 사람들, 즉 계강자가 예의 본질을 물었던 임방만큼도 뭘 모르는구나 하고 한탄하신 겁니다.

🌙 3-7.

子曰 "君子無所爭, 必也射乎!(후략)"
자왈 군자무소쟁 필야사호

공자께서 말씀하셨다. "군자는 다투지 않는다. 활쏘기를 할 때나 다툴까?"

《논어》 전편에 흐르는 사상 중 하나는 자아 인식이 타자의 욕망보다 더 중요하다는 겁니다. 쉽게 말해서 군자는 다른 사람이 뭐라 하든, 나를 인정하든 말든 신경 쓰지 않습니다. 남과의 경쟁 따위는 중요하지 않아요. 활쏘기를 하며 가볍게 경쟁하는 정도랄까요? 공자 시대에는 활쏘기에서 진 사람이 벌주를 마셨어요. 그 정도의 애교스러운 다툼이 있을 뿐 군자는 경쟁에서 이겨서 좋아하는 정도의 인격자가 아니라는 소리입니다. 《도덕경》에도 이런 말이 있습니다. "승인자유력, 자승자강勝人者有力, 自勝者强 —남을 이기는 것이 힘 있음이라면 자기를 이김은 정말로 강함입니다."[1] 남을 이기는 것보다 자기를 이기는 것이 더 강하다는 의미겠지요.

☾ 3-8.

子夏問曰 "'巧笑倩兮, 美目盼兮, 素以爲絢兮,' 何謂也?" 子曰 "繪事後素." 曰 "禮後
자하문왈 교소천혜 미목반혜 소이위현혜 하위야   자왈 회사후소 왈 예후
乎?" 子曰 "起予者, 商也! 始可與言詩已矣."
호   자왈 기여자 상야 시가여언시이의

자하가 물었다. "'귀엽게 웃는 모습 어여쁘고 아름다운 두 눈이 빛나네. 흰색으로 빛을 내는구나!'라고 한 것은 무슨 뜻입니까?" 공자께서 답하셨다. "그림을 그릴 때는 흰색으로 마무리를 한다는 뜻이다." "미인이라도 예의가 있어야 한다는 뜻이군요." "야, 나를 분발하게 하는 건 자하로구나. 이제야 너와 함께 시를 이야기할 수 있게 되었다."

•••• 자하는 탁월한 질문을 많이 한 제자입니다. 그가 《시경》에 나오는 〈석인碩人〉의 한 구절을 인용하는데 이 시는 미인을 노래한 것입니다. 여기에는 "손은 풀처럼 부드럽고 / 살결은 돼지기름처럼 희고 / 목은 길고 이는 가지

런하네." 이어 "웃는 모습 어여쁘고 두 눈이 빛난다"는 대목이 나옵니다. 자하가 여기까지는 이해했는데 "흰색으로 빛을 낸다"는 말은 이해하지 못한 거죠. 요즘 젊은 여성들의 화장법을 알았다면 이해했을 텐데 말입니다.

공자 당시에는 그림을 그릴 때 흰색으로 테두리를 그려 완성했습니다. 흰색 물감으로 뚜렷하게 선을 구분한 거죠. 그래서 선생님은 "회사후소", 즉 "그림의 마무리는 흰색이라고. 그래야 돋보이지"라고 답합니다. 그랬더니 제자는 한술 더 떠서 "얼굴만 예쁘다고 여자랍니까? 매너로 완성되어야 진짜 여자죠"라고 덧붙인 겁니다. 거기까지는 생각 못 한 선생님 왈 "오, 그거야 그거!"

☾ 3-13.

王孫賈問曰 "'與其媚於奧, 寧媚於竈,' 何謂也." 子曰 "不然, 獲罪於天, 無所禱也."
왕손가문왈   여기미어오 녕미어조 하위야   자왈 불연 획죄어천 무소도야

왕손가가 공자께 물었다. "안방 신주에 아첨하느니 차라리 부뚜막 귀신을 섬기라 함은 무슨 뜻입니까?" 공자께서 대답하셨다. "그래서는 안 되오. 하늘에 죄를 지으면 빌 곳이 없소."

왕손가는 위나라 대부입니다. 공자는 55세 때 노나라를 떠나 68세에 돌아올 때까지 이 나라 저 나라를 떠돌면서 자기를 써줄 제후를 만나길 고대

합니다. 결국 누구도 공자를 기용하지 않았지만요.

공자는 위나라에 여러 차례 머물렀는데 이때 위나라를 다스린 사람은 위령 공衛靈公이었고 그의 부인은 남자南子였습니다. 남자는 위령공의 총애를 받는 여인이었고 왕손가는 위나라의 실권자 중 한사람이었죠. 여기서 "안방 신주" 는 남자, "부뚜막 귀신"은 실권자를 뜻합니다. 위나라에 와서 관직을 얻으려는 공자에게 왕손가가 비꼬면서 말합니다.

"거 영부인한테 아부하지 말고 나한테 오시오."

공자는 마치 자신과 남자가 모종의 스캔들이라도 있는 것처럼 이야기하는 왕손가에게 단도직입적으로 "이보세요! 나는 도덕적으로 깨끗한 사람이오. 최 순실 라인 같은 것을 통해서 관직을 얻으려는 사람이 아니란 말이오"라고 대 꾸하신 거죠.

☾ 3-14.

子曰 "周監於二代, 郁郁乎文哉! 吾從周."
자왈 주감어이대 욱욱호문재 오종주

공자께서 말씀하셨다. "주나라는 하, 은 두 왕조를 본받았다. 찬란하구나, 그 문 화여! 나는 주나라를 따르겠다."

공자는 주문왕-주무왕-주공 단이 이룩한 주나라를 늘 동경했습니다. 주나라의 문화란 덕을 위주로 한 정치와, 음악을 통한 교화를 말합니다. 그야말로 고대 이상사회의 전형이죠.

주문왕의 고사 중에 이런 이야기가 있어요. 어느 날, 우나라와 예나라가 국경을 놓고 분쟁이 났습니다. 두 나라의 임금이 궁리 끝에 그 당시 어질다고 소문이 난 주문왕을 찾아가 판결을 부탁하기로 하고 주나라로 갔죠. 그런데 가서 보니 밭을 가는 농부들은 서로 밭두둑을 양보하고, 길 가는 사람들은 서로 길을 양보하고, 젊은이들은 노인의 짐을 서로 들어주더란 겁니다. 주나라 사람들의 온화한 표정과 정겹게 인사를 나누는 모습을 본 우나라와 예나라 임금은 충격을 받아요.

"아, 진짜 쪽팔린다. 주문왕께 가볼 것도 없네. 우리 여기서 서로 조금씩 양보하세."

공자가 꿈꾸는 이상사회의 모습입니다.

또 하나, 《논어》를 보면 공자의 언어 습관이 나옵니다. 이 양반이 참 감탄을 잘해요. "공자께서 감탄하시며 말했다"라고 표현한 부분도 있고, 감탄을 나타내는 어조사도 자주 등장합니다. 어린아이는 감탄을 잘하죠. 나이가 들수록 우리는 감탄하는 법을 잊습니다. 맹자가 "대인이란 어린아이 같은 마음을 가진 사람이다"라고 했는데, 공자는 정녕 대인입니다.

3-15.

子入大廟, 每事問. 或曰 "孰謂鄹人之子知禮乎? 入大廟, 每事問." 子聞之曰 "是
자입태묘 매사문 혹왈 숙위추인지자지례호 입태묘 매사문 자문지왈 시
禮也."
례야

공자께서 태묘에 들어가 매사를 물으셨다. 어떤 이가 말했다. "누가 저 추 땅의
젊은이가 예를 안다 했는가? 태묘에 들어와 매사를 묻는데." 공자께서 이 말을
들으시고 말씀하셨다. "묻는 것, 그것이 예다."

•••• 제가 《논어》를 통틀어 가장 사랑하는 절입니다. 농담 삼아 '명자애문
明子愛文(명 선생이 사랑하는 문장)'이라고 부르죠. 태묘는 노나라의 중요한 제사를
지내는 장소입니다. 춘추시대에는 국가든 가정이든 조상에게 제사를 지내 중
요한 일을 고하고 미래의 일이 잘되기를 바랐습니다.

노나라 국립 사당의 제사위원장이 어느 날 병이 나서 젊은 공자가 임시 위원
장으로 들어갔습니다. 주나라의 예절을 적은 책인 《주례周禮》를 달달 외웠던
공자는 예에 정통한 사람이었죠. 그런데 정작 제사 지낼 때는 그곳에서 일하는
실무진들에게 이것저것 물었던 거예요. "이게 맞죠?", "저렇게 해야죠?", "두 번
절하고 한 번 반절인가요?" 하고 말입니다.

그랬더니 뒷공론하기 좋아하는 자들이 떠듭니다. "저 사람이 예를 잘 안다
고? 누가 데려왔어? 아무것도 모르는구먼. 매사에 우리들에게 물어서 하니

말이야." 이 이야기를 듣고 공자 제자 중 한 사람이 쪼르르 달려와서 항의합니다. "쌤요, 왜 그리 물어보셨습니까? 그렇게 묻는 게 예입니까?" 공자께서 예를 몰라서, 절차를 잊어서 물어보셨겠어요? 10년, 20년 일한 사람들을 존중하는 마음에서 물어본 거죠. 안 물어보고 막 하면 당장에 싸가지 없다고 이야기할 걸요? 예의의 본질은 상대에 대한 배려입니다. 그래서 알면서도 물어본 겁니다. 공자님의 대답처럼요. "상대에게 묻는 것! 그게 바로 예다."

3-17.

子貢欲去告朔之餼羊. 子曰 "賜也, 爾愛其羊, 我愛其禮."
자공욕거곡삭지희양 자왈 사야 이애기양 아애기례

자공이 초하루에 쓰는 제사에 바치는 양을 없애려고 하자 공자께서 말씀하셨다. "사야! 너는 양을 아끼느냐? 나는 예를 아낀다."

자공은 국제 무역으로 돈을 잘 벌던 사람입니다. 천성이 실용적이었던 것 같아요. 초하루 제사 때 양을 바치는 것을 없애거나 아니면 좀 더 작은 다른 희생물로 바꾸려 했습니다. 이때 원칙주의자 공자 선생님 왈, "양보다 지금까지 지켜온 전통이 더 중요하지 않니?"

3-18.

子曰 "事君盡禮, 人以爲諂也."
자왈 사군진례 인이위첨야

공자께서 말씀하셨다. "임금을 섬길 때 예를 다하는 것을 사람들은 아부한다
고 여긴다."

그러게요, 공자님. 그 임금이 어떤 인간인지가 중요하지 않겠어요? 쓰
레기 같은 임금한테까지 예를 다할 수는 없잖습니까?

3-19.

定公問 "君使臣, 臣事君, 如之何?" 孔子對曰 "君使臣以禮, 臣事君以忠."
정공문 군사신 신사군 여지하   공자대왈 군사신이례 신사군이충

노정공이 물었다. "임금이 신하를 부리고, 신하가 임금을 섬길 때는 어떻게 해
야 하오?" 공자께서 대답하셨다. "임금은 신하를 예로 대하고, 신하는 임금을
충으로 섬겨야 합니다."

노정공은 노나라의 군주로 기원전 509년에서 기원전 495년 사이에 노

나라를 다스렸습니다. 이때 공자를 중용해서 공자는 노정공 치하에서 재상직 무대리(지금으로 치면 국무총리 서리)의 자리까지 올라갔죠. 두 사람이 서로 호흡이 잘 맞았던 시절에 나눈 이야기입니다.

3-20.

子曰 "關雎, 樂而不淫, 哀而不傷."
자왈 관저 낙이불음 애이불상

공자께서 말씀하셨다. "《시경》의 〈관저〉는 즐거워하되 지나치지 않고, 슬퍼하되 상처받지 않는 시다."

《시경》을 펼치면 〈관저〉라는 노래가 제일 먼저 나옵니다. 《시경》을 상징하는 시라고 할 수 있죠. '관저'는 물수리라는 수릿과의 새 이름인데 그 전문은 다음과 같습니다.

꾸룩꾸룩 물수리
강섬에서 울고요
아리따운 아가씨는
군자의 좋은 짝

들쭉날쭉 마름 풀

이리저리 찾고요

아리따운 아가씨

자나 깨나 그리네

보고파도 못 보니

자나 깨나 생각해

아이고 데이고

이리 뒤척 저리 뒤척

크고 작은 마름 풀

이리저리 캐고요

아리따운 그녀와

거문고 타며 사귀네

길고 짧은 마름 풀

요리 조리 고르고

아리따운 그녀와

종 치고 북 치며 즐기네

이 노래에 "요조숙녀窈窕淑女(아리따운 아가씨)", "전전반측輾轉反側(이리저리 뒤척이며 잠을 못 이룸)"이라는 표현이 나옵니다. 3000년 전 중국인들이 썼던 표현을 우리가 지금도 일상에서 쓰죠? 그래서 고전을 현재라고 하는 겁니다.

3-22.

子曰 "管仲之器小哉!" 或曰 "管仲儉乎?" 曰 "管氏有三歸, 官事不攝, 焉得儉?" "然
자왈 관중지기소재 혹왈 관중검호 왈 관씨유삼귀 관사불섭 언득검   연
則管仲知禮乎?" 曰 "邦君樹塞門, 管氏亦樹塞門. 邦君爲兩君之好, 有反坫, 管氏亦
즉관중지례호   왈 방군수색문 관씨역수색문 방군위량군지호 유반점 관씨역
有反坫. 管氏而知禮, 孰不知禮?"
유반점 관씨이지례 숙부지례

공자께서 "관중의 그릇이 작구나!"라고 하시자 누군가 "관중은 검소했나요?"라고 물었다. 공자께서 말씀하시기를 "관중은 집이 세 군데나 있었고 그 가신들은 수가 많아 한 사람이 맡은 일이 적었는데 어떻게 검소할 수 있었겠습니까?"라고 하셨다. 또 "그렇다면 관중은 예를 알았습니까?"라고 묻자 "임금이 호화로운 벽을 세우자 관중도 그런 벽을 세웠고, 임금을 따라 관중도 제후만 쓰는 탁자를 만들었습니다. 이런 사람이 예를 알았다면 누가 예를 모른다 하겠습니까?"라고 하셨다.

하여간 상하 질서에는 엄격했던 공자 선생님입니다. 관중(?~기원전 645)은 춘추시대 제나라를 부흥시킨 명재상입니다. 친구인 포숙아와 함께 '관포지

교'라는 고사로 유명하죠. 관중이 제환공을 도와 제나라를 패자의 나라로 만듭니다. 패자霸者 란, 천자를 대신해 여러 나라를 이끈 리더를 말합니다. 제환공은 술, 여자, 연회를 좋아하는 사람이었는데 오로지 인재 등용으로 천하의 패권을 쥐었습니다. 그 인재가 바로 관중입니다. 관중은 재상이 되고 나서 철과 소금을 전매해 경제를 발전시키고 법질서를 확립해 나라를 안정시켰으며 강한 군대를 길러 안보를 확보했습니다. 제환공은 룰루랄라 커다란 궁전을 짓고 호화롭게 치장하죠. 관중도 이것을 따라 합니다. 《열국지》에 보면 누군가가 "당신은 왜 제환공처럼 사치하시오?"라고 물으니 관중이 이렇게 대답했다고 나옵니다. "제환공은 그동안 전쟁으로 고생도 했으니 이제 사치를 누릴 때도 됐소. 허나 혼자 사치하면 백성 보기 미안할 것 아니오? 그래서 그분이 덜 미안하라고 나도 이렇게 하는 것이라오." 음, 핑계도 가지가지입니다.

 3-23.

子語魯大師樂, 曰 "樂其可知也, 始作, 翕如也, 從之, 純如也, 皦如也, 繹如也, 以成."
자어노태사악 왈 악기가지야 시작 흡여야 종지 순여야 교여야 역여야 이성

공자께서 노나라 국립악단장 태사에게 말씀하셨다. "음악이란 게 이런 거 아닌가요? 시작은 타악기로 화합할 듯하고 그다음에 현악기로 풀어주며 밝게 진행되다가 실타래 엮이듯 하면서 끝나는 거죠."

공자는 음악에 상당한 수준의 식견이 있었습니다. 스스로 현악기인 금을 연주했고 학생들에게 노래를 가르쳤죠. 《논어》에도 음악을 언급하는 부분이 많습니다. 이 당시 음악이란 한마디로 문화이자 교양이었어요. 지금처럼 다양한 문화 장르가 없었던 춘추시대에 음악은 지식인의 날카로움을 순화하고 서민의 거친 면을 교화하는 거의 유일무이한 수단이었던 겁니다.

공자가 노나라 국립악단장인 태사와 나눈 이야기는, 그가 음악에 전문가급 지식을 갖추고 있었다는 사실을 보여줍니다. '예악문화'라는 말이 있을 정도로 예와 음악은 고대 중국에서 중요한 개념이었습니다. 모든 의식은 예와 음악으로 이루어졌죠. 악사는 예식 진행자이자 모든 예의 절차에 통달한 전문가였습니다.

예악문화란 말이 낯설다고요? 이렇게 생각해봅시다. 중요한 행사를 할 때는 꼭 애국가를 부르지 않습니까? 교회에서 예배 볼 때는 찬송가가 빠지면 안 되죠. 절에서도 찬불가를 부릅니다. 결혼식에 음악이 없다면 무미건조할 테고요.

저는 21세기 한국의 예악은 촛불집회에서 가장 빛났다고 봅니다. 질서 있는 진행과 연설은 바로 예이고 전인권과 윤도현 같은 가수가 나와서 노래하는 것은 바로 악이죠. 악 없는 예는 건조하고 예 없는 악은 분방할 수 있습니다.

3-26.

子曰 "居上不寬, 爲禮不敬, 臨喪不哀, 吾何以觀之哉?"
자왈 거상불관 위례불경 림상불애 오하이관지재

공자께서 말씀하셨다. "윗자리에 있으면서 너그럽지 못하고, 예를 행할 때 공경
스럽지 않고, 상을 당했을 때 슬퍼함이 없다면, 내가 무엇으로 그의 사람됨을
알겠는가?"

'그의 사람됨을 알려면 그에게 권력을 줘보라'는 말이 있습니다. 최근
뉴스에서 대기업 사장, 재벌 회장, 군 장성 등이 운전기사나 사병에게 폭언과
폭행을 휘둘렀다는 소식이 자주 들립니다. 거상불관! 윗사람이 되어서 너그럽
지 못한 것이죠. 갑의 위치에 있을 때 갑질하지 않는 사람. 이런 사람이 진짜
인격자입니다.

예를 행할 때 형식적으로 하는 사람이 있습니다. 인사도 건성, 대접도 대충,
말투도 딱딱한 사람에게 뭘 더 바라겠습니까? 〈팔일〉편 4절에 "상을 당하여
서는 형식보다는 슬퍼하는 마음이 중요하다"고 했습니다. 상을 당했는데 슬퍼
하지 않는다? 사람입니까? 이처럼 공자는 '마음이 따뜻하지 않은 사람'은 사람
으로 여기지 않았습니다.

제 4 편 。

이
인 里仁

4-1.

子曰 "里仁爲美. 擇不處仁, 焉得知?"
자왈 이인위미 택불처인 언득지

공자께서 말씀하셨다. "인 속에서 살면 아름다워진다. 인한 곳을 택하지 않는
다면 어찌 지혜로워지겠는가?"

    인은 공자가 추구하는 최상의 가치였습니다. 인은 예의 완성이자 사랑
이었고, 자아실현이었죠. 인 속에 살면 아름답게 된다는 말을 읽으니 느닷없
이 칸트의《판단력비판》에 나오는 한 구절이 떠오릅니다. 칸트에 따르면 '어느
대상이 아름다운지 아닌지를 결정하는 미적 판단'을 취미 판단이라고 합니다.
그런데 "취미 판단은 주관적이며 감성적인 것"이랍니다.[1] 아름다움을 느끼려면
감성적이어야 한다는 거죠. 김용옥은 "인은 아름다움을 느낄 줄 아는 감성이

며 원초적 생명의 기반이다. 인은 심미적 감수성이다"라고 했어요.[2] '심미적 감수성', 즉 미를 느낄 줄 아는 섬세한 사람이야말로 인하다는 겁니다. 그렇다면 "인 속에 살면 아름답게 된다"는 명제는 참입니다.

이것은 "인하게 살면 지혜롭게 된다"로 발전하는데 지식을 쌓고 지혜를 가지려면 민감해야만 합니다. "왜?"라는 질문을 던질 수 있어야 지혜롭게 되는데, 둔감한 사람은 이런 질문 자체를 던지지 않아요. 이래도 좋고, 저래도 좋고, 좋은 게 좋은 것이라고 생각하는 한 지知는 멀어지는 겁니다.

4-2.

子曰 "不仁者不可以久處約, 不可以長處樂. 仁者安仁, 知者利仁."
자왈 불인자불가이구처약 불가이장처락 인자안인 지자이인

공자께서 말씀하셨다. "불인한 자는 곤궁함을 오래 견디지 못하며, 안락함도 오래 누리지 못한다. 인한 자는 인을 편안히 여기고 지혜로운 자는 인을 이롭게 여긴다."

불인한 사람은 어려움도 괴로움도 오래 참지 못하고, 상황이 좋아져도 느긋하게 누리지 못합니다. 불인하면 불안하기 때문이죠. 자꾸 타인의 그릇을 훔쳐봅니다. 자기에게 이미 정말 좋은 것이 있는데도 남의 것을 탐내요. 그래서는 행복도 멀어질 수밖에 없습니다. 불인은 불안이고 불행입니다.

☾ 4-3.

子曰 "惟仁者能好人, 能惡人."
자왈 유인자능호인 능오인

공자께서 말씀하셨다. "오직 인한 자만이 사람을 제대로 좋아하고 또 싫어할
수 있다."

　●●●● 인자를 "사람다운 사람"³이라고 풀이한다면 그런 사람이야말로 좋아
하고 싫어하는 것을 제대로 할 수 있겠죠. 인한 사람은 섬세한 사람입니다. 이
런 사람은 싫은 사람이 옆에 있을 때 좋은 척하지 못합니다. 입에서 구린 냄새
팍팍 풍기는 사람이 코앞에서 이야기하면 도저히 참지 못하고 고개를 돌리게
되어 있어요. 영혼이 구린 사람이 말도 안 되는 언행을 반복하면 참지 못합니
다. 대신 영혼이 맑은 사람을 만나면 그렇게 좋아할 수 없죠.

4-4.

子曰 "苟志於仁矣, 無惡也."
자왈 구지어인의 무악야

공자께서 말씀하셨다. "진실로 인에 뜻을 둔다면 악함이 없게 된다."

이 구절을 "진실로 인에 뜻을 둔다면 사람들이 싫어하는 행동은 하지 않을 것이다"라고 해석하기도 합니다. 두 해석 모두 가능한 이야기입니다. 〈이인〉편 앞부분에서는 인에 대한 이야기가 이어지네요.

지금까지 《논어》를 수십 번 읽었는데, 처음 열 번쯤 읽었을 때는 편집자들이 참 개념 없이 책을 엮었다고 생각했습니다. 미국에서 활약한 중국 작가 린위탕도 《논어》는 좋은 책이다. 그러나 편집은 엉망"이라고 했어요.[4] 그런데 말입니다. 한 스무 번쯤 읽으니까 나름의 흐름이 보이더군요. 서른 번쯤 읽으니 그 기준을 알겠고, 마흔 번이 넘어가니 편집한 제자들의 고충이 보이더라고요. 슬프게도 문제는 아무리 읽어도 기억을 잘 못한다는 것입니다.

4-5.

子曰 "富與貴, 是人之所欲也, 不以其道得之, 不處也. 貧與賤, 是人之所惡也, 不以
자왈 부여귀 시인지소욕야 불이기도득지 불처야 빈여천 시인지소오야 불이
其道得之, 不去也. 君子去仁, 惡乎成名? 君子無終食之間違仁, 造次必於是, 顚沛必
기도득지 불거야 군자거인 오호성명 군자무종식지간위인 조차필어시 전패필
於是."
어시

공자께서 말씀하셨다. "부귀는 누구나 다 원하는 것이지만, 정당한 방법으로
얻은 것이 아니라면 편히 받아들여선 안 된다. 빈천은 누구나 다 싫어하는 것
이지만, 정당한 방법으로 벗어날 수 없다면, 어쩔 수 없다고 여겨야 한다. 군자
가 인함에서 떠나 있다면 어디에서 명예를 얻겠는가? 군자는 한 끼를 먹을 때
에도 인을 어기지 않는다. 위급할 때에도 반드시 그래야 하고, 곤경에 빠졌을
때도 반드시 그래야 한다."

•••• 〈술이〉 편 11절에서 공자는 이렇게 말했습니다. "부를 구해서 얻을 수
있다면 나는 기꺼이 마부라도 하겠지만, 억지로 구해서 되는 것이 아니라면
나는 내가 좋아하는 바를 따르겠다."

하안은 위 두 번째 줄을 이렇게 해석했어요. "군자가 도리를 행했어도 도리
어 빈천한 경우가 있다. 이는 도리로 얻어진 것이 아니며 비록 사람들이 싫어
하는 것이지만 버리지는 않는다"라고 했습니다.[5] 여기에 다산 선생은 이렇게
반박합니다. "진실로 이와 같다면 군자는 끝내 빈천을 버리는 날이 없을 것이
다. 한번 빈천을 얻어 오직 이를 버리지 않는 것으로 법을 삼을 뿐 도리인지 도

리가 아닌지를 전혀 묻지 않는다면 이 어찌 군자 시중時中의 의義라 할 수 있겠는가?"[6] 군자가 항상 궁상맞게 살아야 한다면 그것은 인지상정이 아니란 뜻입니다. 이 말이 백번 옳다고 봅니다. 주자는 이 대목을 설명하면서 "부귀에는 처하지 않고 빈천에는 버리지 않으니 군자가 부귀를 살피고 빈천에 편안함이 이와 같다"라고 했습니다.[7] 빈천하게 되는 것도 편안하게 받아들인다는 것은 위선이지요. 송나라 유학자들은 인간의 본성에 대한 연구가 미흡했어요. 세상에 가난하고 천하게 되길 바라는 사람은 없으니까요.

☾ 4-6.

子曰 "我未見好仁者·惡不仁者. 好仁者, 無以尙之 惡不仁者, 其爲仁矣, 不使不仁者
자왈 아미견호인자 오불인자 호인자 무이상지 오불인자 기위인의 불사불인자
加乎其身. 有能一日 用其力於仁乎乎? 我未見力不足者. 蓋有之矣, 我未之見也."
가호기신 유능일일 용기력어인의호   아미견력부족자 개유지의 아미지견야

공자께서 말씀하셨다. "인을 좋아하는 사람과 불인을 미워하는 사람이 요즘 참 드물다. 인을 좋아하는 자는 더 바랄 게 없다. 불인을 미워하는 자도 불인에 익숙해지지 않으려고 노력하는 것이므로 괜찮다. 단 하루라도 인해지려고 온 힘을 쓰는 자가 있을까? 힘이 부족해서 인을 행하지 못하는 사람은 보지 못했다. 있을 수 있겠지만 여태 그런 사람은 못 봤다."

그놈의 인! 슬슬 지겨워지네요. 《논어》를 통틀어 공자가 "인하다"고 인

정한 사람은 단 한 명, 바로 안회 씨입니다. 〈옹야〉 편 5절에서 공자는 이렇게 말합니다. "안회는 그 마음이 3개월 동안 인을 떠나지 않았다. 나머지 제자들은 겨우 하루나 한 달에 한 번쯤 인에 이를 뿐이다." 아, 네….

🌙 4-7.

子曰 "人之過也. 各於其黨. 觀過, 斯知仁矣."
자왈 인지과야 각어기당 관과 사지인의

공자께서 말씀하셨다. "사람은 자기가 잘한다고 믿는 것 때문에 잘못을 저지른다. 잘못을 보면, 그 사람의 인한 정도를 알 수 있다."

• • • 다산 정약용 선생이 《논어고금주》라는 책에서 이렇게 말했습니다.

智者作過 恒以智 勇者作過 恒以勇
지자작과 항이지 용자작과 항이용

지혜로운 자는 항상 지혜 때문에 허물을 저지르고, 용기 있는 자는 항상 용기 때문에 허물을 저지른다.

정말 뒤통수를 치는 말입니다. 잘난 사람은 잘남 때문에 실수를 하죠. 돈 많은 사람은 돈 때문에 타락을 하고, 똑똑한 사람은 똑똑함 때문에 오만에 빠지고, 아름다운 사람은 미모 때문에 과오를 저지릅니다. 사람은 누구나 자기가 잘한다고 생각하는 순간 치명적인 패착을 둡니다. 조심 또 조심, 오직 살얼음 걷는 심정으로 살아가야 하나니….

4-8.

子曰 "朝聞道, 夕死可矣."
자왈 조문도 석사가의

공자께서 말씀하셨다. "아침에 도를 들으면, 저녁에 죽어도 좋다."

도대체 도라는 것이 뭘까요? '공자가 펼치고자 했던 정치적 이상'이라는 좁은 뜻에서 '우주적 진리'까지 다양한 스펙트럼으로 해석할 수 있습니다. 주희는 《논어집주》에서 이렇게 말합니다.

道者, 事物當然之理
도 자 사 물 당 연 지 리

도라는 것은 사물이 당연히 갖고 있는 이치다.

이렇게 보면 도는 물리학적 내지는 형이상학적 주제가 되죠. "사물이 당연히 갖고 있는 이치"를 아는 자, 그 누구일까요? 저는 이렇게 생각합니다. "생긴 대로 사는 것, 그것이 도다."

4-9.

子曰 "士志於道, 而恥惡衣惡食者, 未足與議也."
자왈 사지어도 이치악의악식자 미족여의야

공자께서 말씀하셨다. "선비가 도에 뜻을 두고 있으면서 헤진 옷과 거친 음식을 부끄럽게 여긴다면, 더 이야기할 게 없다."

•••• 올바른 길을 가고자 한다면 은행 잔고나 증시 변동, 맛집 찾아다니기 따위에 너무 신경 쓰지 말라는 말씀입니다. 네, 알겠습니다. 하지만 일단 이번 달 카드 대금부터 막고요!

4-10.

子曰 "君子之於天下也, 無適也, 無莫也, 義之與比."
자왈 군자지어천하야 무적야 무막야 의지여비

공자께서 말씀하셨다. "군자는 세상 모든 일에 대해 무조건 된다고도 또 안 된다고도 하지 않는다. 옳은지 아닌지만 신경 쓴다."

《논어》 전편에 걸쳐 등장하는 말들이 참 일상적이고 단순하다는 걸 알 수 있습니다. 백번 들어도 옳은 말이죠. 문제는 공자가 평생 자기 말을 실천하면서 살았다는 겁니다. 말과 행동은 같아야 한다는 이 단순한 진리가 무서워요. 왜? 우린 그렇게 못 하거든요. 평범한 사람들은 그게 안 됩니다. 그런데 제자들이 보니까, 공자 쌤은 한번 말씀하시면 그걸 꼭 행동으로 보여주신단 말입니다. 그러니까 이렇게 기록해놓은 겁니다. 공자 쌤의 말과 행동이 일치하지 않았다면, 그들은 벌써 공자를 떠났을 테고 《논어》라는 책은 없었겠죠.

이 구절에서는 공자의 유연한 사고를 엿볼 수 있습니다. 무조건 되는 것도 없고 안 되는 것도 없다. 즉 모든 가능성을 열어두고 다양한 방법을 모색하는 겁니다. 다만 그것이 옳은가 옳지 않은가를 나누는 잣대는 있어야죠. 그래서 아무리 잘되는 길이라 해도 뇌물을 주고받으면 안 되고, 대중을 속이며 일을 벌여도 안 되고, 가맹점을 몇 백 개씩 만들어서 맛없는 커피를 팔아도 안 되는 겁니다.

4-11.

子曰 "君子懷德, 小人懷土 君子懷刑, 小人懷惠."
자왈 군자회덕 소인회토 군자회형 소인회혜

공자께서 말씀하셨다. "군자는 덕을 생각하고, 소인은 땅을 생각한다. 군자는 법을 생각하고, 소인은 혜택을 생각한다."

군자는 '괜찮은 사람', '덕이 있는 사람' 등으로 해석될 수 없는 일반 명사라고 봅니다. 군자는 군자죠. 좋은 사람일 수도 있고 훌륭한 선비일 수도 있고 너그러운 아저씨일 수도 있어요. 이럴 때는 군자와 반대되는 '소인'과 비교해보면 그 개념이 더 명확해집니다. 군자는 어떤 일을 할 때 덕을 기준으로 삼습니다. 즉 그 일의 과실이 '우리 모두에게 골고루 돌아가는지'를 먼저 생각합니다. 반면에 소인은 일의 결과가 '나한테 이익이 되는 아닌지'를 먼저 생각하는 사람입니다.

4-12.

子曰 "放於利而行, 多怨."
자왈 방어리이행 다원

공자께서 말씀하셨다. "이익을 좇아 행하면 원망이 많아진다."

여기서 이익을 좇아 사는 이들이 바로 소인이겠죠.

4-13.

子曰 "能以禮讓爲國乎? 何有? 不能以禮讓爲國, 如禮何?"
자왈 능이례양위국호 하유 불능이례양위국 여례하

공자께서 말씀하셨다. "예와 양보하는 마음이 있다면 나라를 다스릴 수 있을
까? 무슨 어려움이 있겠는가? 예와 양보하는 마음으로도 나라를 다스릴 수 없
다면, 예가 무슨 소용인가?"

예는 자연의 질서, 그 속에 포함된 인간의 질서를 뜻합니다. 질서가 없
다면 인간은 살아갈 수 없지만 동시에 질서란 봄이 오면 꽃이 피고 가을이 오
면 잎이 지듯 자연스러운 것이어야 하죠. 부자연스럽고 폭력적인 질서는 예가
아닙니다.

4-14.

子曰 "不患無位, 患所以立 不患莫己知, 求爲可知也."
자왈 불환무위 환소이립 불환막기지 구위가지야

공자께서 말씀하셨다. "지위가 없음을 걱정하지 말고 내가 그 지위에 마땅한지를 걱정하라. 자기를 알아주지 않음을 걱정하지 말고 저절로 알려지기를 구하라."

• • • • 〈학이〉편 16절에 이미 나온 내용입니다. "사람들이 나를 알아주지 않을까 걱정하지 말고, 내가 사람들을 알아보지 못할까를 걱정하라." 이 구절과 일맥상통하니까요.

낭중지추囊中之錐라는 말이 있습니다. 주머니 속의 송곳은 삐져나올 수밖에 없듯이 재능 있는 사람은 다른 사람이 알아볼 수밖에 없다는 이야기입니다. 그러니까 걱정할 시간에 실력을 기르라는 말이죠. 하지만 이 넓은 세상에 인재가 많다 보니 나한테까지 차례가 돌아오지 않을 때도 분명 있습니다. 그래서 낭중지추에 반대되는 개념이 생겼어요. 바로 모수자천毛遂自薦입니다. 모수란 사람이 스스로를 천거했다는 의미입니다.

조나라는 진나라에 침략당하자 구원병을 요청하러 초나라로 갑니다. 이때 조나라의 특사 조승은 자기 집에 머물던 빈객 3000명 중 20명을 선발해 파견단을 꾸리려 합니다. 그런데 아무리 꼽아봐도 19명밖에 안 되는 겁니다. 이때 모수가 스스로를 추천합니다. 조승은 "낭중지추라는 말이 있소. 당신은 우리

집에 온 지 3년이나 됐지만 특별히 한 일이 없지 않소?"라고 하죠. 모수는 "발탁이 됐으면 능력을 발휘했을 것입니다"라며 자신을 뽑아달라고 합니다. 모수는 조승을 따라 초나라에 가서 초나라 왕을 잘 설득해 구원병 파견을 약속받습니다. 귀국한 조승은 사람들에게 "함부로 인재를 알아본다는 말을 하지 않겠다"고 선언합니다. 낭중지추가 안 되면 모수자천!

4-15.

子曰 "參乎! 吾道一以貫之." 曾子曰 "唯." 子出, 門人問曰 "何謂也?" 曾子曰 "夫子
자왈 삼호 오도일이관지 증자왈 유 자출 문인문왈 하위야   증자왈 부자
之道, 忠恕而已矣."
지도 충서이이의

공자께서 말씀하셨다. "삼아! 나의 도는 하나로 모든 것을 꿰뚫는다." 증자가 대답했다. "예." 공자께서 나가시자 다른 제자들이 물었다. "무슨 말씀입니까?" 증자가 답했다. "선생님의 도는 충서일 뿐입니다."

이 절은 무척 논란이 많습니다. 심지어 있지도 않은 일을 증자의 제자들이 만들어냈다는 주장도 유력합니다. 그래도 '김일성 장군은 낙엽을 타고 압록강을 건넜다'는 드라마보다는 훨씬 덜하죠. "충서"에 대해서는 다음과 같이 다양한 해석이 있습니다.

1) "마음 가운데를 다하여 섬기는 것을 충이라 하고, 타인의 마음을 나의 마음처럼 헤아리는 것을 서라 한다."[8]

2) "자기의 내면적 가능성을 다 발휘하는 것이 충이요, 자기를 미루어 타인에게 확충해나가는 것이 서다."[9]

3) "진기지위충, 추기지위서盡己之謂忠 推己之謂恕—자기를 다함을 충이라 하고, 자기를 미룸을 서라 한다."[10]

4) 속에 있는 마음인 충이 밖으로 나타날 때 서가 된다.[11]

저는 이렇게 생각합니다. '忠(충)'이란 글자를 풀어보면 '中(가운데 중)'과 '心(마음 심)'이고 '恕(서)'는 '如(같을 여)'와 '心(마음 심)'입니다. 즉 이런 뜻 아닐까요? "내 마음이 하나일 때 내 마음이 곧 너의 마음이다."

☾ 4-18.

子曰 "事父母幾諫, 見志不從, 又敬不違, 勞而不怨."
자왈 사부모기간 견지부종 우경불위 노이불원

공자께서 말씀하셨다. "부모님 섬기는 도리란다. 잘못을 지적할 때는 가만히 말씀드려라. 설사 부모님이 바뀌지 않아도 비뚤어지지 말고 더욱 공경하라. 부모님을 위해 수고를 했더라도 절대 원망해서는 안 된다."

최근에는 부모의 역할이 너무 많고 무겁습니다. 30대, 40대가 되어도 부모에게 의존합니다. 부모가 해주는 밥을 먹고 빨래해준 옷을 입는다면 최소한 수고비는 드려야 한다고 봅니다. 제일 좋은 것은 독립해서 나가 사는 것이고요. 결혼할 때까지 자식을 보살피고 자식 살 집은 물론 혼수까지 장만해주고… 세계 어느 나라에도 없는 부모 학대 시스템이 대한민국에 엄존합니다.

공자는 대인 관계에서 부드러운 태도와 말투를 무엇보다 중요하게 여겼습니다. 특히나 윗사람의 잘못을 간언할 때는 굉장히 조심스러워야 한다고 강조합니다. 안 그러면 아랫사람만 손해죠.

4-21.

子曰 "父母之年, 不可不知也. 一則以喜, 一則以懼."
자왈 부모지년 불가부지야 일즉이희 일즉이구

공자께서 말씀하셨다. "부모님의 연세는 반드시 알아야 한다. 한편으로는 기쁘고, 한편으로는 두렵다."

부모님 연세가 어떻게 되시나요? 연세를 알면 한편으로 '아, 아직까지 무탈하시고 건강하시니 기쁘다'고 생각하면서 다른 한편으로는 '아, 어느새 나이가 이렇게 되셨나' 하고 두려운 마음도 들죠.

4-25.

子曰 "德不孤, 必有隣."
자왈 덕불고 필유린

공자께서 말씀하셨다. "덕은 외롭지 않고 반드시 이웃이 있다."

.... 베푸는 사람은 늘 진정한 친구가 있는 법.

4-26.

子游曰 "事君數, 斯辱矣. 朋友數, 斯疏矣."
자유왈 사군삭 사욕의 붕우삭 사소의

자유가 말했다. "임금을 섬기면서 자주 간하면 욕을 당하게 되고 친구를 사귀면서 자주 충고하면 사이가 멀어진다."

.... 고대 그리스의 철학자 탈레스는 이렇게 말했습니다. "세상에서 가장 쉬운 일은 충고하는 것이요, 세상에서 가장 어려운 일은 자기를 아는 것이다." 충고? 하지 마세요. 너나 잘하세요.

제 5 편 。

공야장
公冶長

5-1A.[1]

子謂公冶長 "可妻也. 雖在縲絏之中, 非其罪也." 以其子妻之.
자위공야장 가처야 수재류설지중 비기죄야   이기자처지

공자께서 공야장에 대해 말씀하셨다. "사위 삼을 만하다. 비록 밧줄에 묶여 감
옥에 갇혀 있었지만, 그의 죄가 아니다." 그리고 딸을 그에게 시집보냈다.

･･･ 공야장은 공자의 제자이며 한때 살인 누명을 쓰고 옥살이를 했다는
것만 알려져 있습니다. 말하자면 전과자인데, 그가 본래 선한 사람이고 억울하
게 감옥에 갔다는 사실을 아는 공자께서는 개의치 않고 사위로 삼았다고 합
니다. 오픈 마인드 공자님!

5-1B.

子謂南容 "邦有道, 不廢 邦無道, 免於刑戮." 以其兄之子妻之.
자위남용 방유도 불폐 방무도 면어형륙 이기형지자처지

공자께서 남용에 대해 말씀하셨다. "나라에 도가 있을 때는 등용될 것이고, 나라에 도가 없을 때에도 형벌은 면할 것이다." 그리고 형의 딸을 그에게 시집보냈다.

남용은 공자로부터 진실한 면이 있는 군자라고 평가를 받은 제자입니다. 나라에 도가 있을 때는 훌륭한 군주가 잘 다스리는 때라는 의미고, 나라에 도가 없을 때는 어리석은 군주가 엉망으로 다스릴 때라는 뜻이죠.

그런데 공자 선생님의 오지랖도 장난이 아닙니다. 조카딸 중매까지 서고 말이죠.

5-2.

子謂子賤 "君子哉若人! 魯無君子者, 斯焉取斯?"
자위자천 군자재약인 로무군자자 사언취사

공자께서 자천에 대해 말씀하셨다. "군자로구나, 이 사람! 노나라에 군자들이

없었다면 그 친구가 어디에서 이런 것을 배웠겠나?"

•••• 자천은 공자보다 49세 연하인 최연소 제자입니다. 공자 말년에 입학한 노나라 출신 인재인데 인자하고 재주가 많았습니다. 선보라는 고을의 군수로 지내면서 백성을 위한 정치를 했기에 칭찬이 자자했죠. 그 소문을 듣고 공자 쌤도 어깨가 으쓱했던 거예요. 그런데 이 말 속에는 공자의 지역감정도 살짝 숨어 있습니다. 노나라 출신인 공자는 "내 고향 노나라니까 자천 같은 인물도 나오는 거 아니겠어!" 하고 은근히 뽐내고 있죠.

🌙 5-3.

子貢問曰 "賜也何如?" 子曰 "女器也." 曰 "何器也?" 曰 "瑚璉也."
자공문왈 사야하여   자왈 여기야   왈 하기야   왈 호련야

자공이 물었다. "저는 어떤 사람입니까?" 공자께서 답하셨다. "너는 그릇이다."
자공이 다시 물었다. "어떤 그릇입니까?" "호련이다."

•••• 공자 선생님은 앞서 〈위정〉 편 12절에서 "군자는 그릇이 되면 안 된다"는 말을 분명히 하셨습니다. 그런데 자공이 "저는 어떤 사람입니까?"라고 묻자 대뜸 "너는 그릇이다!"라고 답합니다. 이때 자공의 표정은 어땠을까요? 바로

이렇지 않았을까요? -_-;; 이런 질문을 한 자공이나 이런 대답을 한 공자나 순간 정지 모드가 되는 겁니다. 이와 같은 퍼즈pause를 모르면 《논어》를 읽는 맛이 반감됩니다. 《논어》는 퍼즈의 문학입니다.

공자는 지금 자공에게 대놓고 "넌 군자가 아니야, 소인이야"라고 말했습니다. 자공은 정신이 아득해집니다. 그러나 여기서 물러나면 자공이 아니죠. 내상을 무릅쓰고 다시 묻습니다. "좋아요. 제가 그릇이란 말이죠. 그… 그럼 도대체 어떤 그릇이란 말입니까?" 그제야 공자 쌤이 씩 웃으면서 답하죠. "응. 너는 호련이야. 제사 때 쓰는 그 귀한 옥그릇. 그거 없으면 제사 못 지내는 귀하디귀한 호련!"

자공이 멍하니 있다가 스승이 한 말의 의미를 깨닫고 웃습니다. 선생과 제자가 함께 호탕한 웃음을 터뜨려요. 이 에피소드는 거대한 농담일 뿐입니다. 여기 온갖 대단한 의미를 부여하는 건 난센스! 공자도 자공도 농담을 즐기는 인간일 뿐, 어찌 귀엽지 않으리오?

 5-4.

或曰 "雍也仁而不佞." 子曰 "焉用佞? 禦人以口給, 屢憎於人. 不知其仁, 焉用佞?"
혹왈 옹야인이불녕 자왈 언용녕 어인이구급 루증어인 부지기인 언용녕

─────────────────────────────────

누군가 말했다. "옹은 인하지만 말재주가 없습니다." 공자께서 말씀하셨다. "말재주를 도대체 어디 쓰겠느냐? 말이나 끊는 말재주로 남을 대하면 자주 미움을 살 뿐이다. 옹이 인한지는 모르겠으나 말재주를 도대체 어디 쓰겠느냐?"

•••• 옹은 염옹이고 자는 중궁仲弓입니다. 덕이 있고 공자에게 상당히 인정받았던 제자인데 말이 좀 어눌했나 봐요. 《논어》 전편을 통틀어서 볼 때 공자는 말솜씨 좋은 제자를 잘 인정해주지 않았습니다. 오히려 묵묵히 제 할 일을 하는 제자를 더 쳐줬어요. 왜 그랬을까요? 이건 저만의 생각인데, 공자 자체가 아주 달변은 아니었을 겁니다. 오히려 눌변에 가깝고 생각이 깊었겠죠. 제자들이 약간 무례한 행동을 해도 그 당시에는 눈만 끔벅끔벅하다가 제자들이 나가고 나서야 섭섭해합니다. 약간 형광등과(?)였던 것 같아요. 행동하기까지는 조금 굼떴지만, 일단 행동에 들어가면 속 시원히 해치우는 그런 전형적인 외유내강형 인물이었습니다. 이런 사람이 진짜 무섭죠.

☾ 5-5.

子使漆雕開仕, 對曰 "吾斯之未能信." 子說.
자사칠조개사 대왈 오사지미능신 자열

공자께서 칠조개에게 관직에 나아갈 것을 권하자 칠조개가 답했다. "저는 아직 벼슬하는 것에 대해서는 자신이 없습니다." 공자께서 기뻐하셨다.

칠조개는 공자보다 11살 연하였고 관직을 맡을 만한 능력이 있었습니다. 공자가 이제 그만 하산하라고 했는데도 칠조개는 자신 없다는 말만 늘어놓죠. 그런데도 공자가 기뻐합니다. 왜일까요?

공자가 죽은 뒤에 8대 문파라는 것이 만들어졌습니다. 무슨 무협지에 나오는 소림사 문파 비슷하죠?《한비자》에 따르면 자장 파, 자사 파, 안회 파 등이 있었습니다. 이 중 하나인 칠조개 파는 강직하고 절개가 있으나 스스로 부끄러운 점이 있다면 천한 노비에게도 고개를 숙였다고 전해집니다. 한마디로 인격적으로 성숙한 사람들이었죠. 이로 미루어 볼 때 칠조개 역시 빨리빨리 자격증 따고 고시 패스해서 관직을 맡기보다는 성품을 다듬고 공부를 더 하기 바랐던 것 같아요. 그런 진중함 때문에 공자가 기뻐한 것입니다.

☽ 5-6.

子曰 "道不行, 乘桴浮于海, 從我者其由與!" 子路聞之喜. 子曰 "由也好勇過我, 無所
자왈 도불행 승부부우해 종아자기유여   자로문지희 자왈 유야호용과아 무소
取材."
취재

공자께서 말씀하셨다. "나라에 도가 없구나. 이럴 때는 뗏목 타고 그저 바다 위에 둥둥 떠 있고 싶다. 그럼 나를 따를 사람은 뭐니 뭐니 해도 자로겠지!" 자로가 이 말을 듣고 좋아했다는 이야기를 듣고 공자께서 또 말씀하셨다. "자로는

나보다 용감하지만 앞뒤를 재지 않는다."

　　　자로는 공자에게 형제 같고 가족 같은 존재입니다. 웬만해서는 화를 안 내는 공자도 자로한테는 막 짜증을 부리고 그래요. 하기는 공자 쌤도 가끔은 '우쭈쭈'를 받아줄 사람이 필요했겠죠. 칭찬했다가 놀렸다가, 병 주고 약 주고 합니다. 《논어》를 잘 읽어보면, 공자 선생님이 제자들을 엄청 놀립니다. 아주 가지고 놀아요.

　그런데 이 대목에서 공자는 왜 "뗏목 타고 바다 위에 떠 있고 싶다"고 했을까요? 우리도 가끔 그러잖아요. "○○○이 대통령 되면 내가 이민 간다!"고요. 그래 놓고 진짜 이민 가는 사람은 없죠. 공자님도 마찬가지예요. 그냥 그때 상황이 불만이었던 겁니다. 나라 돌아가는 꼴을 보니 어디 멀리 떠나고 싶다는 심정인 거죠. 그런데 혼자 가기는 심심하니까 충직한 제자 하나를 데려가야겠는데 이럴 때는 역시 자로죠! "자로라면 내가 간다고 해도 무작정 따라 나설 거야." 이런 이야기예요. 조금은 상징적인 이야기죠. 진짜 배를 만들어서 바다로 나간다는 것이 아니니까요. 그런데 자로는 이 말을 듣고 벌써 배 만들 목재를 사러 나갔을 거예요. 마땅치 않으면 어디 가서 카약이라도 빌려올 걸요? 히죽히죽 웃으면서 배 빌리러 갔다는 말을 듣고 공자님이 '그럴 줄 알았다' 하신 겁니다. 믿거나 말거나.

孟武伯問 "子路仁乎?" 子曰 "不知也." 又問, 子曰 "由也, 千乘之國, 可使治其賦 也,
맹무백문　자로인호　자왈　부지야　우문　자왈　유야　천승지국　가사치기부 야
不知其仁也." "求也何如?" 子曰 "求也, 千室之邑, 百乘之家, 可使爲之宰也, 不知其
부지기인야　구야하여　자왈　구야　천실지읍　백승지가　가사위지재야　부지기
仁也." "赤也何如?" 子曰 "赤也, 束帶立於朝, 可使與賓客言也, 不知其仁也."
인야　적야하여　자왈　적야　속대립어조　가사여빈객언야　부지기인야

맹무백이 물었다. "자로는 인합니까?" 공자께서 답하셨다. "모르겠네." "그래
요?" "자로는 천승의 나라에서 군사에 대한 일을 맡겨도 잘할 것이네만 인한
지는 모르겠네." "염유는 어떻습니까?" "염유는 천 호 되는 읍이나 백승을 거
느리는 영주 밑에서 지방 장관을 맡으면 잘하겠지만 인한지는 모르겠네." "공
서화는 어떻습니까?" "공서화는 예복을 잘 차려 입고 조정에서 사신을 대하게
할 만하지만, 인한지는 모르겠네."

　　공자 선생님, 제자들에 대한 평이 대단하죠? 맹무백은 앞서 말했듯이
노나라의 실권자입니다. 공 선생님 동료의 아들인데, 세월이 흘러 애가 '공 선
생님 제자 중에 누구 쓸 만한 사람 없나' 하고 문의한 겁니다.

　　원문을 보면 공자가 "자로에게는 그 부賦에 대한 일을 맡겨도 된다"고 했는
데 부는 세금을 걷는 일로서 그 당시에는 주로 군사 업무에 세금을 썼어요. 자
로가 군 재정을 맡으면 방산 비리 같은 건 없을 것이라는 의미입니다. '염유 역
시 지방 장관 정도는 너끈히 해낼 수 있을 거다'라고 말합니다.

　　또 공서적, 공서화, 자화 모두 같은 인물로 공자보다 42세 연하입니다. 이 친

구도 의전 담당이나 외교관을 시키면 잘할 거라고 답합니다.

그런데 공 쌤은 맹무백이 별로 맘에 안 들었는지 그 뒤의 대답을 퉁명스럽게 합니다. 질문이 잘못되어서 그래요. 관직을 주려면 뭘 잘하는지 물어야지 인한지 아닌지는 왜 묻습니까? 말하자면 "자로에게 사단장을 맡기려고 하는데 군대 통솔을 잘합니까?"라고 물어야지 "사단장을 맡기려는데 자로는 인격적으로 완성된 자입니까?"라고 물은 거잖아요. 그러니까 공자는 논리적으로 올바른 답을 한 겁니다. 무백 씨, 논리학의 기본부터 다시 배우고 오시죠.

🌙 5-8.

子謂子貢曰 "女與回也孰愈?" 對曰 "賜也何敢望回? 回也聞一以知十, 賜也聞一以
자위자공왈　여여회야숙유　　대왈　사야하감망회　회야문일이지십　사야문일이
知二." 子曰 "弗如也. 吾與女弗如也."
지이　자왈　불여야　오여여불여야

공자께서 자공에게 물었다. "너를 안회와 비교하면 누가 더 낫다고 보느냐?"
자공이 대답했다. "제가 감히 회를 따라갈 수 있겠습니까? 회는 하나를 들으면
열을 알지만, 저는 하나를 들으면 둘을 알 뿐입니다." 공자께서 답했다. "너는
안회만 못하다. 나 역시 너처럼 안회만 못하다."

●●●● 공자의 취미 중 하나는 자공 놀리기입니다. 이 에피소드는 거기다 안

회 띄워주기까지 겹쳤어요. 세상에 이런 선생이 어디 있습니까? 너무 가혹하지 않나요? 자공도 훌륭한 제자인데 대놓고 "넌 안회를 못 따라간다"고 하다니 말입니다. 그래 놓고 미안했는지 "그런데 나도 안회보다 못하다"고 슬쩍 위로합니다. 정말 이상한 선생님이죠.

저는 이 텍스트를 보고 몇 달을 고심했습니다. 그러다가 중요한 것은 텍스트 너머에 있다는 것을 깨달았습니다. 팩트가 중요한 것이 아니라 팩트 이전과 이후에 더 중요한 팩트가 있다는 거죠. 그게 뭐냐고요? 《논어》 집필자와 편집자의 냉정함입니다. 《논어》는 공자의 제자들이 쓰고 편집했는데, 그중에는 자공 제자도 있고 안회 제자도 있고 증삼 제자도 있었을 겁니다. 이 절만 놓고 봤을 때, 자공 제자들로서는 자기 선생님을 깎아내리는 이야기니까 뺄 수도 있었습니다. 하지만 그대로 실었다는 사실이 위대하다는 겁니다. 역사상 어떤 제자도 자기 선생을 이렇게 객관적으로 서술한 경우는 흔치 않습니다. 여기서 냉철한 인문 정신이 빛나죠.

 5-9.

宰予晝寢. 子曰 "朽木不可雕也, 糞土之牆不可杇也. 於予與何誅?" 子曰 "始吾於人
재여주침 자왈 후목불가조야 분토지장불가오야 어여여하주　자왈 시오어인
也, 聽其言而信其行 今吾於人也, 聽其言而觀其行. 於予與改是."
야 청기언이신기행 금오어인야 청기언이관기행 어여여개시

재여가 낮잠을 자자 공자께서 말씀하셨다. "썩은 나무로는 조각할 수 없고, 거름흙으로 쌓은 담장은 손질할 수가 없다. 내가 재여를 어떻게 나무라겠나?" 또 말씀하셨다. "처음에 나는 다른 사람에 대하여 그 사람의 말만 듣고 그의 행실을 믿었다. 지금 나는 사람에 대하여 그의 말을 듣고 다시 그의 행실을 살펴보게 되었으니 재여 때문에 바뀐 것이다."

　　•••• 재여는 공자보다 29세 연하로 말 잘하고 정치적 능력이 뛰어난 제자였습니다. 재여는 매우 현실적이고 복잡한 상례를 싫어했어요. 또 아는 척하다 공자에게 혼이 나기도 합니다. 그런 재여가 공부는 안 하고 낮잠만 자니 공자에게 된통 혼이 났죠.

☾ 5-11.

子貢曰 "我不欲人之加諸我也, 吾亦欲無加諸人." 子曰 "賜也, 非爾所及也."
자공왈　아불욕인지가저아야　오역욕무가저인　자왈　사야　비이소급야

자공이 말했다. "저는 다른 사람이 저에게 행하기를 원치 않는 것을 저 또한 다른 사람에게 행하지 않으려 합니다." 공자께서 말씀하셨다. "자공아, 너는 아직 그 정도는 아니다."

헐, 기껏 자기 꿈을 이야기했더니 "넌 아직 안 돼, 짜샤" 하는 선생님이라니! 저 같으면 죽고 싶었을 겁니다. 그러나 그 스승에 그 제자. 자공은 선생의 이런 냉소에도 꿈쩍하지 않고 또 질문하고 딴지를 걸고 논쟁합니다. 그러면서 제자와 선생은 동양철학 사상 가장 수준 높은 고담준론을 만들어냈죠. 훌륭한 선생은 훌륭한 제자가 만듭니다.

5-13.

子路有聞, 未之能行, 唯恐有聞.
자로유문 미지능행 유공유문

자로는 좋은 가르침을 듣고서 다 실천하지 못했으면, 또 다른 좋은 가르침을 듣는 것을 두려워했다.

자로가 좀 엉뚱한 것 같지만 그래도 공자님 수제자입니다. 공자 학단이 이 정도 수준이었어요. 공자님도 말년에는 자로를 높이 평가해서 "대국에서 군사나 재정을 능히 맡을 수 있다"고 했습니다. 또한 정치적 역량이나 현실 인식은 꽤 뛰어난 인물이었어요. 자공, 안회 등에 밀려 공자 학단에서는 학문 면에서 크게 두각을 나타내지 못했지만, 다른 집단에 있었다면 당연히 톱클래스에 속할 인재였습니다.

5-14.

子貢問曰 "孔文子何以謂之文也?" 子曰 "敏而好學, 不恥下問, 是以謂之文也."
자공문왈 공문자하이위지문야   자왈 민이호학 불치하문 시이위지문야

자공이 물었다. "공문자는 어찌하여 문이라고 시호를 받았습니까?" 공자께서
대답하셨다. "영민한데도 배우기를 좋아하여 아랫사람에게 묻는 것을 부끄러
워하지 않았다. 그래서 문이라고 한 것이다."

····· 공문자는 위나라 위령공의 맏딸인 백희의 남편이자 위나라의 대부입
니다. 이 사람이 자기 딸을 좋은 가문에 시집보내려고 신랑을 점찍었는데 유
부남이었어요. 그러자 공문자는 그를 강제로 이혼하게 하고 자기 딸과 재혼시
킵니다. 그 외에도 몇몇 어리석은 일을 저지른 적이 있습니다. 그런 사람이 '문'
이라는 시호를 받았습니다. 시호는 생전의 업적이나 성품을 고려해서 죽은 다
음에 붙여 주는 이름인데 여기에도 단계가 있어요. 문은 생전의 업적이나 덕이
최상이었던 사람에게 주는 시호입니다. 그런데 어떻게 그다지 지혜롭지 않은
공문자가 문을 받았는가? 이게 자공의 궁금증입니다.

이때 공자가 유명한 말을 하죠. "불치하문", 즉 아랫사람에게 묻는 것을 부끄
러워하지 않는다. 바로 이게 학문의 자세이고, 모든 부족함을 메울 수 있는 덕
성이라는 겁니다. 일단 누구한테든 좀 묻자고요.

5-16.

子曰 "晏平仲善與人交, 久而敬之."
자왈 안평중선여인교 구이경지

공자께서 말씀하셨다. "안평중은 사람을 잘 사귀었다. 오래 친했어도 공경했다."

안평중은 제나라의 명재상으로 이름은 영嬰입니다. 공자는 30대에 제경공에게 등용될 뻔했으나 안영의 반대로 뜻을 이루지 못했죠. 제나라는 대대로 실용주의적인 나라였습니다. 안영은 이런 나라에 공자의 사상을 적용하는 것은 무리라고 봤습니다. 보통 사람 같으면 성공을 방해한 안영을 미워했을 겁니다. 그런데 공자는 안영을 좋게 평가했어요. 성인은 성인입니다.

5-19.

季文子三思而後行, 子聞之, 曰 "再斯可矣."
계문자삼사이후행 자문지 왈 재사가의

계문자는 세 번 생각하고 나서 행동했다. 공자께서 그 이야기를 듣고 말씀하셨다. "두 번만 생각해도 될 것을."

••••• 계문자는 공자의 앞 세대 사람으로 노나라 대부입니다. 뭐든 세 번 생각하고 실행할 정도로 생각이 깊고 궁리가 많았다고 해요. 공자는? "야, 생각하다 날 새겠다. 뭘 세 번씩이나 생각해? 두 번만 생각해도 충분해. 어떤 때는 한 번으로도 충분하고. 또 가끔은 행동부터 하는 경우도 있는 거야." 임기응변이죠.

☾ 5-23.

子曰 "孰謂微生高直? 或乞醯焉, 乞諸其隣而與之."
자왈 숙위미생고직 혹걸혜언 걸저기린이여지

공자께서 말씀하셨다. "누가 미생고를 정직하다 했는가? 누군가 식초를 빌리러 오자 이웃에서 빌려서 다시 주었는데."

••••• 미생고는 공자 시대 정직하기로 꽤 소문난 사람이었습니다. 누가 뭘 빌리러 오면 없어도 없다고 하지 못하고 옆집에서 빌려다 줬대요. 공자는 그 정도 숙맥은 아닙니다. "없으면 없다고 하는 것이 정직"하다고 생각했죠.

북송 유학자 범조우范祖禹(1041~1098)는 이렇게 말했습니다. "옳은 것을 옳다 하고, 그른 것은 그르다 하고, 있으면 있다 하고, 없으면 없다 하는 것이 정직直이다."[2]

자기도 마이너스면서 친구가 돈 빌려달라고 할 때 빌려주기 있기? 없기?

🌙 5-25.

顔淵季路侍, 子曰 "盍各言爾志?" 子路曰 "願車馬 衣輕裘, 與朋友共, 敝之而無憾."
안연계로시 자왈 합각언이지   자로왈 원거마 의경구 여붕우공 폐지이무감
顔淵曰 "願無伐善, 無施勞." 子路曰 "願聞子之志." 子曰 "老者安之, 朋友信之, 少者
안연왈 원무벌선 무시로 자로왈 원문자지지 자왈 노자안지 붕우신지 소자
懷之."
회지

자로와 안회가 공자를 모실 때 공자께서 "인생을 어떻게 살고 싶니? 너희들의
뜻을 좀 말해보지 않겠니?"라고 하셨다. 자로가 말했다. "저는 수레와 말, 옷
같은 것을 친구들과 나눠 쓰다가 떨어져도 후회하지 않는 그런 삶을 살고 싶습
니다." 안회가 말했다. "저의 뛰어난 점을 자랑하는 일이 없고 저의 공로를 자
랑하는 일이 없기를 원합니다." 자로가 "선생님의 계획은 어떠신지 듣고 싶습
니다"라고 하자 공자께서 말씀하셨다. "늙은이들은 편하게 하고, 친구에게 믿
음을 주고, 젊은이들을 잘 이끌어주고 싶구나."

자로는 친구 중심의 삶, 안회는 자아 완성을 위한 삶, 공자 쌤은 '어
르신-동년배-후배' 3세대에게 평화를 주는 대동사회를 꿈꾸었습니다. 《예기》
〈예운禮運〉편에 보면 공자가 꿈꾸는 대동사회의 모습이 자세히 묘사되어 있습
니다.

큰 도가 이루어지는 시대가 되면 세상이 모두의 것이 된다. (중략) 사람들은 자기 부모만을 위하지 않고 자기 자식만 귀여워하지 않는다.

나이 든 사람은 편안히 노후를 마무리하고, 젊은이들은 모두 자기 일을 가졌으며, 어린이들은 안전하게 자란다. 홀아비, 과부, 고아, 자식 없는 노인, 병든 자들은 사회가 책임지고 부양한다. 남자는 모두 일정한 직분이 있고 여자는 모두 시집갈 곳이 있도록 조치한다.

돈이 땅바닥에 떨어져 있다 해도 줍지 않는다. 힘을 쓸 수 있는 위치에 있어도 꼭 자기만을 위해 일하지 않는다. 이렇게 되니 음모가 통하지 않고 도둑이나 폭력배가 활개 치지 못한다. 그러므로 문을 열어놓아도 안심하니 이를 일러 대동사회라 한다."[3]

아, 정말 멋진 상상이죠?

🌙 5-27.

子曰 "十室之邑, 必有忠信如丘者焉, 不如丘之好學也."
자왈 십실지읍 필유충신여구자언 불여구지호학야

공자께서 말씀하셨다. "열 가구 정도 되는 작은 마을에도 나 공구만큼 충실하고 믿을 만한 사람은 반드시 있을 거야. 그러나 나처럼 배우기 좋아하는 사람은 없을걸."

    "호학", 이것이야말로 공자를 상징하는 단어입니다. 공자는 배우기를 좋아했습니다. 그 당시 배움이란 일단 '듣기'에서 나왔습니다. 상대의 말을 잘 듣지 않는 사람은 호학에 발을 들여놓을 수 없었죠.

〈학이〉편에 나왔듯이 공자는 이미 15세 때 배움에 뜻을 두고 평생을 공부하며 살았습니다. 일생 동안 공부를 지속하고, 학문에서 거대한 업적을 이룰 수 있었던 이유는 배움을 좋아하고 즐겼기 때문입니다.

주희가 말했습니다. "배움이 지극하면 성인이 될 수 있으나 배우지 않으면 촌놈이 되는 것을 면할 수 없으니 어찌 힘쓰지 않겠는가!"[4]

제
6
편 ○

옹야

雍也

6-1.

子曰 "雍也 可使南面." 仲弓 問子桑伯子 子曰 "可也, 簡." 仲弓曰 "居敬而行簡 以臨
자왈 옹야 가사남면   중궁 문자상백자 자왈 가야 간   중궁왈 거경이행간 이임

其民 不亦可乎? 居簡而行簡 無乃大簡乎?" 子曰 "雍之言然."
기민 불역가호   거간이행간 무내태간호   자왈 옹지언연

공자께서 말씀하셨다. "중궁은 왕이 되어도 잘할 것이다." 중궁이 자상백자에
대해 묻자 공자께서 답했다. "괜찮다. 사람이 대범하다." 이에 중궁이 말했다.
"자기에게는 엄격하고 남에게는 대범해야 좋은 지도자 아닙니까? 그러나 자기
에게도 대범하고 남에게도 대범하면 지나친 것 아니겠습니까?" 공자께서 말씀
하셨다. "네 말이 옳다."

중궁은 덕과 능력을 함께 갖춘 제자였습니다. "왕이 되어도 잘할 것"이
라는 말은 《논어》를 통틀어 거의 최고의 칭찬이죠. 그런 중궁이 자상백자에

대해 묻습니다. 자상백자는 알려진 것이 별로 없는 인물인데 공자가 가끔 자문을 구했다고 《장자》에 나오는 것을 보면 꽤 수준 높은 식견을 갖춘 사람이었나 봐요. 자상백자에 대해 공자는 "간簡하다"고 평가하는데 대범하고 소탈한, 말하자면 '쿨하다'는 의미입니다. 그 반대 의미로 여기서는 경敬이 쓰였습니다. 경은 삼가고 조심하고 절제한다는 뜻입니다.

중궁이 좋은 질문을 합니다. "혼자 있을 때는 절제하고 남에게는 소탈해야 좋은 지도자 아닙니까? 하지만 좋은 게 좋은 거라면서 이래도 응, 저래도 응 하면 너무 쿨한 거죠?" 중궁은 말을 어눌하게 한다고 누군가가 비난했는데 말을 했다 하면 이렇게 맞는 말만 했네요. 공자님도 흡족해하시는 모습입니다.

☽ 6-2.

哀公 問 "弟子 孰爲好學?" 孔子對曰 "有顔回者好學 不遷怒 不貳過 不幸短命死矣
애공 문 제자 숙위호학   공자대왈 유안회자호학 불천노 불이과 불행단명사의
今也則亡 未聞好學者也."
금야즉무 미문호학자야

애공이 물었다. "제자들 중 누가 배우기를 좋아합니까?" 공자께서 답했다. "안회라는 이가 있어 배우기를 좋아했습니다. 자신의 노여움을 남에게 옮기지 않고 같은 잘못을 두 번 하지 않았으나 불행히 명이 짧아 일찍 죽었습니다. 이제 그가 가고 없으니 배우기를 좋아한다 할 만한 자가 없습니다."

공자가 말년에 노나라로 돌아온 뒤 젊은 군주 노애공과 나눈 대화입니다. 호학이란 배움을 좋아한다는 뜻도 있지만 몸과 마음을 수련한다, 전인격을 단련한다는 의미로 해석을 확대할 수 있어요. 애공의 질문에 공자는 엄청 치우친 대답을 합니다. "나머지 제자들은 다 별 볼 일 없고요, 안회라는 제자만 진짜 괜찮았는데 요절했어요…"라고요. 안회를 제외한 제자들은 다 엿 먹이는 건가요? 《논어》 전편에 걸쳐 안회를 향한 공자의 사랑 고백은 차고 넘칩니다. 도대체 왜일까요? 제자들에게 자극을 주기 위해서일까요? 맞아요. 혹은 공자랑 안회랑 사귀어서 그랬던 것일까요? 어떨 때는 두 사람 사이에 동성애 코드마저 느껴집니다.

그러나 뭐니 뭐니 해도 안회라는 인물 자체가 성인의 클라스였습니다. 이 절에서 공자가 한 대답 가운데 "불천노 불이과"라는 말이 있죠. 자신의 노여움을 남에게 옮기지 않고, 같은 잘못을 두 번 하지 않는다. 이거 진짜 어려운 겁니다. 이 두 문장이 안회의 성격과 인품을 대변합니다. 우리는 한강에서 뺨 맞고 종로에서 화풀이하잖아요. 갑에게 얻어맞고 을에게 주먹을 휘두르죠. 부장한테 혼나고 신입한테 성을 냅니다.

게다가 같은 잘못을 두 번 하지 않는다는 것은 더 어렵습니다. 인간이 어떻게 그럴 수가 있습니까? 보통은 매번 같은 실수를 하고, 이러면 안 되는데 하면서 또 잘못하고, 머리 쥐어박으며 후회하다가 어느새 또 반복하고 그렇게 살죠. 안회는 정녕 성인의 수준이었을까요?

6-3A.[1]

子華使於齊 冉子爲其母請粟 子曰 "與之釜." 請益 曰 "與之庾." 冉子與之粟五秉
자화사어제 염자위기모청속 자왈 여지부 청익 왈 여지유 염자여지속오병
子曰 "赤之適齊也 乘肥馬 衣輕裘 吾聞之也 君子 周急 不繼富."
자왈 적지적제야 승비마 의경구 오문지야 군자 주급 불계부

자화가 제나라에 사신으로 갈 때, 염유가 자화 어머니에게 곡식을 보내 드리기를 청했다. 공자께서 말씀하셨다. "다섯 말 정도 드려라." 더 많이 청하자 "그럼 한 가마 반 정도를 드려라"이라고 하셨다. 염유는 80가마를 드리고 말았다. 공자께서 말씀하셨다. "적(자화의 이름)이 제나라로 갈 때 보니 살찐 말을 타고 비싼 가죽옷을 입었더라. 내가 알기로 군자는 가난한 사람은 도와줄지언정 부자에게는 더 보태주지 않는다."

●●●● 이때는 염유가 잘나가던 시절이었습니다. 노나라 실권자인 계손씨 집안의 행정 실무자였죠. 염유는 공자에게 이런 제안을 합니다. "자화가 제나라에 사신으로 가면 자화 어머니가 혼자 계시게 되니 생활비를 좀 드리자"고요. 사실 공자 선생님에게 군이 말할 필요 없이 그냥 자기가 주면 됩니다. 염유는 '선생님, 제가 우리 후배들 잘 챙기고 있어요' 하고 이야기하고 싶었던 거예요. 염유는 자로-자공-안회급 1대 제자고 자화는 말년에 들어온 제자거든요.

어쨌든 염유가 자화 모친에게 생활비를 드리자 하니, 공자 쌤은 고지식하게 최저 생계비를 설정해서 "부釜=정확히 6.4말=30만 원 정도 드려라"(지금 쌀값의 시세는 10만 원 정도지만 농경시대의 쌀값은 현재보다 훨씬 더 가치가 높았습니다)라고

했어요. 염유 생각에는 너무 적은 것 같아서 더 드리자고 하니 "그럼 100만 원쯤 드리렴"이라고 한 거죠. 그런데 염유는 덜컥 3000만 원을 드립니다. 이거 자기 돈도 아니거든요. 나라의 세금입니다. 세금으로 인심을 쓴 거죠. 이렇게 되니 공자님이 염유를 혼냅니다. "야! 자화가 제나라 갈 때 보니까 벤츠 타고 아르마니 정장 입고 가던데!" 그러면서 이렇게 덧붙여요. "군자 주급 불계부!" 군자는 가난한 사람을 도와줄망정 부자를 더 부자가 되게 하지는 않는다. 오호, 공자님은 최초의 마르크스주의자였던 걸까요?

6-3B.

原思 爲之宰 與之粟九百 辭 子曰 "毋 以與爾隣理鄕黨乎."
원사 위지재 여지속구백 사 자왈 무 이여이린리향당호

원사가 공자 집안의 재산 관리인이 되었다. 공자께서 그에게 곡식 900말의 연봉을 주려 하자 그가 사양했다. 공자께서 말씀하셨다. "사양하지 말아라. 많으면 너의 이웃과 마을 사람들에게 나눠주면 되잖니."

• • • 원사는 이름이 헌憲으로 청렴결백한 제자였습니다. 공자보다 36세 연하였고요. 공자가 잘나가던 시절, 원사를 비서실장으로 채용하면서 900말, 즉 90가마의 연봉을 주겠다고 했죠. 위에서 말했듯이 농경시대에는 쌀이든 보리

든 한 가마의 가치가 굉장히 컸습니다. 쌀 한 가마면 한 사람이 한 달 정도 먹고살 수 있었습니다. 고기도 사고 옷까지 한 벌 산다 해도 한 달은 풍족하게 살 수 있는 양입니다. 고 정주영 현대그룹 회장의 자서전 《시련은 있어도 실패는 없다》를 보면 19세 때 "1년에 쌀 스무 가마를 받기로 하고 쌀가게에 취직했다"고 하니 그의 부친이 "네가 출세를 해도 한 모양이구나"라고 했다는 일화가 나옵니다.[2] 이게 겨우 1930년대 이야기입니다. 조선시대 중기인 현종 11년(1670년)에는 관리의 녹봉을 석 달에 한 번씩 줬는데 정1품은 6석(1년 24석), 정9품은 2석(1년 8석)을 받았다고 합니다.[3] 그러니 지금으로부터 2500년 전 공자 시대에 연봉 90가마는 엄청난 거죠. 물론 이 곡식이 쌀인지는 정확히 알 수 없습니다만, 원사가 1년 동안 풍족히 먹고도 많이 남는 양임은 틀림없습니다.

그런데 착한 원사는 "너무 많다"며 사양합니다. 그러자 공자 쌤 좀 보세요. "너 혼자 먹지 말고 가난한 이웃들하고 나눠 먹어~"라고 합니다. 앞서는 염유에게 "군자는 가난한 사람을 돕는다"고 하셨습니다. 지금으로 치면 빈민 구제와 복지에 남다른 생각이 있었다고나 할까요? 멋지지 않습니까?

☾ 6-4.

子謂仲弓曰 犁牛之子 騂且角 雖欲勿用 山川 其舍諸
자위중궁왈 이우지자 성차각 수욕물용 산천 기사저

공자께서 중궁에 대해 말씀하셨다. "얼룩소 새끼라도 털이 붉고 뿔이 웅장하다면 쓰지 않으려 해도 산천의 신이 그것을 버려두겠느냐?"

　●●옛날에 제사를 지낼 때는 흠 없는 소를 희생 제물로 썼습니다. 얼룩소 새끼는 제사용으로 적합하지 않죠. 하지만 털이 붉고 뿔이 멋지면 쓸 수도 있다는 이야기입니다. 얼룩소는 중궁의 출신이 미천함을 뜻합니다. 중궁은 가난한 집에서 태어났고 아버지가 못된 사람이었지만, 중궁 본인은 참 괜찮은 사람이었어요. 이런 중궁에 대해 사람들이 이러쿵저러쿵 뒷공론을 했나 봅니다. 그걸 보고 공자가 중궁 편을 들어 두둔한 거죠.

　아마도 공자는 중궁에게서 자신의 젊은 시절을 봤는지도 모릅니다. 공자도 출신은 별로였지만 열심히 노력해서 '털이 붉고 뿔이 멋진' 인물로 성장했으니까요. 아마 공자는 중궁에게 이런 말을 하고 싶지 않았을까요?

　"중궁아, 너 흙수저라고 너무 실망하지 마. 너처럼 훌륭한 사람은 출신이 문제가 아니야. 반드시 알아보고 널 써주는 사람이 있을 거야. 그러니까 힘내!"

 6-5.

子曰 回也 其心 三月不違仁 其餘則日月至焉而已矣
자왈 회야 기심 삼월불위인 기여즉일월지언이이의

공자께서 말씀하셨다. "안회는 석 달 열흘이 지나도 인을 어기지 않습니다. 그 나머지 제자들은 하루나 한 달에 한 번 인에 이를 뿐입니다."

•••• 이 절도 논란이 많습니다. 특히 "기여"가 무엇을 나타내는지 저마다 해석이 다릅니다. "그 나머지"가 '안회를 제외한 나머지 제자'인지, '석 달이 지난 다음 나머지 나날'인지 말이죠. 한자는 글자마다 뜻이 많고 자의적 해석이 가능해서 어느 누구도 "이것이 정답이다"라고 단언할 수 없습니다. 그런 점이 더욱 재미있죠. 다양한 풀이가 가능하니까요. 그것이 바로 인문학입니다. 다음 두 가지 해석을 보시죠.

1) 공자께서 말씀하셨다. "안회는 말이다. 그 마음이 석 달 줄곧 인을 어기는 법이 없나니, 석 달이 지나도 날이면 날마다, 달이면 달마다 인한 채로 흘러갈 뿐이다."[4]
2) 공자께서 말씀하셨다. "안회야, 마음은 3개월 동안 인에서 떠나지 않아야 하고 그 나머지는 날마다 또는 달마다 지극히 할 뿐이다."[5]

《논어》가 워낙 대단한 책이다 보니 수많은 사람들이 해석하고 주를 달았습니다. 한漢나라 유학자 정현鄭玄(127~200)이후 송대宋代 초기까지의 《논어》 해석을 고주古注라고 합니다. 그리고 주희 시대의 《논어》 해석을 신주新注라고 해요. 이 절을 고주에서는 "안회는 그 마음이 석 달 동안 인을 어기지 않고, 그 나머지 제자들은 하루나 한 달에 한 번 인에 이를 따름이다"라고 풀었습니다. 신주 시대 정이천은 "석 달 이상 인을 어기지 않으면 성인이다. 조금이라도 사욕이 생기면 곧 인이 아니다"라고 했고 윤돈은 한술 더 떠서 "이 때문에 안자가 성인보다 한 단계 미달하였다"라고 해석했습니다.[6] 꽤나 치사한 각주입니다. 도올 선생은 고주와 신주 모두 마음에 들지 않는다면서 "공자가 그런 식으로 말할 리가 없다"고 주장합니다.

저는 고주가 맞다고 봅니다. 공자는 충분히 그런 식으로 말할 수 있어요. 《논어》에서 공자의 전과前過가 한두 번이 아닙니다. 공자도 가끔 쪼잔한 면을 보입니다. 그 쪼잔함을 보지 못하면 영영 공자를 죽이는 겁니다. 이 절 역시 '안회 편애와 타 제자 엿 먹이기' 시리즈의 일부일 뿐입니다.

6-6.

季康子問 "仲由 可使從政也與?" 子曰 "由也 果, 於從政乎 何有!" 曰 "賜也 可使從
계강자문 중유 가사종정야여   자왈 유야 과 어종정호 하유   왈 사야 가사종
政也與?" 曰 "賜也 達, 於從政乎 何有!" 曰 "求也 可使從政也與?" 曰 "求也 藝,
정야여   왈 사야 달 어종정호 하유   왈 구야 가사종정야여   왈 구야 예
於從政乎 何有!"
어종정호 하유

계강자가 물었다. "자로는 정치를 맡길 만합니까?" 공자께서 대답했다. "자로는 과단성이 있으니 정치하는 데 무슨 어려움이 있겠소?" "자공은 정치를 맡길

만합니까?" "자공은 사리에 통달했으니 정치하는 데 무슨 어려움이 있겠소?"
"염유는 정치를 맡길 만합니까?" "염유는 다재다능하니 정치하는 데 무슨 어려움이 있겠소?"

•••• 공자 말년에 노나라의 실권자인 계강자가 제자들을 스카우트하려고 물어보니 공자 선생님 신이 나서 "자로, 자공, 염유 다 엘리트입니다. 실컷 데려다 쓰세요~" 하고 말하고 있습니다.

☾ 6-7.

季氏使閔子騫 爲費宰 閔子騫曰 善爲我辭焉 如有復我者 則吾必在汶上矣
계씨사민자건 위비재 민자건왈 선위아사언 여유부아자 즉오필재문상의

계씨가 민자건을 비라는 고을의 재(수령)로 삼으려 하자 민자건이 말했다. "나를 위해 말을 잘해주시오. 또다시 나를 부르러 오면 나는 반드시 문수에 가 있을 것이오."

•••• 민자건은 덕행과 효성으로 유명한 사람이었고 계강자는 그를 스카우트해서 비 땅의 군수로 임명하려 했습니다. 비 땅은 반란이 자주 일어나는 골치 아픈 곳이라 민자건이 그곳의 기운을 잘 다스려줬으면 했던 겁니다. 그런데

민자건은 정치에 뜻이 없었는지 그 제의를 강하게 거절하죠. 꼭 이렇게 괜찮은 사람은 정치를 안 해요, 이상한 사람들은 너도나도 정치한다고 난리인데 말이죠.

6-8.

伯牛有疾 子問之 自牖,執其手曰 "亡之 命矣夫! 斯人也 而有斯疾也! 斯人也 而有
백우유질 자문지 자유 집기수왈 망지 명의부 사인야 이유사질야 사인야 이유
斯疾也!"
사질야

백우가 병에 걸리자 공자께서 병문안을 가셨다. 창문을 통해 그의 손을 잡고 말씀하셨다. "아이고, 이런 일이…. 천명인가 보다. 이런 사람이 이런 병에 걸리다니. 이런 사람이 이런 병에 걸리다니."

···· 백우는 공자보다 7세 연하인데 나병에 걸려 죽었습니다. 공자는 제자의 투병 소식을 듣고 찾아갔지만 안으로 들어가지는 못하고 창문가에서 문병하면서 안타까워했죠. 이 대목을 보면 다시 한번 공자 제자들의 냉정함에 혀를 내두르게 됩니다. 이렇게 쓸 수도 있을 텐데 말입니다.

백우가 병에 걸리자 공자께서 병문안을 가셨다. 창문을 통해 그의 손을 잡고 말씀하셨다.

"아이고, 이런 일이…. 천명인가 보다. 이런 사람이 이런 병에 걸리다니. 하지만 너는 내일이면 일어서리라."

이튿날, 백우의 병이 씻은 듯이 나았다.

상징도 비기祕技도 없는 책이 바로《논어》입니다. 죽은 자를 살리고 물 위를 걸었다고 말할 수도 있었을 텐데 공자는 왜 그러지 않았을까요? 공자의 제자들은 왜 스승을 신격화하기 포기했을까요? 2500년 전에 쓰인 책이라고는 믿을 수 없을 만큼《논어》는 합리적이고 과학적입니다.

🌙 6-9.

子曰 "賢哉, 回也! 一簞食 一瓢飮 在陋巷 人不堪其憂 回也! 不改其樂 賢哉 回也!"
자왈　현재　회야　일단사　일표음　재루항　인불감기우　회야　불개기락　현재　회야

공자께서 말씀하셨다. "훌륭하구나, 안회는. 한 소쿠리의 밥과 한 표주박의 물로 누추한 골목에서 산다. 사람들은 그 근심을 견디지 못하지만 회야, 너는 그 즐거움을 바꾸려 하지 않는구나. 훌륭하다. 회는!"

･･･ 또 시작이네요. 선생님의 안회 사랑!

6-10.

冉求曰 "非不說子之道 力不足也." 子曰 "力不足者 中道而廢 今女 畵."
염구왈 비불열자지도 역부족야   자왈   역부족자 중도이폐 금녀 획

염유가 말했다. "선생님의 도를 즐거워하지 않는 게 아니라 힘이 부족합니다."
공자께서 말씀하셨다. "힘이 부족하다면 중간에 그만둘 수밖에 없다. 너는 지
금 스스로 한계를 긋고 있다."

염유, 너 또 뭐 잘못했니?

6-11.

子謂子夏曰 "女爲君子儒 無爲小人儒."
자위자하왈 여위군자유 무위소인유

공자께서 자하에게 말씀하셨다. "너는 군자 같은 선비가 되어라. 소인 같은 선
비가 되면 안 된다."

유儒는 사士와 같은 의미로 선비, 즉 배우는 사람을 말합니다. 자하는
공자의 말년 제자로 공자에게 사랑받은 몇 안 되는 이였습니다. 자하가 열심히

공부하니까 공자 쌤께서 덕담 한마디 하신 거죠. 임자헌 선생은 이 구절을 다음과 같이 해석했습니다. "너는 부디 크고 높은 이상을 추구하는 학자가 되어라. 배운 것으로 먹고살 궁리나 하는 학자가 되지 말고."[7]

6-12.

子游爲武城宰 子曰 "女得人焉爾乎?" 曰 "有澹臺滅明者 行不由徑 非公事 未嘗
자유위무성재 자왈 여득인언이호　왈　유담대멸명자 행불유경 비공사 미상
至於偃之室也."
지어언지실야

자유가 무성 고을의 군수가 되었을 때 공자께서 물으셨다. "너는 사람을 얻었느냐?" 자유가 답했다. "네. 담대멸명이란 자가 있는데 좁은 지름길로 가지 않습니다. 또 지금껏 공적인 일이 아니면 제 방에 들른 적이 없습니다."

•••• 자유는 공자보다 45세 연하로 뛰어난 행정가였습니다. 그가 무성의 군수가 되자 공자 선생님을 초대했죠. 공자님의 첫 마디가 "사람을 얻었느냐?"입니다. 기가 막히죠? 정치를 잘하려면, 행정을 잘하려면 첫째가 사람이고 둘째도 사람이란 겁니다.

다행히 자유는 담대멸명이란 훌륭한 조력자를 찾아냈습니다. 담대멸명의 특징은 두 가지입니다. 지름길이라고 해도 좁은 길로는 가지 않는다는 것은 대

범함을, 공적인 일이 아니라면 군수 방에 오지 않는다는 것은 청렴함을 보여줍니다. 이런 사람이라면 일을 믿고 맡겨도 돼요. 공적인 일을 하는 사람의 방에 누군가가 사적인 목적으로 드나든다? 정치는 여기서부터 어그러지기 시작합니다.

6-14.

子曰 "不有祝鮀之佞 而有宋朝之美 難乎免於今之世矣."
자왈 불유축타지녕 이유송조지미 난호면어금지세의

공자께서 말씀하셨다. "축타의 말재주와 송조의 미모가 없으면 요즘 세상의 어려움을 피하기가 어렵다."

····· 축타는 말재주가 뛰어났던 위나라 대부고 송조는 송나라의 왕자로 위나라 왕비의 총애를 받았던 꽃미남입니다. 실력이 우선이어야 하는데 말재주와 외모로 잘 먹고 잘사는 세상을 한탄하신 거죠.

6-15.

子曰 "誰能出不由戶? 何莫由斯道也!"
자왈 수능출불유호 하막유사도야

공자께서 말씀하셨다. "누구인들 밖으로 나갈 때 문을 거치지 않을 수 있는가?
그런데 어찌하여 이 길을 거치지 않는가?"

····《논어》 전편을 통틀어 거의 유일하게 이 대목에서 교주 같은 말이 나
옵니다. 공자는 단 한 번도 "나만이 진리다"라고 한 적이 없습니다. 신을 믿지
도 않았어요. 균형 감각을 갖춘 인문주의자였습니다.

기원전 900년부터 기원전 200년 사이에 인류는 마치 정신적 발전의 축을 삼
으려는 듯 탁월한 사상을 창조해냅니다. 영국의 종교학자 카렌 암스트롱Karen
Armstrong에 따르면 축의 시대를 살았던 현자들은 대부분 교리에 전혀 관심이
없었으며 신에 대해 논의하기조차 완강하게 거부했습니다. "만약 붓다나 공자
에게 신을 믿느냐고 물었다면, 아마 그들은 약간 망설인 다음 아주 정중하게
그것은 적절한 질문이 아니라고 대답했을 것이다."[8]

공자가 말하는 "이 길(사도斯道)"은 결코 주자학이나 성리학에 한정된 도그마
가 아닙니다. 종교적 신념도 아닙니다. 공자 시대 원시 유학에서 노닐었던 현자
들은 조선시대 유교를 신봉하는 선비보다 훨씬 더 개방적이고 유연하고 자유
로웠어요. 이 길은 공부의 길, 자유로운 인식의 길, 지혜의 길입니다.

6-16.

子曰 質勝文則野 文勝質則史 文質 彬彬 然後 君子
자왈 질승문즉야 문승질즉사 문질 빈빈 연후 군자

공자께서 말씀하셨다. "솔직한데 교양을 모르면 거칠어질 수 있고, 교양만 앞세
우고 솔직하지 않으면 겉멋 들기 쉽다. 솔직함과 교양이 조화를 이루어야 군자
가 될 수 있다."

사람은 좋은데 예의가 없는 경우, 예의는 바른데 사기꾼인 경우가 있습
니다. 둘 다 문제겠죠?

6-17.

子曰 "人之生也直 罔之生也 幸而免."
자왈 인지생야직 망지생야 행이면

공자께서 말씀하셨다. "사람의 인생은 곧다. 곧지 않게 살아가고 있다면 요행히
재앙을 면하고 있는 것뿐이다."

이 대목 읽다가 깜짝 놀랐습니다. 곧게 살지 않는 사람은 언젠가 재앙

을 당한다는 이 청천벽력 같은 한마디가 죽비가 되어 등을 때립니다. 아파요!

☾ 6-18.

子曰 "知之者 不如好之者 好之者 不如樂之者."
자왈 지지자 불여호지자 호지자 불여락지자

공자께서 말씀하셨다. "무엇을 안다는 것은 그것을 좋아하는 것보다 못하고 좋아하는 것은 즐기는 것만 못하다."

•••• 유명한 구절입니다. 일단 알아야 합니다. 그런 다음 그것을 좋아하게 되고 나아가 즐기게 됩니다. 그런데 좋아하는 것과 즐기는 것은 무슨 차이일까요? 종이 한 장 차이죠.

어원을 보면 호好는 '서로 좋아함', '아들을 낳은 여자를 보고 좋아함'이란 뜻이 있습니다.[9] 나와 남이 같이 좋아하는 겁니다. 2퍼센트쯤 타인의 의지가 개입되어 있어요. 락樂은? 타인과 상관없이 나 스스로 좋아하는 겁니다. 즐거움이 안으로부터 나옵니다. 즐긴다는 것은 어느 정도 이기적입니다. 그 경지가 나도, 남도 좋아하는 수준보다 더 높습니다. 세상 사람 모두를 만족시킬 수는 없어요.

당신이 호지자를 넘어서서 락지자, 즉 즐기는 자의 수준에 오르기 위해서는 우선 가장 가까운 사람부터 배신해야 합니다.

6-20.

樊遲問知 子曰 "務民之義 敬鬼神而遠之 可謂知矣." 問仁 曰 "仁者 先難而後獲
번지문지 자왈 무민지의 경귀신이원지 가위지의   문인 왈   인자 선난이후획
可謂仁矣."
가위인의

번지가 지혜에 대해 묻자 공자께서 말씀하셨다. "사람으로서 마땅히 해야 할
일에 힘쓰고, 귀신을 경외하되 멀리한다면 지혜롭다고 할 수 있다." 번지가 '인'
에 대해 묻자 공자께서 대답하셨다. "어려운 일을 먼저 풀고 나중에 이익을 갖
고자 한다면 인하다고 할 수 있다."

번지는 힘은 좋은데 머리는 썩 좋지 않았습니다. 이 친구가 가끔《논
어》에 등장하는데 그 이유는 오로지 공자 쌤의 운전수였기 때문이죠. 안 그
랬으면 이렇게 역사에 남지 못했을 겁니다. 하여간 번지가 뭔가 물어보면 공자
쌤은 아주 간단하게 답해줍니다. 길게 이야기해봐야 기억도 못 하거든요.

뒷부분을 먼저 살펴보겠습니다. 번지가 인에 대해 물으니 공자님은 "어려운 일
부터 하고 이익은 나중에 챙겨라"라고 답합니다. 〈안연〉 편 21절에서 공자님은
번지에게 "어려운 일부터 해결하고 자기 몫은 나중에 갖는 게 바로 덕"이라고
합니다. 번지는 이익을 밝히는 성격이기에 이런 말을 하신 겁니다. 적절한 멘
트죠.

그다음에는 매우 중요한 인문학적 인식론이 등장합니다. 번지가 "지혜가 뭡

니까?"라고 묻자 "먼저 사람이 되어라! 그다음 신을 경외하되 광신도가 되지
마라!"라고 답합니다. 대단한 정의죠. 종교적 도그마에 빠지면 절대로 지혜를
깨달을 수가 없다는 것이 공자님의 인문학적 일침입니다.

🌙 6-21.

子曰 "知者樂水 仁者樂山 知者動 仁者靜 知者樂 仁者壽."
자왈 지자요수 인자요산 지자동 인자정 지자락 인자수

공자께서 말씀하셨다. "지혜로운 사람은 물을 좋아하고 어진 사람은 산을 좋아
한다. 지자는 동적이고 인자는 정적이다. 지자는 즐길 줄 알고 인자는 느긋하다."

• • • • 그 반대인 경우도 있습니다, 공자님. 저 같은 경우는 지혜롭지만 산을
좋아한다고요. 개인적으로 저는 공자님이 왜 이런 말을 했는지 도무지 알 수 없
습니다. 제자들과 등산을 갔다가 그냥 농담처럼 툭 던진 말은 아니었을까요?
공자님의 일상 회화를 부인하는 자세는 공자님의 사상을 교조주의로 만듭
니다. 공자님도 사람 아닙니까? 때로는 엉뚱한 말도 하고, 별 의미 없는 말도 하
셨겠죠. 공자님이 뱉은 모든 말에 의미가 있다는 것은 비인문학적 태도입니다.
이 구절에 대한 구구한 해석 역시 이해 불가입니다. 모르는 것은 모른다고
하는 것! 그것이 지知!

6-23.

子曰 "觚不觚, 觚哉 觚哉."
자왈 고불고 고재 고재

공자께서 말씀하셨다. "고가 모나지 않으면 어찌 고라 하겠는가, 어찌 고라 하겠는가."

옛날에는 술잔을 작爵, 고觚 등으로 불렀습니다. 처음에는 윗부분을 모나게 만들었으나 나중에는 둥근 형태가 대세가 됐다고 합니다. 공자는 전통을 선호했던 사람. 술 마시다 둥근 술잔을 내오니까 한마디하셨습니다.

6-26.

子見南子 子路不說 夫子矢之曰 "予所否者, 天厭之! 天厭之!"
자견남자 자로불열 부자시지왈 여소부자 천염지 천염지

공자께서 남자를 보고 오자 자로가 기분 나빠했다. 공자가 하늘에 맹세하며 말했다. "내가 만약 불미스런 일을 저질렀다면 하늘이 날 버리시리라! 하늘이 날 버리시리라!"

･･･････ 위나라 제후 영공靈公의 부인 남자는 꽤나 예쁘고 교양도 있었어요. 공자를 초청해서 과외 선생으로 삼으려고 했죠. 문제는 이게 개인 지도였다는 것, 남자는 구중궁궐에 비밀스러운 방을 여러 개 가지고 있었다는 것, 그곳에 한번 들어가면 무슨 일을 하는지 밖에서는 알 수 없었다는 것이죠.

남자의 거처에 생각보다 오래 머물다 나오시는 공자. 자로가 의심의 눈초리로 쳐다봅니다. 공자 선생님, 강하게 두 번 부인합니다. "아니야! 아니야! 이상한 짓 안 했어." 그런데 그거 아세요? 강한 부정은 긍정이라는 거?

🌙 6-27.

子曰 "中庸之爲德也, 其至矣乎! 民鮮久矣."
자왈 중용지위덕야 기지의호 민선구의

공자께서 말씀하셨다. "중용이 이루는 덕이 참 지극하구나! 중용을 오래 실천하는 사람이 드물다."

･･･････ 아리스토텔레스는 《니코마코스 윤리학》에서 이렇게 이야기합니다. "미덕이야말로 중간을 목표로 삼을 것이다. (…) 중용은 미덕의 특징이다. (…) 중용은 어떤 의미에서 최상이다."[10] 중용이 최상이면서 극단이라는 거죠. 공자님 말씀과 비슷합니다. 아리스토텔레스는 또 이런 예를 들어요. "원의 중앙

을 찾아내려면 대충 해서는 안 된다. 원에 대한 전문적인 지식이 있어야만 찾을 수 있다."[11] 중용은 적당한 중간이 아니라 최상의 미덕이자 탁월함입니다. 대충해서 가질 수 있는 것이 아니라 전문 지식과 노력이 있어야 합니다. 동양 철학에서 말하는 중용도 극단이자 중간이자 최선입니다. 《중용》 마지막에 이런 구절이 있습니다.

《시》에서 "덕은 가볍기가 터럭과 같다" 하였으나 터럭은 오히려 비교할 데가 있어, "하늘의 일은 소리도 없고 냄새도 없다"라고 하여야 지극하다 할 것이다.[12]

깃털에도 무게가 있으니 덕을 베풀려거든 소리도 냄새도 없이 하라는 겁니다. "오른손이 하는 일을 왼손이 모르게!" 이런 중용을 꾸준히 실천한다는 것은 어려운 일이죠.

🌙 6-28.

子貢曰 "如有博施於民而能濟衆 何如? 可謂仁乎?" 子曰 "何事於仁! 必也聖乎!
자공왈   여유박시어민이능제중 하여   가위인호   자왈   하사어인   필야성호
堯舜 其猶病諸! 夫仁者 己欲立而立人 己欲達而達人. 能近取譬 可謂仁之方也已."
요순 기유병저 부인자 기욕립이립인 기욕달이달인 능근취비 가위인지방야이

자공이 말했다. "만약 백성에게 널리 은혜를 베풀어 많은 사람을 구제할 수 있다면 어떻습니까? 인하다고 할 수 있습니까?" 공자께서 말씀하셨다. "어찌 인하다고만 하겠니? 그야말로 성스러운 일이지! 요순임금도 그렇게 하기를 간절히 원하셨어. 대체로 인한 사람은 자신이 일어서고자 할 때 남을 먼저 일으켜 세운다. 자신이 잘되고 싶을 때 남을 먼저 잘되게 하고. 가까운 사람부터 잘되게 한다면 그야말로 인을 실천하는 방법이라 할 수 있다."

     자공이 뿔나서 물어봅니다. "선생님! 선생님은 맨날 안회만 인하다고 하시죠? 그럼 이러면 어떨까요? 백성에게 널리 은혜를 베풀고 많은 사람을 구제한다면요? 인한가요?" 공자께서는 "그건 인을 넘어서 성스러운 것"이라고 답합니다. 《논어》에 나오지 않지만 자공의 다음 말은 아마 이렇지 않을까요?

"그래요? 그럼 저도 백성에게 널리 은혜를 베풀고 많은 사람을 구제해보겠습니다. 반드시! 그래서 안회를 뛰어넘어 보겠습니다." 요절한 젊은 시인 기형도가 그랬죠. "질투는 나의 힘"이라고.

7-1.

子曰 "述而不作, 信而好古, 竊比於我老彭."
자왈 술이부작 신이호고 절비어아노팽

공자께서 말씀하셨다. "나는 옛 문헌을 글로 전하려 노력하지만 내 맘대로 지
어서 써넣지는 않는다. 옛것을 믿고 좋아하니, 슬쩍 우리 노팽에게 견주어본다."

•••• 노팽이란 인물에 대해 주희는 《논어집주》에서 "상나라의 어진 대부"라
고 말합니다.[1] 노팽은 남을 잘 가르치고, 국가 도서관을 맡아봤던 것으로 알려
져 있습니다. 기원전 24세기 요임금 시절부터 700세를 살았다고 하는 전설적
인 인물입니다. 공자는 《시경》, 《서경書經》, 《주역周易》을 편집하고 《춘추春秋》
를 썼습니다. 이때 예로부터 전해오던 문헌을 편집하면서 부족한 부분을 보충
해넣는 작업도 했지만 자기 생각을 마음대로 넣지는 않았다는 거죠.

7-2.

子曰 "默而識之, 學而不厭, 誨人不倦, 何有於我哉?"
자왈 묵이지지 학이불염 회인불권 하유어아재

공자께서 말씀하셨다. "배운 것을 조용히 되새기고, 배울 때 싫증 내지 않고, 지겹지 않게 사람들을 가르치는 것. 이런 것들이 나한테 뭐 어렵겠는가?"

7-3.

子曰 "德之不脩, 學之不講, 聞義不能徙, 不善不能改, 是吾憂也."
자왈 덕지불수 학지불강 문의불능사 불선불능개 시오우야

공자께서 말씀하셨다. "덕, 그것을 좀 더 기르지 못하는 것. 배워서 그것을 잘 강의하지 못하는 것. 옳은 일을 듣고 실천으로 옮기지 못하는 것. 좋지 않은 습관을 잘 고치지 못하는 것. 이게 나의 걱정거리다."

공자님의 무한 겸손 모드입니다. 〈옹야〉 편 2절에서 공자님은 안회가 "불이과"한다고 했습니다. 같은 잘못을 두 번 저지르지 않는다는 말입니다. 공자님은 "좋지 않은 습관을 잘 고치지 못하는 것"이 고민이라 하셨어요. 이것만 따지면 안회의 승입니다. 아마도 그래서 공자님은 〈공야장〉 편 9절에서 "나 역시 너처럼 안회만 못하다"고 하셨나 봅니다. 안회는 정말 인간이기는 했을까요?

🌙 7-4.

子之燕居, 申申如也, 夭夭如也.
자지연거 신신여야 요요여야

선생님께서 집에서 한가히 계실 때는 온화하고 여유 있는 모습이셨다.

• • • • 공자님의 의식주 습관을 따로 모아놓은 부분이 《논어》 제10편 〈향당〉입니다. 이 절은 〈향당〉에 넣어야 할 부분인데 여기 잘못 들어가 있어요. 공자선생님 시절에 책을 만들 때는 폭 1센티미터 미만, 길이는 20∼50센티미터 정도의 대나무에 글을 써서 가죽으로 묶었습니다. 이걸 한 편 또는 한 권이라고했죠. 그런데 제자들이 《논어》를 편집하다 졸았는지, 가끔 이렇게 엉뚱한 곳에끼워져 있는 부분이 있습니다.

7-5.

子曰 "甚矣, 吾衰也! 久矣 吾不復夢見周公!"
자왈　심의　오쇠야　구의 오불부몽견주공

공자께서 말씀하셨다. "심하구나, 나도 이제 늙었나 보다! 오래되었구나, 내가 꿈에서 주공을 다시 보지 못한 지가!"

　　여기서 말하는 주공은 주나라를 세운 주무왕의 동생 단입니다. 보통 주공 단이라고 불러요. 공자의 고국인 노나라의 시조이기도 하죠. 공자는 주나라를 예와 덕으로 다스린 주공을 롤 모델로 삼았습니다. 주공은 어린 조카가 왕(주성왕)이 되자 7년 동안 정성으로 보필하고 조카가 성인이 됐을 때 깨끗하게 정치에서 물러났죠. 힘과 실력 그리고 세력까지 갖춘 주공이 왕위를 차지하는 것은 그야말로 어린애 팔을 비트는 것만큼 쉬웠지만 그는 그렇게 하지 않았습니다. 이것이 주공의 위대한 점입니다. 주는 떡 안 먹기, 갑의 위치에서 갑질 안 하기, 눈앞의 이익에 집착하지 않고 인을 완성하기. 공자의 이상형이 되기에 충분하죠?

7-6.

子曰 "志於道, 據於德, 依於仁, 遊於藝."
자왈 지어도 거어덕 의어인 유어예

공자께서 말씀하셨다. "도에 뜻을 두고, 덕을 지키며, 인에 의지하고, 예에서 노닌다."

7-7.

子曰 "自行束脩以上, 吾未嘗無誨焉."
자왈 자행속수이상 오미상무회언

공자께서 말씀하셨다. "육포 한 묶음 이상의 예물을 갖추고 오는 사람이라면 나는 그 누구도 가르치지 않은 적이 없다."

•••• 《브리태니커 백과사전》은 공자를 이렇게 소개합니다. "공자 이전에는 귀족 가문이 특별한 기술을 가르치기 위해 선생을 고용하거나 정부에서 관리를 교육했다. 공자는 중국에서 처음으로 교육을 생업으로 삼은 사람이다. 그는 누구에게나 학교를 개방했으며 교육을 통해 사회 개혁과 인격의 완성을 이룰 수 있다고 여겼다."[2]

공자 이전에도 교육은 있었지만 주로 왕족과 귀족을 대상으로 한 것이었습니다. 공자는 신분 고하를 막론하고 누구나 받아들여 가르쳤죠. 이때는 돈이 아니라 비단, 고기 같은 예물을 수강료로 냈는데 가장 저렴한 것이 육포였습니다. 최소한의 예의만 갖추면 누구에게든 가르쳤죠. 이것은 또한 가르침에 공짜는 없다는 이야기이기도 합니다. 공짜라고 하면 학생의 마음이 혹시라도 가벼워질 수 있으니까요. 적은 돈이라도 내야 배움에 열의를 갖게 됩니다. 아마도 이것이 공자님의 교육철학 아니었을까요?

7-8.

子曰 "不憤不啓, 不悱不發. 擧一隅, 不以三隅反, 則不復也."
자왈 불분불계 불비불발 거일우 불이삼우반 즉불부야

공자께서 말씀하셨다. "배우려고 분발하지 않으면 이끌어줄 수 없다. 의문을 표현 못 해 괴로워하지 않으면 발전시켜줄 수 없다. 한 모퉁이를 들어 보였을 때 나머지 세 모퉁이를 미루어 알지 못하면 더 반복하지 않는다."

아무리 훌륭한 선생이라 해도 모든 학생을 최고로 길러낼 수는 없습니다. 학생의 자질과 열의도 중요합니다. 괴로울 정도로 분발하고 노력하는 자만이 최고의 교육을 받을 수 있습니다.

선생이 모든 것을 다 알려주어서도 안 됩니다. 그렇게 하면 학생이 스스로 깨닫는 즐거움을 빼앗는 셈입니다. 교육에서 선생의 역할은 동기 유발입니다. 나머지는 학생이 스스로 알아서 해야죠. 공자에 따르면 선생의 역할은 25퍼센트(한 모퉁이)입니다. 나머지 75퍼센트는 학생의 몫입니다.

7-9.

子食於有喪者之側, 未嘗飽也. 子於是日哭則不歌.
자식어유상자지측 미상포야 자어시일곡즉불가

공자께서 상을 당한 사람 곁에서 식사를 하실 때에는 배부르게 드신 적이 없으셨다. 공자께서 이날 곡을 하셨으면 노래를 부르지 않으셨다.

•••• 역시 〈향당〉 편에 들어가야 할 것이 잘못 편집되었습니다. 상갓집에 가서 배부르게 먹지 말자고요. 또 상갓집에서 곡을 하고 온 날이면 노래를 하지 않은 이유는 무엇일까요? 슬픈 마음이 남아서이기도 하고, 노래를 하는 것이 상주에게 예의가 아닌 것 같아서겠죠.

7-10.

子謂顏淵曰 "用之則行, 舍之則藏, 唯我與爾有是夫!" 子路曰 "子行三軍, 則誰與?"
자위안연왈 용지즉행 사지즉장 유아여이유시부   자로왈 자행삼군 즉수여

子曰 "暴虎馮河, 死而無悔者, 吾不與也. 必也臨事而懼, 好謀而成者也."
자왈 포호빙하 사이무회자 오불여야 필야임사이구 호모이성자야

선생님께서 안회에게 말씀하셨다. "써주면 나가서 도를 행하고, 버림받으면 도를 간직한 채 숨는 것은 오직 나와 너만이 행할 수 있을 것이다." 이 말을 듣고 자로가 여쭈었다. "삼군을 거느리신다면 누구와 함께하시겠습니까?" 선생님께서 말씀하셨다. "맨주먹으로 범에게 달려들고 맨발로 황하를 건너다 죽어도 뉘우침이 없는 사람과는 함께하지 않을 것이다. 반드시 일에 임하여 두려워하고, 잘 계획하여 성사시킬 이와 함께 행하겠다."

공자께서 안회를 편애하니까 옆에서 듣던 자로가 질투가 나 불쑥 물어봅니다. "뭐, 도에 대해서는 안회랑 같이하시라고요. 하지만 군대를 거느리실 땐 제가 없으면 안 될 걸요?" 자로가 공자에게 원했던 대답은 이런 말이었을 거예요. "아, 맞다. 그래! 자로야, 내가 대군을 거느리게 되면 꼭 너와 함께하마." 하지만 공자는 한 번도 제자들이 원하는 대답을 한 적이 없어요. "이 녀석아! 힘만 믿고 머리를 쓰지 않는 놈들하고는 일 못 한다." 이 말을 들은 자로의 표정은 어땠을까요?

7-11.

子曰 "富而可求也, 雖執鞭之士, 吾亦爲之. 如不可求, 從吾所好."
자왈 부이가구야 수집편지사 오역위지 여불가구 종오소호

공자께서 말씀하셨다. "부가 만약 노력해서 얻을 수 있는 것이라면, 비록 말채
찍을 잡는 일이라도 내 기꺼이 하겠다. 그러나 노력한다고 다 부자가 될 수 없
다면 나는 내가 좋아하는 일을 하겠다."

•••• 〈안연〉 편 5절에 보면 "사생유명 부귀재천 死生有命 富貴在天"이라는 말
이 있습니다. 죽고 사는 것은 운명이고, 부귀는 하늘에 달렸다는 것이 공자의
운명론이었어요. 공자 선생님도 잘 먹고 잘살기를 원했습니다. 누가 아니겠어
요? 다만 애쓴다고 부자가 된다면 애를 쓰겠지만, 그것이 아니라면 '좋아하는
일'을 하겠다는 겁니다. 돈을 쫓아가면 돈이 도망간다는 말도 있잖아요. 좋아
하는 일을 꾸준히 하는 것. 이게 인생의 정답이라고 공자 쌤이 말씀하십니다.

7-12.

子之所愼, 齊, 戰, 疾.
자지소신 재 전 질

공자께서 신중히 대처하신 일은 재계와 전쟁과 질병이다.

제사 지내기 전에 목욕하고 마음을 가다듬는 것을 재 또는 재계라고 합니다. 목욕재계沐浴齋戒라는 말도 있잖아요. 재계는 당연히 신중히 해야 하고, 국가 안보가 걸린 일 역시 신중해야 하고, 메르스나 전염병 같은 질병에도 역시 잘 대처해야겠죠.

☾ 7-13.

子在齊聞韶, 三月不知肉味, 曰 "不圖爲樂之至於斯也."
자재제문소 삼월부지육미 왈 부도위악지지어사야

공자께서 제나라에서 순임금의 음악인 소를 들으신 후, 석 달 동안 고기 맛을 잊으시고는 다음과 같이 말씀하셨다. "음악이란 것이 이런 경지까지 이를 줄은 꿈에도 생각 못 했다."

제나라는 공자의 고향인 노나라보다 음악과 춤이 발달한 나라였습니다. 게다가 전설 속에 존재하는 순임금 시대부터 내려왔다는 음악이 고스란히 전수되고 있었죠. 제나라에서는 이 음악을 거대한 오케스트라가 연주하고는 했습니다. 실내악만 듣다가 교향악을 들은 경우라고 할까요? 소 음악이 그렇게 아름답고 또 그렇게 듣기 좋았다고 합니다.

　음악 애호가였던 공자가 30대 때 제나라에 가서 듣도 보도 못한 명곡을 오케스트라 연주로 듣고는 큰 충격에 빠져서 석 달 동안 스테이크를 먹어도 맛있다는 소리를 하지 않았답니다.

🌙 7-14.

冉有曰 "夫子爲衛君乎?" 子貢曰 "諾, 吾將問之." 入曰 "伯夷叔齊何人也?" 曰 "古之
염유왈　부자위위군호　자공왈 낙 오장문지　입왈 백이숙제하인야　왈 고지
賢人也." 曰 "怨乎?" 曰 "求仁而得仁, 又何怨?" 出曰 "夫子不爲也."
현인야　왈 원호　왈 구인이득인 우하원　출왈 부자불위야

염유가 물었다. "선생님이 위나라 임금을 위해 일하실까?" 자공이 말했다. "글쎄, 내가 한번 여쭤볼게." 자공이 안으로 들어가 공자께 여쭈었다. "저, 백이와 숙제는 어떤 사람입니까?" "옛날의 현인이지." "자신들의 처지를 원망했을까요?" "자신들의 신념대로 살다가 죽었는데 무엇을 원망했겠느냐?" 자공이 밖으로 나와서 말했다. "선생님께서는 위나라 임금을 위해 일하지 않으실 거야."

••••• 이 절은 거대한 메타포metaphor입니다. 제가 정말 사랑하는 구절이기도 해요. 이 대화가 이루어진 당시에 위나라 왕가는 부자끼리 정권을 놓고 다

투는 등 콩가루였습니다. 염유는 좀 기회주의적인 성격이었으니 위나라 임금 출공出公에게 끈이 닿았겠죠. 출공은 아버지 괴외蒯聵와 왕위 다툼으로 분탕질 중이었습니다. 괴외는 반란을 일으키다 망명 중에 다시 세력을 모아 귀국해서 출공과 대립하고 있었고요. 출공 측에서는 염유에게 "공자 선생을 우리 편으로 끌어들여 주시오"라고 요청했고, 우유부단했던 염유는 이것을 선생님께 직접 물어보지 못하고 비서실장 격인 자공에게 상의합니다.

자공은 "알았어, 내가 물어볼게" 하고는 선생님 방으로 들어갑니다. 그렇다면 "선생님, 지금 출공 쪽에서 연락이 왔는데 장관 자리가 하나 비었답니다. 하실 겁니까?" 이렇게 물어봐야 하잖아요? 그런데 자공은 엉뚱한 질문을 합니다. "백이, 숙제가 어떤 사람이었죠? 지난번에 말씀해주셨는데 제가 잊어버려서요"라고 말이죠.

백이와 숙제는 은나라 충신으로 새 왕조를 세우려는 주무왕에 반대하고 수양산이라는 곳에 들어가 굶어 죽습니다. 조선 왕조 건국을 반대했던 고려의 충신 정몽주 같은 인물이죠. 책을 보던 공자님이 답합니다.

"옛날의 현인이지. 새 정권과 타협 안 하고 아사했잖니."

"아, 그랬죠! 그 사람들은 세상을 원망했겠죠?"

"굶어 죽더라도 신념대로 사는 것이 맞지 않겠니? 우리가 돈이 없지, 가오가 없냐?"

"!"

자공은 생각했습니다. '역시 우리 선생님! 비록 지금 형편이 좋지 않더라도 더러운 정권을 위해 일하지는 않으시겠다는 말씀이지'라고요. 선생님 속마음을 알아내는 데 이런 은유와 상징을 쓰다니! 이 같은 대화는 정말 죽이 잘 맞는 스승과 제자 사이에서 나오는 수준 높은 '쓰리 쿠션'입니다.

☾ 7-15.

子曰 "飯疏食飲水, 曲肱而枕之, 樂亦在其中矣. 不義而富且貴, 於我 如浮雲."
자왈 반소사음수 곡굉이침지 낙역재기중의 불의이부차귀 어아 여부운

공자께서 말씀하셨다. "물 한 그릇에 거친 밥을 먹고, 팔베개 하고 자도 즐거움이 있나니. 옳지 못한 부는 내게 뜬구름과 같다."

‥‥ 이 편의 11절과 비슷한 말입니다. "의롭지 못한 부귀는 뜬구름 같다."그런데 그 뜬구름을 잡으려는 사람들이 요즘 세상에는 왜 이리 많을까요!

☾ 7-16.

子曰 "加我數年, 五十以學易, 可以無大過矣."
자왈 가아수년 오십이학역 가이무대과의

공자께서 말씀하셨다. "내가 십년만 젊었어도 나는 다시 《주역》을 공부하리라. 그러면 지금보다 더 잘 이해할 텐데."

사마천의 《사기세가史記世家》 중 〈공자세가孔子世家〉를 보면 "공자가 죽간을 꿴 가죽끈이 세 번이나 끊어질 만큼 《역》을 많이 읽었다"는 대목이 있습니다.3 《역易》은 《주역》입니다. 동양 고전으로 우주의 원리를 설명한 책인데 어렵기로 이름나 있습니다. 공자 쌤도 잘 이해하지 못한 부분이 있었나 봐요. 이 말을 했을 때는 이미 일흔에 가까운 나이였기에 "어휴, 이제 언제 죽을지 모르겠구나. 한 10년만 더 살았으면 좋겠네"라고 향학열을 불태우신 거죠.

☾ 7-17.

子所雅言, 詩 書 執禮, 皆雅言也.
자소아언 시 서 집례 개아언야

공자께서 《시경》, 《서경》을 읽고 예를 집행하실 때는 표준말로 하셨다. 이때는 항상 그렇게 말하셨다.

공자 시대 표준말은 주나라 수도인 낙양의 말입니다. 공자는 낙양에서 보면 한참 시골인 노나라 사람이고요. 그 당시에도 물론 방언이 있었습니다.

쓰는 글자도 지역마다 달랐습니다. 말하자면 공자님도 생활할 때는 전라도 사투리를 쓰다가 교과서를 읽거나 제사를 지내거나 할 때는 서울말을 쓰셨다는 것이죠.

☾ 7-18.

葉公 問孔子於子路, 子路不對. 子曰 "女奚不曰 其爲人也, 發憤忘食, 樂以忘憂,
섭공 문공자어자로 자로부대 자왈 여해불왈 기위인야 발분망식 낙이망우
不知老之將至云爾."
부지노지장지운이

섭공이 자로에게 공자에 대하여 물었는데 자로는 대답하지 않았다. 나중에 공자께서 말씀하셨다. "너는 왜 이렇게 말하지 않았느냐? '우리 선생님은 공부하느라 분발하면 먹는 것도 잊고, 진리의 즐거움을 느끼면 세상 근심도 잊으십니다. 그리하여 늙음이 다가오는 것도 알아차리지 못하는 그런 분이십니다.'"

⋯⋯ 섭공은 초나라 섭 지역의 영주입니다. 이 사람이 자로에게 "공자는 어떤 사람이냐?"고 물었는데 자로가 그냥 씹어요. 그러고 나서 공자한테 이 이야기를 하니까, 순진한 공자 쌤은 "왜 잘 좀 이야기하지 그랬어?" 하고 자평을 늘어놓습니다. 순진한 면으로 보자면 공자가 자로보다 더 심해요. 자로는 우직하면서도 현실감각은 있는 사람이었으니까요.

사실 이 대화는 섭공이 이미 공자를 만난 뒤에 이루어진 겁니다. 작은 지역이기는 하지만 어쨌든 영주인 섭공은 공자에게 관직을 줄 수도 있는 입장이었어요. 그런데 이 인간이 자꾸 간만 보고 쓰지는 않는 거예요. 그러면서 공자와 가장 가까운 자로한테 다시 물어요. "내가 공자 쌤을 스카우트해도 될까? 직무를 잘 맡아볼까? 자네 생각은 어때? 그 양반 어떤 사람이야?" 자로가 이런 무례함을 참을 사람입니까? 자리를 박차고 나와버린 거죠.

이 구절에서 나온 사자성어가 발분망식發憤忘食, 즉 공부하느라 분발하면 먹는 것도 잊는다는 뜻입니다. 그런데 참 이상하죠? 왜 공부만 하려고 하면 그렇게 배가 고픈지 모르겠습니다.

☾ 7-19.

子曰 "我非生而知之者, 好古敏以求之者也."
자왈 아비생이지지자 호고민이구지자야

공자께서 말씀하셨다. "나는 태어나면서부터 저절로 아는 사람이 아니라 옛것을 좋아하여 부지런히 구한 사람이다."

···· '안다'의 목적어가 생략됐습니다. 뭘 안다는 건가? 아마도 지혜, 진리, 지식 같은 것이겠죠. 《중용》 20장에 이런 말이 있습니다. "지혜와 어짊과 용기

의 세 가지는 세상 어디에서나 통하는 덕이니 이것을 실천하도록 하는 것은 진실함 하나입니다. 어떤 사람은 태어날 때부터 알고(생이지生而知), 어떤 사람은 배워서 알고(학이지學而知) 또 어떤 사람은 어려움을 겪고 난 뒤에 알게(곤이지困而知) 되지만 결국 알게 되는 것은 마찬가지입니다."**4**

고생해도 깨닫지 못하면? 죽어야죠, 뭐.

☾ 7-20.

子不語 怪力亂神.
자불어 괴력난신

공자께서는 다음과 같은 것에 대해서는 이야기하지 않으셨다. "괴이한 것, 폭력적인 것, 난잡한 것, 신에 대한 것."

···· 이 절이야 말로 공자의 인문학적 대사상을 말하고 있습니다. 공자는 '괴력난신' 네 가지에 대해서는 말하지 않았다고 합니다. 소라이는 "여기서의 '어'란 대체로 가르치는 말"이라면서**5** 위의 네 가지에 대해 가르쳐 말하지 않았다고 주장합니다. 이 절에서는 괴와 신 그리고 력과 난이 호응합니다. 력과 난은 폭력을 써서 어지럽히는 일, 반란, 신하가 임금을 죽이는 것, 음란한 것 등을 뜻합니다. 괴와 신은 초월적인 것, 초자연적인 것, 신적인 것이죠.

공자는 신적인 영역에 대해서는 언급을 하지 않았습니다. 철저히 인간적인 것에 대해서만 이야기했죠. 공자의 이런 생각이 제자들에게도 영향을 미쳤고, 2500년 전에 쓰인 것이라고 보기에는 너무나도 냉정하고 냉철한 《논어》라는 책이 탄생했습니다. 책 어디를 봐도 자기 선생을 교주로 만들거나, 신의 아들로 추앙하려 하지 않아요. 오로지 인간 대 인간으로 볼 뿐입니다.

어떻게 보면 참 무서운 제자들이죠. 어쩌다 이런 제자들이 생겼을까요? 그 선생에 그 제자 아니겠습니까? 공자 사상의 근본이 인본주의이기에 제자들도 선생의 생각을 따랐을 뿐입니다.

7-21.

子曰 "三人行, 必有我師焉, 擇其善者而從之, 其不善者而改之."
자왈 삼인행 필유아사언 택기선자이종지 기불선자이개지

공자께서 말씀하셨다. "세 사람이 가면, 반드시 나의 스승이 있다. 그 좋은 사람을 택해 따르고, 그 좋지 못한 자를 보고 나를 고치면 된다."

7-22.

子曰 "天生德於予, 桓魋其如予何?"
자왈 천생덕어여 환퇴기여여하

공자께서 말씀하셨다. "하늘이 나에게 덕을 부여해주셨는데, 환퇴가 나를 어찌
하겠는가?"

● ● ● 환퇴는 송나라의 사마司馬(지금의 국방장관)로, 공자가 송나라에 들어오
자 무척 경계했습니다. 이유는 알 수 없어요. 어느 정도였냐 하면 공자가 제자
들과 함께 있을 때 공자를 죽이려 들었습니다. 공자는 급히 몸을 피했고요. 그
와중에 공자는 "하늘이 나에게 덕을 줬다"고 말합니다. 이것은 "나에게는 사명
이 있다. 인의와 예악이 넘치는 대동사회를 만드는 것, 그것이 내 사명이다. 이
런 사명을 가진 내가 여기서 보잘 것 없는 환퇴 따위에게 쉽게 죽임당하겠느
냐?"라는 의미죠. 뭐, 급할 때는 공자 쌤도 하느님을 찾네요.

7-23.

子曰 "二三子以我爲隱乎? 吾無隱乎爾. 吾無行而不與二三子者, 是丘也."
자왈 이삼자이아위은호 오무은호이 오무행이불여이삼자자 시구야

공자께서 말씀하셨다. "너희들은 내가 뭘 숨기고 있다고 생각하니? 나는 숨기는 게 아무것도 없어. 나는 너희들과 함께 행하지 않는 것이 없어. 이게 바로 나야."

　알고 보면 정말 재미있는 장면입니다. 아마 제자들이 졸랐나 봅니다. "선생님의 말씀을 들어보면 물에 술 탄 듯, 술에 물 탄 듯 바르게 살라고만 하십니다. 그러지 말고 출세하는 비법 좀 알려주세요. 뭔가 선생님만의 비법이 있으시죠? 비결을 적은 비문서는 어디에 숨기셨습니까?" 이런 식이었을 겁니다. 이런 제자들이 한심하기도 하고, 기가 막히기도 해서 공자 쌤이 슬퍼지셨던 거 아닐까요?

　공자의 말이 너무 인간적입니다. "나는 숨기는 게 없어. 이게 바로 '구'(공자님 이름)야!" 와…. 이렇게 말하는 성인, 드뭅니다.

7-24.

子以四教. 文. 行. 忠. 信.
자 이 사 교 문 행 충 신

공자께서는 네 가지를 가르치셨으니 그것은 글과 실천, 충실함, 믿음이었다.

．．．． 도올 선생은 이 구절의 "문"을 문학, 문헌학, 어학을 통틀어 지식을 습득하는 행위라고 풀이했습니다.[6] 도올 선생의 명언이 있습니다. "필로로지 philology의 확고한 기반이 없는 필로소피 philosophy는 엉터리 학문이다."[7] 문헌과 문자에 대한 깊은 공부 philology 없이 함부로 철학을 말해서는 안 된다는 겁니다. 공부가 부족한 제가 깊이 새겨야 할 정의입니다.

☾ 7-25.

子曰 "聖人, 吾不得而見之矣, 得見君子者, 斯可矣." 子曰 "善人, 吾不得而見之矣,
자왈 성인 오부득이견지의 득견군자자 사가의 자왈 선인 오부득이견지의
得見有恒者, 斯可矣. 亡而爲有, 虛而爲盈, 約而爲泰, 難乎有恒矣."
득견유항자 사가의 무이위유 허이위영 약이위태 난호유항의

공자께서 말씀하셨다. "성인을 내가 만나볼 수 없다면, 군자라도 만날 수 있으면 좋겠다." 또 말씀하셨다. "선한 사람을 내가 만나볼 수 없다면, 한결같은 사람이라도 만날 수 있다면 좋겠다. 없으면서도 있는 척하고, 비었으면서 찬 척하며, 적으면서 많은 척하는 사람을 한결같다고 할 수 있을까?"

．．．． 그 시절 혼란한 세상에서 공자는 누군가를 기다리고 있었습니다. 자기를 알아줄 사람 혹은 자기와 함께 걸을 사람을요. 말세에 메시아를 기다리는 심정이었을까요? 블라디미르와 에스트라공이 고도를 기다리는 마음이었

을까요? 성인군자가 아니라면 한결같은 사람이라도 만났으면 좋겠다고 말합니다. 그러나 세상에는 변변치 않은 사람들뿐이죠. 없으면서 있는 척하고 비었으면서 꽉 찬 척하고 적게 가지고도 많은 척하는 사람들. 어째 사람 사는 모습이 2500년 전이나 지금이나 비슷할까요?

🌙 7-26.

子釣而不網, 弋不射宿.
자 조 이 불 강 익 불 석 숙

신생님께서는 낚시는 하셔도 그물질은 하지 않으셨으며, 화살로 새를 쏘긴 했어도 모여 잠자는 새는 맞히지 않으셨다.

잠자다 화살을 맞으면 덜 아플까요? 저는 왜 이런 생각만 하는 걸까요?

🌙 7-28.

互鄕難與言, 童子見, 門人惑. 子曰 "與其進也, 不與其退也, 唯何甚? 人潔己以進,
호 향 난 여 언 동 자 현 문 인 혹 자 왈 여 기 진 야 불 여 기 퇴 야 유 하 심 인 결 기 이 진

與其潔也, 不保其往也."
여 기결 야 불보기왕야

호향 사람은 더불어 이야기하기 어려운 사람들이었는데, 그곳의 한 아이가 공자를 찾아와 배우겠다고 하니, 제자들이 탐탁지 않게 여겼다. 공자께서 이를 보고 말씀하셨다. "오는 사람 막지 말고 가는 사람 붙잡지 않는 법이다. 너희들이 좀 심하지 않은가? 사람이 스스로 깨끗이 하고 바른 길로 나아가려 하면 그 깨끗함을 받아들이면 되지, 과거야 어땠는지 알 것 있니?"

● ● ● 호향이란 곳이 어디인지는 알려지지 않았어요. 다만 그곳에 참 무식하고 못된 사람들이 많았다고 합니다. 호향 출신 아이가 공자님께 배우겠다고 오니까 제자들이 지역감정에 사로잡혀 "쟨 또 뭐야?"라고 했습니다. 이때 공자님이 짠 하고 나타나서 "너희들 중 죄 있는 자가 먼저 돌을 던져라!"라고 하시죠. 공자님은 진짜 휴머니스트입니다.

🌙 **7-29.**

子曰 "仁遠乎哉? 我欲仁, 斯仁至矣."
자왈 인원호재 아욕인 사인지의

공자께서 말씀하셨다. "인이 멀리 있는가? 내가 인을 원하면 곧 인이 다가온다."

...아, 무슨 말을 더 할까요?

7-30.

陳司敗問 "昭公 知禮乎?", 孔子曰 "知禮." 孔子退, 揖巫馬期而進之, 曰 "吾聞君子
진사패문 소공 지례호   공자왈 지례 공자퇴 읍무마기이진지 왈 오문군자
不黨, 君子亦黨乎? 君取於吳 爲同姓, 謂之吳孟子. 君而知禮, 孰不知禮?" 巫馬期以
부당 군자역당호? 군취어오 위동성 위지오맹자 군이지례 숙부지례   무마기이
告. 子曰 "丘也幸! 苟有過, 人必知之!"
고 자왈 구야행 구유과 인필지지

진나라의 사패가 물었다. "노소공은 예를 아는 사람입니까?" 공자께서 대답하
셨다. "예를 아는 사람입니다." 공자께서 물러가시자, 사패는 무마기에게 인사
한 뒤 그에게 가 말했다. "군자는 부당하게 편들지 않는다고 들었는데, 군자도
그럴 때가 있습니까? 노소공은 오나라에서 성이 같은 부인을 맞아들이고는
그것을 속이려고 오맹자라 이름 지었소. 이런 노소공이 예를 안다면 누가 예를
안다 하겠소?" 무마기가 이를 알려드리자, 공자께서 말씀하셨다. "나는 행복하
구나! 진실로 허물이 있으면 사람들이 반드시 그것을 알려주니!"

...노나라 왕족과 오나라 왕족은 같은 조상에서 갈려 나와 희姬 성을 가
졌습니다. 그 당시의 예법대로 하면 오나라 왕비는 '오희吳姬'라고 불러야 합니
다. '오나라의 희 씨'라는 의미죠. 그런데 동성동본끼리 결혼한 것을 숨기기 위
해 성은 쏙 빼고 오맹자(오나라 첫째 딸)라고 부른 거예요. 진나라 사패(지금의 법

무부 장관)를 맡았던 사람이 노소공의 이런 오류를 지적했는데 공자는 조국의 군주인 노소공의 치부를 드러내기 싫어서 "노소공은 예를 아는 사람"이라고 답했습니다.

사패가 공자의 말을 듣고 의아해하다가 공자의 제자인 무마기에게 따져 물었어요. 그 이야기를 듣고 공자는 바로 자기 잘못을 인정합니다. 거기다 "잘못을 지적해주는 사람이 있으니 정말 행복하다!"고 고백합니다. 정말 아무나 도달할 수 있는 수준이 아니죠?

🌙 7-31.

子與人歌而善, 必使反之, 而後和之.
자여인가이선 필사반지 이후화지

공자께서는 사람들과 어울려 노래하실 때 누군가 노래를 잘하면, 반드시 "앵콜~"하시어 한 번 더 부르게 하시고는 답가를 하셨다.

•••• 제가 《논어》를 읽으며 좋아했던 구절 중 하나입니다. 거문고 뜯으면서 노래하고 박수와 "브라보!"가 나오고, 그렇게 제자가 두 번 노래하고 나면 선생님이 일어서서 노래를 하고! 이 얼마나 아름다운 모습입니까? 공자 시대의 공부는 음악과 토론과 연주가 어우러지는 즐거운 파티였습니다.

7-34.

子疾病, 子路請禱. 子曰 "有諸?" 子路對曰 "有之, 誄曰 '禱爾于上下神祇.'" 子曰
자질병 자로청도 자왈 유저　자로대왈 유지 뢰왈 도이우상하신기　자왈
"丘之禱久矣."
구지도구의

공자께서 병환이 심해지시자 자로가 기도드릴 것을 청하였다. 공자께서 물으
셨다. "아프다고 비는 경우도 있느냐?" 자로가 대답했다. "있습니다. 추도문 중
에 '그대를 위해 위로 하늘과 땅의 신에게 기도하노라'라는 대목이 있습니다."
공자께서 말씀하셨다. "나는 이미 기도하며 살아온 지 오래되었다."

평소에는 신에 대한 이야기를 절대 하지 않다가 아플 때는 기도하신다
는 공자님. 너무 인간적이지 않나요? 하하하.

7-36.

子曰 "君子坦蕩蕩, 小人長戚戚."
자왈　군자탄탕탕 소인장척척

공자께서 말씀하셨다. "군자는 너그럽고 열려 있지만, 소인은 늘 근심이 가득
하다."

..... "탄"은 너그럽다, "탕탕"은 넓고 넓은 열린 자세를 뜻합니다. "장"은 늘 언제나, "척척"은 근심과 두려움이 많다는 의미고요.

7-37.

子溫而厲, 威而不猛, 恭而安.
자온이려 위이불맹 공이안

공자께서는 온화하면서도 엄숙하시고, 위엄이 있으면서도 사납지 않으시며, 공손하면서도 편안하셨다.

8-1.

子曰 "泰伯 其可謂至德也已矣 三以天下讓 民無得而稱焉."
자왈 태백 기가위지덕야이의 삼이천하양 민무득이칭언

공자께서 말씀하셨다. "태백은 지극한 덕을 지닌 분이라 말할 수밖에 없구나.
세 번이나 천하를 양보하였지만 티를 내지 않아 백성들이 그를 끝없이 칭송하
니 말이다."

•••• 태백은 주나라를 다스리던 태왕의 장자입니다. 주태왕이 막내 계력의
아들 창, 즉 손자에게 왕위를 물려주려 하자 동생인 중옹과 함께 중국의 남쪽
지방 오월吳越로 도망을 가 왕위에 욕심이 없음을 알렸죠. 태백과 중옹은 오나
라의 시조가 됐습니다. 창이 바로 주문왕이고, 주무왕과 주공의 아버지입니다.
공자가 존경한 주공 단과 태백, 백이-숙제의 공통점은 한 나라를 거저먹을

수 있는 상황인데도 거절한 사람들이라는 겁니다. 왜일까요? 인의가 아니기 때문입니다. 인의는 사람 사이의 바른 도리죠. 도리를 도리로써 지킨 태백을 공자는 극찬합니다.

태백은 왕위를 양보하고 명예를 얻었습니다. 내려놓아야 오를 수 있습니다. 비워야 채워지고, 가벼워져야 날 수 있습니다.

☾ 8-2.

子曰 "恭而無禮則勞 愼而無禮則葸 勇而無禮則亂 直而無禮則絞 君子 篤於親 則民
자왈 공이무례즉로 신이무례즉시 용이무례즉란 직이무례즉교 군자 독어친 즉민
興於仁 故舊不遺 則民不偸."
흥어인 고구불유 즉민불투

공자께서 말씀하셨다. "조심성이 많아도 예가 없으면 공연히 힘만 들고, 신중하지만 예가 없으면 늘 조마조마하게 되며, 용감하면서도 예가 없으면 어지럽게 되고, 정직하면서도 예가 없으면 숨이 막힌다. 군자가 가까운 사람을 잘 돌봐주면 백성들이 인의 풍속을 일으키고 얻고 있는 자와 친구를 버리지 않으면 백성들이 각박해지지 않는다."

예라는 게 무엇일까요? 질서, 규범, 자연의 이치를 인간 사회에 맞게 극소화한 것이라는 등 여러 가지 주장과 설이 있습니다. 예는 인간과 원시, 사

람과 짐승, 사회와 자연의 경계에 있으면서 인간과 인간의 경계이기도 합니다. 아주 간단한 예를 들어볼까요? 막 초등학교에 입학한 아이들이 책상 하나를 같이 쓰게 되면 100퍼센트 책상 가운데 금을 그어요. 그것이 일종의 예입니다. "넘어오지 마세요"이자 "넘어가지 않겠습니다"라는 표시니까요. 담이나 벽, 문은 예의 상징입니다. "거기까지"가 예죠.

여러분에게 무엇이든 나눌 수 있는 친한 친구들이 있다고 합시다. 그런데 그 친구들이 여러분의 신혼여행을 따라갔어요. (예를 벗어난 행동입니다. 그러면 안 돼요.) 뭐, 그럴 수도 있다 치고 같이 놀았어요. 밤이 되어 잠을 자려는데, 친구들이 모두 같이 자자고 합니다. 이거, 예를 많이 벗어난 겁니다. 이런 경계가 예라고 할 수 있죠.

리더와 팔로어 사이에도 '거기까지'가 있고, 부부 사이에도 '거기까지'가 있습니다. 부모 자식 사이에도, 친구 사이에도, 사회에서 만나는 익명의 사람들 사이에도 '거기까지'가 있습니다. 회사에서 함께 일하는 사람들이라면 회식은 1차에서 끝내는 것이 예의예요.

예는 양심과 의리가 있는 사람이라면 누구에게나 있는 기준입니다. 선량한 인간이 가진 준칙과 올바른 도리를 따르려는 마음을 표현한 최소한의 양식이 바로 예입니다.

공자와 노자

예가 없어도 살 수 있을 것 같지만, 그런 세상은 없다. 무위자연은 일종의 허구다. 질서를 지나치게 강조하는 사상에 대한 대안적 개념이랄까? 사람 사는 세상이 '아무것도 하지 않고 그냥 놔두는 것'으로 굴러갈 수는 없다. 이와 관련해서 《도덕경》을 스무 살의 나이에 해석했던 중국 철학사의 천재 왕필王弼(226~249)의 이야기를 소개한다. 송나라 사람 유의경劉義慶이 편찬한 일화집 《세설신어世說新語》에 나오는 이야기다.

왕보사王輔嗣(왕필)가 약관의 나이에 배휘裴徽를 방문했을 때, 배휘가 그에게 물었다.
"대저 무無라는 것은 진실로 만물의 바탕이 되는 바이다. 성인(공자孔子)은 그것을 기꺼이 언급하려 하지 않았는데 노자老子는 끊임없이 부연 설명했으니 왜 그러한가?"
그러자 왕필이 대답했다.
"성인은 무를 체득했고 무는 또한 설명할 수 없는 것이기 때문에 언제나 유有에 대해서 언급했으나, 노자와 장자莊子는 유에서 아직 벗어나지 못했기 때문에 항상 그 부족한 바를 설명했던 것입니다."[1]

☽ 8-3.

曾子有疾 召門弟子曰 "啓予足! 啓予手! 詩云 '戰戰兢兢 如臨深淵 如履薄氷' 而今
증자유질 소문제자왈 계여족 계여수 시운 전전긍긍 여림심연 여리박빙 이금
而後 吾知免夫. 小子!"
이후 오지면부 소자

증자가 병이 들자 문하의 제자들을 불러놓고 말했다. "내 발을 펼쳐보아라! 내
손을 펼쳐보아라! 《시경》에 '벌벌 떨며 안달이네. 깊은 물속에 있는 듯, 살얼음
위를 걷듯'이라고 했다. 이 순간 이후로 내가 비로소 내 몸을 지키는 걱정에서
벗어나게 되었구나, 얘들아."

•••• 증자는 효자로 소문난 사람입니다. 죽을 때까지 "신체는 부모에게 물
려받은 것이니 몸을 성하게 유지해야 한다"고 생각했던 사람이죠. 그랬던 그가
죽음이 임박해서야 마음을 놓았다는 이야기입니다. 전쟁이 잦고 의학이 발달
하지 않았던 시대라 손이나 발을 하나 잃는 것은 다반사였습니다. 오히려 수족
을 온전히 보전하기가 어려운 일이었죠. 무엇보다 신체발부를 해치는 것은 불
효였기에 증자는 자신의 처지를 다행이라 여겼습니다.

저는 이 구절이 삶 전체를 상징하는 것처럼 읽힙니다. 산다는 게 그런 것 아
닐까요? 전전긍긍, 여림심연, 여리박빙! 깊은 물속에 있는 듯, 살얼음 위를 걷
듯 모두들 그렇게 살지 않나요? 헛되지 않는 것이 과연 태양 아래 있을까 궁금
합니다.

曾子有疾 孟敬子問之 曾子言曰 "鳥之將死 其鳴也哀 人之將死 其言也善 君子所貴
증자유질 맹경자문지 증자언왈 조지장사 기명야애 인지장사 기언야선 군자소귀

乎道者三 動容貌 斯遠暴慢矣 正顔色 斯近信矣 出辭氣 斯遠鄙倍矣 邊豆之事 則有
호도자삼 동용모 사원포만의 정안색 사근신의 출사기 사원비배의 변두지사 즉유

司存."
사존

증자가 병이 위중하므로, 맹경자가 찾아가서 위문하니 증자가 말했다. "새가 죽
으려 할 때는 그 울음소리가 구슬프고, 사람이 죽으려 할 때는 그 말이 착한
법입니다. 군자가 도에서 귀중하게 여기는 것이 세 가지가 있으니 용모를 보일
때는 사나움과 거만함을 멀리하며, 바른 말을 할 때는 먼저 믿음을 주며, 말을
할 때는 비루하고 도리에 어긋나지 않아야 합니다. 그 밖의 사소한 일은 실무
자에게 맡기세요."

증자 말년의 이야기입니다. 맹경자는 맹무백의 아들로 그 당시 노나라
의 실력자였습니다. 아니, 그런데 증자는 병문안을 온 사람에게 왜 정치 컨설
팅을 해주고 있는 것일까요? 공자 쌤이 증자를 평할 때 "둔하다"고 했는데 좀
맹꽁이 같은 구석도 있는 것 같습니다.

8-5.

曾子曰 "以能問於不能 以多問於寡 有若無 實若虛 犯而不校 昔者吾友 嘗從事於
증자왈　이능문어불능 이다문어과 유약무 실약허 범이불교 석자오우 상종사어
斯矣."
사의

증자가 말했다. "능력이 있으면서도 능력 없는 사람에게 묻고, 많이 알면서도
적게 아는 사람에게 물으며, 있으면서도 없는 듯하고, 익었으면서도 빈 듯하고,
누가 잘못해도 따지지 않는 것. 예전에 내 친구들이 이런 경지에 올랐었다."

　•••• 나이 든 증자가 공자 선생님 밑에서 배울 때를 회상하며 한 말입니다.
"증자왈"로 시작하는 구절은 모두 증자의 제자들이 썼습니다. 여기서 말하는
"예전의 내 친구들"이란 안회, 자공, 자로 같은 선배부터 자하, 자장 같은 동년
배까지 모두 포함합니다.

8-6.

曾子曰 "可以託六尺之孤 可以寄百里之命 臨大節而不可奪也 君子人與? 君子人也!"
증자왈　가이탁육척지고 가이기백리지명 임대절이불가탈야 군자인여　군자인야

증자가 말했다. "어린 임금을 부탁할 수 있고, 한 나라의 운명을 맡길 수 있으

며, 위기 상황에서 그의 뜻을 빼앗을 수 없다면, 군자다운 사람인가? 군자다운 사람이다!"

···춘추시대는 정치적으로 어지러운 일이 자주 일어났습니다. 주나라가 영향력을 상실하면서 지방 제후들이 힘겨루기를 시작해 전쟁도 많았죠. 이런 와중에 신하가 임금을 죽이고 실권을 빼앗아 전횡을 일삼는 경우도 잦았습니다. 증자의 기준에서 보면 군자가 아닌 사람들이 참 많았습니다.

노량진에 있는 사육신묘를 방문한 적이 있습니다. 어린 임금 단종을 지키려 목숨을 내놓은 그들이야말로 나라의 운명을 맡길 수 있으며 위기 상황에서도 뜻을 빼앗을 수 없는 사람들이었습니다. 사육신의 한 사람인 성삼문은 이런 시조를 남겼습니다.

이 몸이 죽어 가서 무엇이 될꼬 하니
봉래산 제일봉에 낙락장송 되어 있어
백설이 만건곤할 제 독야청청하리라.

어린 임금 단종에 대한 의리를 지킨 성삼문은 증자의 말대로 군자였습니다.

8-7.

曾子曰 "士不可以不弘毅 任重而道遠 仁以爲己任 不亦重乎? 死而後已 不亦遠乎?"
증자왈 사불가이불홍의 임중이도원 인이위기임 불역중호 사이후이 불역원호

증자가 말했다. "선비는 도량이 넓고 뜻이 굳세지 않으면 안 된다. 책임은 무겁고 갈 길은 멀기 때문이다. 인을 자기가 짊어졌으니 또한 책임이 무겁지 않은가? 목숨이 다하여야 그칠 수 있으니 또한 갈 길이 멀지 않은가?"

 인이란 것을 실천하기가 얼마나 어려우면 "죽어야 그칠 수 있는 것"이라고 할까요? 주희는 《논어집주》에서 이렇게 이야기합니다. "인자, 인심지전덕 仁者 人心之全德 —인은 사람 마음의 온전한 덕이다."[2] 온전한 덕이 다하려면 죽을 때까지 애쓸 수밖에 없겠죠.

8-8.

子曰 "興於詩, 立於禮, 成於樂."
자왈 흥어시 입어례 성어악

공자께서 말씀하셨다. "사람은 노래를 통해서 공부에 재미를 붙이게 되고, 예의를 알면서 사람답게 되고, 음악을 알아야 인격적으로 완성된다."

초등학교에 들어간 아이에게 두꺼운 책을 주면서 읽으라고 하면 당장 공부에 흥미를 잃겠죠? 그래서 일단 공부란 것은 시, 즉 노래로 흥미를 유발하면서 시작해야 합니다. 공자는 노래, 특히 《시경》에 수록된 노래를 통한 교육에 매진했던 사람입니다.

또 예의를 알아야 사람다운 사람이 됩니다. 여기서 더 나아가 음악을 연주하고 듣는 교양을 가져야 합니다. 공자 시대에는 모든 의식의 완성이 음악이었기 때문에 음악에 대해서 준전문가 수준이 되어야 관직에 있을 때도 유리했습니다. 음악은 곧 문화와 예술이자 매너였던 거죠. 이런 것을 모르면 인격적으로 완성되지 못한다는 의미입니다.

8-9.

子曰 "民可使由之, 不可使知之."
자왈 민가사유지 불가사지지

공자께서 말씀하셨다. "백성은 따르게 할 수는 있으나, 굳이 알게 만들 필요는 없다."

노자는 《도덕경》 17장에서 이런 말을 했습니다. "(정치의) 최고 단계에서는 백성들이 통치자가 있다는 것만 안다. 그 다음은 친밀함을 느끼고 그를 찬미한다. 그 다음은 그를 두려워한다."[3]

가끔 거리에서 이런 현수막을 봅니다. "국회의원 이△△, 경전철 예산 확보!", "○○당, 시립체육센터 유치 확정!" 정치인들이 이런 현수막을 써 붙인다면 우리도 이런 글귀를 올려야 합니다. "명로진, 《논어는 처음이지?》 책 출간!", "김아무개, 마케팅 업무 120퍼센트 달성!" 정치인들이 당연히 해야 할 일을 한 것을 왜 국민이 알아야 합니까? 그거 하라고 세금으로 월급 주는 건데요. 시민이 국회의원들의 업적이나 정당의 정책을 모두 알 필요는 없습니다. 그건 정치인의 일이죠. 국민은 생업에 힘쓰면서 적당한 관심만 가지면 됩니다. 다만 정치를 제대로 못하면 국민들이 피곤해지는 겁니다. 감시하고 주시하고 촛불도 들어야 하니까 말이에요.

🌙 8-10.

子曰 "好勇疾貧 亂也. 人而不仁 疾之已甚 亂也."
자왈 호용질빈 난야 인이불인 질지이심 난야

공자께서 말씀하셨다. "용맹을 좋아하나 가난을 싫어하면 난을 일으킨다. 인하지 못하다고 너무 심하게 미워해도 난을 일으킨다."

· · · · 용맹을 좋아하나 가난을 싫어하는 사람은 불의로라도 부귀를 원하는

사람입니다. 이런 사람은 자기 용맹을 믿고 난을 일으키기 쉽습니다. 후진국의 군사정권을 생각하면 딱입니다. 대한민국이 가난했던 시절, 난을 일으킨 박정희도 좋은 예입니다. 불의한 방식으로 정변을 일으키고는 "잘살아보세!"를 구호로 내걸었으니까요. 주변에 소인배 같은 사람이 있으면 너무 닦달하지 맙시다. 난을 일으킬 수도 있습니다. 조직을 어지럽게 하는 것도 일종의 난입니다.

8-11.

子曰 "如有周公之才之美 使驕且吝 其餘 不足觀也已."
자왈 여유주공지재지미 사교차린 기여 부족관야이

공자께서 말씀하셨다. "만약 주공처럼 훌륭한 재능이 있다 해도 교만하고 인색하다면, 그 나머지는 볼 것이 없다."

박사학위가 열 개 있으면 뭐 합니까? 재산이 수십억이면 또 뭐 하고요? 외모가 보기 좋아도 소용없습니다. 싸가지 없고 짠돌이면 끝이에요!

8-12.

子曰 "三年學 不至於穀 不易得也."
자왈 삼년학 부지어곡 불이득야

공자께서 말씀하셨다. "3년을 공부하고도 봉록에 뜻을 두지 않기는 쉽지 않다."

••••《예기》〈학기學記〉 편을 보면 "군자 지지학지난이君子知至學之難易, 이지기미오而知其美惡, 연후능박유然後能博喻—군자는 학문에 이르는 어려움과 쉬움을 알고, 그 좋고 힘듦을 안다. 그러고 나서 넓게 깨닫는다"[4]고 했습니다. 이 구절을 보고 추정하건대, 공자 제자들이 공부하러 들어와서 한 3년 지나면 너도나도 공무원 시험을 보겠다고 했나 봅니다. 성공하는 법, 재테크하는 법, 관직에 나가는 법에 관심이 많았던 거죠. 공부는 끝이 없는데 말이에요.

8-14.

子曰 "不在其位 不謀其政."
자왈 부재기위 불모기정

공자께서 말씀하셨다. "그 자리에 있지 않으면, 그 정사를 도모하지 마라."

•••명언입니다. 우리 팀 일이 아니면 왈가왈부하지 맙시다. 팀장이 아니면 그 사람 일에 신경 쓰지 맙시다. 마케팅 부서에 있으면서 인사과 업무에 끼어들지 말고, 책임질 것도 아니면서 이래라저래라 하지 맙시다.

☾ 8-15.

子曰 "師摯之始 關雎之亂 洋洋乎盈耳哉!"
자왈　사지지시 관저지란 양양호영이재

공자께서 말씀하셨다. "지 선생님의 노래로 시작하는 〈관저〉의 마지막 장이 아직도 내 귀에 쟁쟁하구나!"

　　•••지 선생님은 공자의 음악 스승입니다. 노나라의 국립국악원 원장이었죠. 공자는 그에게 금 연주법을 배웠습니다. 〈관저〉에 관해서는 〈팔일〉 편 20절을 참고하세요.

8-17.

子曰 "學如不及 猶恐失之."
자왈 학여불급 유공실지

공자께서 말씀하셨다. "학문은 마치 내가 미치지 못하면 어떻게 하나 하는 마음으로 해야 하고, 그것을 잃으면 어떻게 하나 하는 마음으로 해야 한다."

•••• 간절한 마음이 없으면 하기 어려운 것이 학문입니다. 정이천은 이 대목을 읽고 "배움이란 따라잡지 못하면 어떻게 하나 하는 마음으로 해야 한다. 그러면서도 서두르다 잊어버리면 어떻게 하나 하는 마음으로 해야 한다. 내일 하면 된다는 말은 하지 마라"라고 풀이했습니다.[5] 오규 소라이는 아침 여섯 시부터 밤 열 시까지 공부했고, 주희는 죽기 직전까지 책을 놓지 않았다고 합니다. 학문만 그럴까요? 일도 사랑도 삶도 간절해야 목표를 이루는 것이겠죠.

8-18.

子曰 "巍巍乎! 舜禹之有天下也而不與焉."
자왈 외외호 순우지유천하야이불여언

공자께서 말씀하셨다. "위대하도다! 순임금과 우임금께서는 천하를 소유하면

서도 관여하지 않았으니."

     소유하면서도 관여하지 않는 것은 쉬운 일이 아니죠. 《도덕경》2장에
는 "생이불유生而不有―낳고도 소유하지 않는다"는 표현이 있습니다.[6] 다르면
서도 비슷하죠? 부모는 자식을 낳으면 자기 소유라고 생각합니다. 그러나 얼마
안 가서 이것이 착각이었음을 깨달아요. 중국 전설에 등장하는 순임금과 우임
금은 왕의 자리에 올랐으면서도 백성들의 삶에 관여하지 않았다고 합니다. 무
위지치無爲之治, 즉 일부러 무슨 일을 벌이지 않고도 다스리는 행위를 한 것
이죠.

제 9 편 ○

자한

子罕

子罕言利與命與仁.
자 한 언 리 여 명 여 인

---

1) 공자는 이익과 운명과 인은 드물게 말하였다.[1]

2) 선생님께서는 이를 말씀하심에 명과 더불어서나 인과 더불어서는 드물게
하셨다.[2]

3) 공자는 이익에 대해서는 거의 말하지 않았다. 어쩌다가 이익에 대해 말해야
할 때는 반드시 운명과 결부하거나 인덕과 결부해 말했다.[3]

　　이 절에 대해서는 이렇게 다양한 해석이 공존합니다. 저는 3번을 택했
습니다. 《논어》에는 공자가 인에 대해 말하는 부분이 많으니까요. 중국 현대
언어학자 양보쥔楊伯峻은 "인이 공문의 최고 도덕 표준인데 적게 말씀했기 때

문에 공자가 어쩌다 한번 말씀하게 되면 곧 기록하였던 것이다. 따라서 기록이 많다고 해서 공자가 말씀한 것이 많았다고 추론할 수는 없는 것이다"[4] 라고 하는데 무리한 추측이라고 봅니다. 또 "공자가 먼저 온전한 사람다움에 대해 직접적으로 거론한 일은 별로 없다"[5]는 주장도 있는데, 그렇게 따지면 공자 쌤은 뭘 먼저 대놓고 말한 적이 없어요. 대부분 제자가 먼저 묻고 답하는 형식이죠. 공자는 말이 많은 사람이 아니었습니다. 생각이 많고 내성적인 사람이었습니다. 질문하기를 좋아하는 제자들 때문에 이루어진 수많은 대화가 기록으로 남아 오늘까지 전해지는 것이죠.

　이 대목의 이利는 좋은 의미의 이익이라고 해석하는 사람들도 있습니다. 조선시대 심대윤沈大允(1806~1872)은 "이라는 것은 하늘이 명한 나의 본성이다. 명이라는 것은 인간이 태어나면서 만나는 때의 운명이며 (…) 인은 충과 서이다"[6]라고 했고 정약용은 "이는 이민利民, 이국利國의 이를 말한다. 명이란 천명이다. 인이란 인륜의 성덕이다. 이를 자주 말하면 의를 잃게 되고, 명을 자주 말하면 하늘을 모욕하는 것이며, 인을 자주 말하면 자신의 실행이 미치지 못할까 하여 이를 드물게 말한 것이다"[7]라고 했습니다.

　저는 이렇게 생각합니다. 이는 사적으로 추구하는 것이기에 대놓고 말씀하시지는 않았으나, 운명과 관계된 이익 또는 인한 것을 추구하는 데 도움이 되는 좋은 이익에 대해서는 말씀하셨던 것 아닐까요?

達巷黨人曰 "大哉! 孔子 博學而無所成名!" 子聞之 謂門弟子曰 "吾何執 執御乎?
달항당인왈 대제 공자 박학이무소성명   자문지 위문제자왈 오하집 집어호

執射乎? 吾執御矣!"
집사호 오집어의

달항 마을의 어떤 사람이 말했다. "크도다! 공자여, 배운 것은 많은데 뭐 하나
이름을 날린 게 없네!" 공자께서 이 말을 듣고 제자들에게 말씀하셨다. "내가
뭘 파고들까? 수레를 몰까? 활을 쏠까? 역시 나는 마부가 맞는 것 같아!"

달항이 어디인지는 알려져 있지 않습니다. 어쨌든 달항 마을 사람이
공자를 비꼰 겁니다. "박사학위는 있는데 제대로 이룬 건 없잖아?" 그 말을 듣
고 공자가 제자들에게 우스갯말을 던집니다. "공부를 이렇게 많이 했는데도
사실 이룬 건 없어. 그럼 나 뭐 하면 좋겠니? 운전수를 할까, 특전사가 될까?
나는 역시 중장비 기사가 맞는 것 같아." 뭐 이런 식이죠. 참고로 공자가 학문
에 뜻을 두고 교육을 시작하기 전까지 그는 훌륭한 마부로 생계를 이었어요.
말을 모는 기술이 아주 일품이었다고 합니다.

9-3.

子曰 "麻冕 禮也 今也純 儉 吾從衆 拜下 禮也 今拜乎上 泰也 雖違衆 吾從下."
자왈 마면 예야 금야순 검 오종중 배하 예야 금배호상 태야 수위중 오종하

공자께서 말씀하셨다. "삼베로 만든 모자가 전통문화에 맞다. 요즘에는 비단
으로 만든 것을 쓴다. 이게 더 값이 싸니 나는 최근의 풍속을 따르겠다. 그러나
아랫사람이 윗사람을 만날 때는 건물 아래에서 먼저 인사를 하고 올라와서 다
시 인사하는 것이 예의에 맞다. 요즘에는 아래에서 하는 인사는 생략한다. 이
것은 너무 생략한 것이다. 비록 내 생각이 요즘 사람 생각하고 다르더라도 나
는 아래에서 인사하는 것을 지키련다."

•••• 공자 시절에는 이미 비단으로 모자를 만들어 쓸 정도로 비단이 대중
적이었습니다. 그런데 삼베보다 비단이 더 저렴하다니? 여기서 말하는 "마면"
은 사람의 손으로 섬세하게 만드는 제사용 삼베관을 가리킵니다. 그래서 비쌌
던 거죠. 공자는 검소해야 할 것은 그렇게 하되, 형식을 너무 무시해서는 안 된
다는 생각을 견지했습니다.

9-4.

子絶四 毋意 毋必 毋固 毋我.
자절사 무의 무필 무고 무아

공자께서는 억측, 억지, 고집, 아집이 없으셨다.

한자의 뜻을 알아봅시다. 의意-제 멋대로 추측함. 필必-억지를 쓰고 무리하게 밀고 나감. 고固-융통성 없이 고집을 피움. 아我-나에게 집착함. 이 네 가지를 하지 않았다니 한마디로 공자 쌤은 유연한 사고를 가진 분이었네요.

9-5.

子畏於匡 曰 "文王 既沒 文不在茲乎? 天之將喪斯文也 後死者 不得與於斯文也.
자외어광 왈 문왕 기몰 문부재자호   천지장상사문야 후사자 부득여어사문야

天之未喪斯文也 匡人 其如予何!"
천지미상사문야 광인 기여여하

광 땅 사람들이 선생님을 잡아 가두었을 때 선생님이 이렇게 말씀하셨다. "문왕은 이미 돌아가셨지만 그의 문화는 여기 나에게 있지 않으냐? 하늘이 이 문화를 없애려 했다면 그분보다 나중에 죽을 나 같은 사람에게 이 문화를 간직하게 했을까? 하늘이 아직 이 문화를 없애려고 하지 않는다면 광인들이 나를 어떻게 하겠느냐?"

공자가 위나라를 떠나 남쪽으로 갈 때 광이라는 곳을 지나게 됐는데 갑자기 고을 사람들이 공자를 잡아 가두었습니다. 이는 오해에서 비롯된 사건입니다. 양호陽虎라는 인물이 있습니다. 공자와 라이벌인 노나라 사람인데, 이 사람이 광 땅을 침략해서 악한 짓을 한 적이 있습니다. 하필 그 양호가 공자와 비슷하게 생겼다는 겁니다. 그때는 사진도 없고 인터넷도 없으니 외모로 사람을 착각하는 일은 비일비재했겠죠. 결론적으로 광 마을 주민의 오해로 공자는 며칠 동안 억류되었는데 이때 걱정하는 제자들에게 공자 쌤이 안심하라며 한 말입니다.

공자는 주나라 문왕이 덕을 베풀고 예로 나라를 이끌었던 것을 높이 평가했습니다. 그 전통과 문화를 세상에 퍼트릴 내가 여기서 이렇게 죽지는 않을 것이라는 이야기입니다. 실화인지 아니면 제자들이 만든 이야기인지는 모르겠으나 《논어》에서 드물게 나오는, 공자의 자부심이 드러나는 일화죠.

🌙 9-6.

大宰 問於子貢曰 "夫子聖者與, 何其多能也?" 子貢曰 "固天縱之將聖 又多能也."
태재 문어자공왈   부자성자여   하기다능야   자공왈   고천종지장성 우다능야

子聞之曰 "大宰知我乎! 吾少也賤 故多能鄙事. 君子多乎哉? 不多也! 牢曰 子云
자문지왈   태재지아호   오소야천 고다능비사   군자다호재   부다야   뇌왈 자운

'吾不試 故 藝.'"
오불시 고 예

태재가 자공에게 물었다. "공자 선생님은 정말 천재시군요. 어찌 그리 재능이 많으십니까?" 자공이 답했다. "맞습니다. 진실로 하늘이 내려주신 성인이시기에 또한 그토록 많은 재능을 주신 것이죠." 공자께서 나중에 이 이야기를 듣고 말씀하셨다. "태재가 나를 아는구나! 나는 어렸을 때 가난했다. 그래서 이런저런 비천한 일을 하느라 재주가 많아야 했지. 그런데 군자가 재주가 많아야 할까? 꼭 그렇지는 않겠지!" 제자 뇌가 말했다. "스승께서는 '내가 등용이 되지 않아 기예를 익혔다'고 하셨다."

태재는 오나라의 수상으로 이름은 비嚭입니다. 이 사람이 자공한테 선생님 칭찬을 합니다. 원문의 성자, 즉 성인은 지금 말로 하면 "천재시네요", "팔방미인이시네요" 정도의 뉘앙스입니다. 칭찬일 수도 있고 어쩌면 냉소일 수도 있어요. 그런데 이 말을 들은 공자님 반응을 보세요. "와, 그 친구가 날 좀 아네. 내가 워낙 흙수저였거든. 그래서 이런저런 알바를 많이 했어. 뭐, 군자가 꼭 그래야 하는 건 아니지만 말이야" 하고 천진하게 맞장구를 칩니다. 어떻게 보면 참 귀여우신 우리 공자님!

9-7.

子曰 "吾有知乎哉 無知也 有鄙夫問於我 空空如也 我叩其兩端而竭焉."
자왈 오유지호재 무지야 유비부문어아 공공여야 아고기양단이갈언 공자께서 말씀하셨다. "내가 아는 것이 있는가? 나는 아는 것이 없다. 다만 아무리 신분이 천한 사람이 나한테 뭘 물어본다 해도, 그 질문이 아무리 어리석어 보여도, 나는 반드시 처음과 끝을 다 고려하여 내가 아는 것을 알려줄 뿐이다."

•••• 와, 공자는 정말 성인이죠? 신분 질서가 엄연했던 시절인데도 천한 신분의 사람에게든 누구에게든 답을 해준다는 것을 보면 말입니다. 그 질문이 아무리 어리석다고 해도 최선을 다해 알려준다는 것이 아무나 할 수 있는 일인가요? 더구나 공자는 누가 뭘 물어봐도 막힘이 없을 정도로 아는 것이 많았던 사람인데 "나는 아는 것이 없다"면서 무지를 고백합니다. 소크라테스도 "무지의 지"를 말했습니다. 무지의 자각이 지의 시작이라는 것을 동서양의 성현들은 알았던 것일까요?

☾ 9-8.

子曰 "鳳鳥不至 河不出圖 吾已矣夫!"
자왈 봉조부지 하불출도 오이의부

공자께서 말씀하셨다. "봉황새가 오지 않네. 황하에서 용마의 그림이 나오지 않네! 나는 이제 끝인가 보구나!"

• • • 봉황과 용마의 그림은 성스러운 인물이 세상에 나타날 때 출현한다고 알려져 있었습니다. 이런 일이 더 이상 없다는 것은 아름다운 세상이 저물어 간다는 상징이죠. 공자가 인생 말년에 내뱉은 쓸쓸한 독백입니다.

☾　9-9.

子見齊衰者 冕衣裳者 與瞽者 見之 雖少 必作 過之必趨.
자견자최자 면의상자 여고자 견지 수소 필작 과지필추

선생님께서는 상복을 입은 사람이나 정식 예복을 갖춰 입은 사람이나 눈먼 사람을 만나면 비록 젊은이라 하더라도 반드시 일어나시고, 이들 앞을 지날 적에는 반드시 종종걸음을 하셨다.

　　• • • 종종걸음은 최상의 예의 표시입니다. 그 당시 예법에 의하면 신하는 임금 앞에서 종종걸음을 해야 했습니다. "면의상자"는 관을 쓰고 위아래 정복을 입은 사람이라는 뜻인데 대부 이상의 고위 공직자가 이렇게 입었다고 합니다. 또 눈먼 사람은 시각장애인이 아니라 악사를 가리킵니다. 공자는 이런 사람들에게는 나이의 고하를 떠나 마음에서 우러나오는 예의를 표했습니다.

9-10.

顔淵 喟然歎曰 "仰之彌高 鑽之彌堅 瞻之在前 忽焉在後 夫子 循循然善誘人 博我
안연 위연탄왈 앙지미고 찬지미견 첨지재전 홀언재후 부자 순순연선유인 박아
以文 約我以禮 欲罷不能 旣竭吾才 如有所立 卓爾 雖欲從之 末由也已."
이문 약아이례 욕파불능 기갈오재 여유소립 탁이 수욕종지 말유야이

안회가 탄식하며 말했다. "선생님은 우러러 볼수록 높아만 지고, 파고들수록
단단해지고, 쳐다보면 앞에 있었는데 어느덧 뒤에 계신다. 선생님께서는 순조
롭게 남을 잘 이끌어주시는 분. 글로 내 지식을 넓혀주시고, 예의로 나를 아름
답게 해주시고 그만두려 해도 그만둘 수 없구나. 내 재능이 다했는데 선생님이
이미 나를 높이 세워주셨네. 비록 좇아가려고 욕심을 내보지만 생각만큼 잘되
질 않네."

•••• 드디어 나왔습니다. 안회의 사랑 고백! 이은상 선생의 시로 시작하는
노래 〈스승의 은혜〉에 이 구절이 있죠. "스승의 은혜는 하늘같아서 우러러 볼
수록 높아만 지네."

9-11.

子疾病 子路使門人 爲臣 病間 曰 "久矣哉! 由之行詐也 無臣而爲有臣 吾誰欺?
자질병 자로사문인 위신 병간 왈 구의재 유지행사야 무신이위유신 오수기

欺天乎 且予 與其死於臣之手也 無寧死於二三子之手乎! 且予 縱不得大葬 予死於
기천호 차여 여기사어신지수야 무녕사어이삼자지수호 차여 종부득대장 여사어
道路乎?"
도로호

공자께서 위독하시자 자로가 제자들을 시켜서 가신 노릇을 하게 했다. 병이 조
금 나아지자 공자께서 말씀하셨다. "오래되었구나. 자로가 거짓을 행한 지가!
내게 가신이 없는데 가신을 둔 것처럼 했으니. 내가 누구를 속이겠느냐? 하늘
을 속이겠느냐? 그리고 말이다. 내가 가신 손에서 죽기보다는 오히려 자네들
손에 죽는 것이 낫지 않겠느냐? 내가 비록 성대한 장례는 얻지 못해도, 길바닥
에서 죽기야 하겠느냐?"

자로가 제자들에게 가신 노릇을 하게 했다는 것은, 자로가 대부 혹
은 군주의 장례 체제로 꾸미려 했다는 뜻입니다. 이때 공자는 관직을 맡지 않
았으므로 자로가 이런 장례를 준비한 것은 예에 어긋나는 행위였어요. 공자는
이런 것을 절대 못 참았죠.

 9-12.

子貢曰 "有美玉於斯 韞匵而藏諸 求善賈而沽諸?" 子曰 "沽之哉 沽之哉 我 待賈
자공왈 유미옥어사 온독이장저 구선가이고저   자왈 고지재 고지재 아 대가
者也."
자야

자공이 물었다. "여기 아름다운 옥이 있다면 싸서 궤 속에 넣어 보관하시겠습니까? 좋은 상인을 구해 파시겠습니까?" 공자께서 말씀하셨다. "팔아야지! 팔아야지! 나는 상인을 기다리는 사람이네."

• • • • 자공은 스승과 마주 앉아 은유와 상징으로 대화할 수 있는 유일한 사람이었습니다. 여기서 "옥"은 공자 선생님의 식견과 능력입니다. 공자는 재야인사로 은둔할 사람이 절대 아니었죠. 자신의 재능을 바탕으로 세상을 바꾸고 싶어 했던 사람입니다. 다만 그때는 한 나라의 제후가 공자를 기용하거나, 일정 지역을 책임지라고 봉토해주어야 뜻을 펼칠 수 있었죠. 공자는 일생 동안 4년 정도 공직에 있었던 때를 제외하고는 늘 '취준생'이었습니다. 명성도 있었고 능력도 있었지만 그가 품은 이상이 너무 높아서, 대우를 해준다고 해도 자리를 박차고 떠나기 일쑤였죠. 가끔 이런 선생님이 답답했던 자공이 '쓰리 쿠션'으로 질문을 하죠. 공자님은 솔직하게 답을 했고요.

☾ 9-13.

子欲居九夷 或曰 "陋 如之何?" 子曰 "君子居之 何陋之有?"
자욕거구이 혹왈 루 여지하   자왈 군자거지 하루지유

공자께서 오랑캐의 땅에 가서 살고 싶다고 하니 어떤 이가 말하기를 "누추할

텐데 어찌 지내시려 하십니까?"라고 물었다. 공자께서 말씀하셨다. "군자가 사는데 어찌 누추하겠나!"

예로부터 중국인들은 한민족을 '동이東夷'라고 불렀습니다. '큰 대大' 자에 '활 궁弓' 자가 합쳐진 글자인데 '큰 활을 잘 쏘는 동쪽 사람들'이라는 뜻이죠. 이 구절 때문에 조선시대 선비들이 "공자 선생이 조선에 살고 싶어 했다"는 억측을 하고는 했어요. 공자 선생이 말하는 오랑캐의 땅은 특정 지역을 뜻하지 않습니다. "내가 이런 꼴 보려고 정치했나, 자괴감이 드네. 차라리 다른 나라에 가서 살지!" 이런 정도의 뉘앙스인 거죠.

9-14.

子曰 "吾自衛反魯然後 樂正 雅頌 各得其所."
자왈 오자위반노연후 악정 아송 각득기소

공자께서 말씀하셨다. "내가 위나라에서 노나라로 돌아온 뒤에야 음악이 바르게 되어 아와 송이 각각 제자리를 찾았다."

"아"는 정악, "송"은 조상의 덕을 기리는 노래입니다. 공자는 말년에 노나라로 돌아와서 책을 편찬하고 음악과 노래를 정리하는 등 저술에 힘썼습니다. 앞서 이 편 12절에서는 누군가 자신을 써주기를 바라는 강력한 희망을 보였지만 이때 공자의 나이는 이미 68세였어요. 평균 수명이 40세 전후였던 그때 68세면 꼬부랑 할아버지죠. 지금으로 치면 한 90세 정도의 연세예요. 이제 공자는 정치에도 관심 없고, 당연히 누가 자기를 써주기를 바라지도 않습니다. 속세에 얽매이지 않는 달관의 경지에 오른 거죠. 그리고 문헌을 정리하고 글을 쓰면서 말년을 보냅니다.

☾ 9-15.

子曰 出則事公卿 入則事父兄 喪事 不敢不勉 不爲酒困 何有於我哉
자왈 출즉사공경 입즉사부형 상사 불감불면 불위주곤 하유어아재

공자께서 말씀하셨다. "밖에 나가서는 공경을 섬기고 들어와서는 부형을 섬기는 것, 누군가 상을 당했을 때는 정성을 다하여 돕는 것, 술 때문에 곤란해지지 않는 것. 이것이 내게 무슨 어려운 일이겠는가?"

●●●● 노나라에 한해서 보자면 "공경"은 임금과 정승을 뜻합니다. 최고위 공직자죠. 당시 선비들이 섬겨야 할 사람들이었습니다. "부형"은 부모와 나이 많은 형제고요. 상례 이야기까지는 평범한데 그다음 문장이 기발해요. "술 때문에 곤란해지지 않는 것"이 어렵지 않다니 말입니다. 일단 〈향당〉 편을 보면 공

자 쌤은 아무리 술을 마셔도 취한 모습을 보이지 않으셨다고 합니다. 술이 무척 세셨던 모양이에요. 그러니 술을 많이 마셔도 남들처럼 주정을 부리거나 험한 꼴을 보이지 않았겠죠. 생각해보니 은근히 자랑 같기도 하네요.

9-16.

子在川上曰 "逝者如斯夫 不舍晝夜!"
자 재 천 상 왈   서 자 여 사 부 불 사 주 야

공자께서 시냇가에서 말씀하셨다. "흘러가는 것이 이 물과 같으니 밤낮을 그치지 않는구나!"

공자의 제자들은 별것을 다 기록했어요. 그런데 또 후세 학자들은 여기에 엄청난 의미를 부여합니다. 이 구절을 통상 '천상탄川上嘆(시냇가 위의 탄식)' 장이라고 불러요. 제 생각에 이 구절은 그냥 제자들하고 소풍 가서 "거 물 한번 시원하게 흘러가네"라고 한마디한 것뿐입니다. 이것을 가지고 "우주의 운행에 대한 인사이트"[8]라느니 "인생에 대한 통찰"[9]이라느니 하는 것은 과한 해석입니다.

공자는 신이 아닙니다. 신이 되기를 원하지도 않았습니다. 우리와 똑같이 밥 먹고 똥 싸고 신경질도 냈다가 낄낄거리기도 했던 인간이죠. 이 구절도 일상에서 나온 말입니다. 과도한 의미 부여는 인간 공자에 대한 오독입니다!

🌙 9-17.

子曰 "吾未見好德 如好色者也!"
자왈　오미견호덕 여호색자야

공자께서 말씀하셨다. "나는 덕을 좋아하기를 색을 좋아하듯 하는 사람을 보
지 못했다."

　••••　이 구절은 《사기세가》에도 나옵니다. 위나라 영공이 부인 남자와 함께
수레를 타고 앞서 가고 공자는 그다음 수레를 타고 오게 했습니다. 영공이 이
렇게 한 것은 한마디로 이벤트였어요. "내 뒤에 따라오는 사람이 그 유명한 공
자!"라고 자랑하기 위해 공자를 이용했죠. 영공이 이렇게 거드름을 피우자 공
자는 기분이 상합니다. 그리고 돌아와서 이렇게 말하죠. "미인을 좋아하는 것
만큼 덕을 좋아하는 사람은 없구나!" 그런데 과연 위령공만 그랬을까요? 미인
과 덕 중에 덕을 더 좋아하는 남자가 고금을 통틀어 얼마나 될까요? 남자의
일생에서 극복하기 어려운 유혹 중 하나가 색色, 즉 섹스라는 본능입니다. 이것
을 어떻게 이겨내느냐, 얼마나 절제했느냐에 따라 남자의 삶이 좌우되기도 합
니다. 에휴….

9-18.

子曰 "譬如爲山 未成一簣 止 吾止也 譬如平地 雖覆一簣 進 吾往也."
자왈 비여위산 미성일궤 지 오지야 비여평지 수복일궤 진 오왕야

공자께서 말씀하셨다. "흙을 쌓아 올려 산을 만든다 치자. 한 삼태기의 흙이 모자라 산을 이루지 못하고 중지했다면, 그 이전에 많은 일을 했어도 결국 내가 중지한 셈이다. 또 구덩이를 메워 평지를 만든다 치자. 비록 한 삼태기의 흙을 부었을 뿐이라 해도 그래서 길이 생겼다면, 나는 그만큼 더 간 셈이 된다."

• • • 모두 내 탓이요, 누구를 탓할까? 천 리 길도 한 걸음부터 시작입니다. 《도덕경》 64장에 이런 말이 있습니다.

九層之臺 起於累土 千里之行 始於足下.
구 층 지 대 기 어 누 토 천 리 지 행 시 어 족 하

아주 높은 건물이라도 삼태기 하나 분량의 흙으로 시작되며 천 리나 가는 먼 길도 한 발자국에서 시작된다.[10]

9-19.

子曰 "語之而不惰者 其回也與!"
자왈 어지이불타자 기회야여

공자께서 말씀하셨다. "무슨 말을 해도 귀찮아하지 않는 사람은 안회 그 친구
뿐이다!"

◦◦◦ 어련하시겠습니까….

9-20.

子謂顏淵曰 "惜乎! 吾見其進也 未見其止也!"
자위안연왈 석호 오견기진야 미견기지야

공자께서 안회를 평하여 이렇게 말씀하셨다. "애석하다. 나는 그가 나아가는
것만 보았지 멈추는 것은 보지 못했다."

◦◦◦◦ 애석하다는 말은 안회의 부재와 요절에 대한 한탄입니다. 공자가 62세
때 안회는 31세의 나이로 먼저 세상을 뜹니다. 광 땅에서 난리가 났을 때 안회
가 늦게 도착했습니다. 그때 공자가 "나는 자네가 이미 죽은 줄 알았다"고 하

자 안회는 "선생님이 살아계시는데 제가 어찌 먼저 죽겠습니까?"라고 대답했죠(《선진》편 22절 참고). 그랬던 안회가 먼저 갔습니다. 안회가 죽은 뒤 공자는 거의 '멘탈 붕괴' 상태에서 살아갑니다.

9-21.

子曰 "苗而不秀者 有矣夫, 秀而不實者 有矣夫!"
자왈 묘이불수자 유의부 수이불실자 유의부

공자께서 말씀하셨다. "싹은 났어도 꽃피우지 못하는 것이 있고, 꽃은 피웠어도 열매 맺지 못하는 것이 있구나!"

앞 절에서 안회의 요절을 애석해하신 공자님. 이어서 이런 상징으로 마무리하십니다.

9-22.

子曰 "後生 可畏 焉知來者之不如今也 四十五十而無聞焉 斯亦不足畏也已."
자왈 후생 가외 언지래자지불여금야 사십오십이무문언 사역부족외야이 공자께서 말씀하셨다. "우리 뒤에 태어난 이들을 두려워해야 한다. 그들이 지금 의 우리보다 못하리라고 누가 감히 말할 수 있나? 40, 50이 되어서도 뚜렷한 성취가 없다면, 그런 자 역시 두려워할 게 못 된다."

•••• '후생가외'라는 고사성어가 여기서 나왔습니다. "40, 50이 되어서도 뚜 렷한 성취가 없는 자는 두려워할 게 못 된다"는 구절이 이룬 것 없는 중년 남 자의 가슴을 후벼 파네요.

9-23.

子曰 "法語之言 能無從乎 改之爲貴 巽與之言 能無說乎 繹之爲貴 說而不繹 從而
자왈　법어지언 능무종호 개지위귀 손여지언 능무열호 역지위귀 열이불역 종이

不改 吾末如之何也已矣."
불개 오말여지하야이의

공자께서 말씀하셨다. "바른 말로 타이르면 따르지 않겠는가? 잘못을 고치는 것이 귀하다. 부드럽게 말해주면 기뻐하지 않겠는가? 좋게 받아들이는 마음이 귀하다. 기뻐하기만 하고 좋게 받아들이지 않거나, 말을 따르는 척만 하고 잘못 을 고치지 않는다면, 나도 그런 사람은 끝내 어찌할 수가 없다."

9-24.

子曰 "主忠信 無友不如己者 過則勿憚改."
자왈 주충신 무우불여기자 과즉물탄개

공자께서 말씀하셨다. "충성과 신의를 중요하게 여기고 자기와 가는 길이 다른
자를 친구 삼지 않으며 잘못했으면 고치기를 꺼리지 말아야 한다."

···〈학이〉편 8절과 일치합니다.

9-25.

子曰 "三軍可奪帥也 匹夫不可奪志也."
자왈 삼군가탈수야 필부불가탈지야

공자께서 말씀하셨다. "삼군의 장수는 빼앗을 수 있어도 필부의 뜻은 빼앗을
수 없다."

···어떤 술수로 대군의 장군을 굴복시킬 수는 있습니다. 그러나 한 사나
이의 뜻은 꺾을 수 없습니다. 소라이는 이 구절을 두고 독특한 해석을 내놓았
습니다. "이는 공자가 임금을 위해서 한 말로 필부필부匹夫匹婦를 업신여기지

말라고 한 것"이라고 말이죠.¹¹ 꽤 진보적인 의견입니다.

🌙 9-26.

子曰 "衣敝縕袍 與衣狐貉者 立而不恥者 其由也與! '不忮不求 何用不臧'." 子路
자왈 의폐온포 여의호학자 입이불치자 기유야여 불기불구 하용부장 자로
終身誦之 子曰 "是道也 何足以臧?"
종신송지 자왈 시도야 하족이장

공자께서 말씀하셨다. "다 해어진 솜옷을 입고 여우나 담비 가죽으로 만든
귀한 옷을 입은 귀족 옆에 서 있을 때도 부끄러워하지 않을 자는 바로 자로
일 것이다. 《시경》에도 '사람을 해치지 않고 남의 것을 탐하지 않으니, 어찌
착하다 아니 하리오'라는 구절이 있지 않은가?" 자로가 듣고 신이 나서 이 구
절을 내내 외우고 다녔다. 공자가 듣다 지쳐 말했다. "그렇게 외우기만 해서 되
겠느냐?"

••••《논어》에서 최고로 코믹한 에피소드입니다. 자로 씨는 대체 언제 쌤한
테 시원하게 칭찬을 받을까요? 자로는 그저 공자의 칭찬 한 번을 열망합니다.
자로만큼 공자에게 칭찬과 비난을 동시에 받는 제자는 없습니다. 《논어》 전편
에 걸쳐 자로에 대한 공자의 평가는 냉탕과 온탕을 오가죠. 공자는 자로가 자
신의 평가보다 좀 더 나아가기를 바랐는데 딱 거기에 멈춰 있으니까 분발하라
는 마음으로 한마디 더 한 것입니다.

이 구절에 대해 송나라 여대림呂大臨(1046~1092)은 이런 해설을 덧붙였습니다. "빈여부교 강자필기 약자필구貧與富交 彊者必忮 弱者必求—가난한 자와 부자가 사귀게 되면 부자는 반드시 빈자를 해치려 하고, 빈자는 반드시 부자의 것을 탐한다."12 그때나 지금이나 세상인심은 왜 이렇게 각박한 것일까요?

🌙 9-27.

子曰 "歲寒 然後 知松栢之後彫也."
자왈 세한 연후 지송백지후조야

공자께서 말씀하셨다. "추운 계절이 온 뒤에야 소나무와 잣나무가 늦게까지 푸른 것을 안다."

제주도의 추사 김정희金正喜(1786~1856) 기념관에 가면 〈세한도歲寒圖〉가 있습니다. 1840년, 추사가 복잡한 권력투쟁 과정 속에서 제주도로 유배를 가게 됩니다. 그리고 이후 9년 동안 제주도에서 지내는데 친구나 친척 들과도 점점 소식이 끊기죠. 한때 이조판서까지 지냈던 김정희는 세상인심이 야속하다고 생각합니다. 오로지 제자 이상적李尚迪만이 꾸준히 추사에게 소식을 전해요. 그는 청나라에 사신으로 가서 두 차례나 귀한 서적들을 구해 제주도의 스승에게 보냅니다. 추사는 책을 받고 《논어》의 한 구절을 떠올립니다. "추운 계절이 온 뒤에야 소나무와 잣나무가 늦게까지 푸른 것을 안다…." 제자를 생각하며 그림 한 폭 그려 보낸 것이 바로 〈세한도〉라는 아름다운 이야기입니다. 어렵고 가난할 때 남는 친구가 진짜 친구입니다. 우리의 소나무와 잣나무는 어디에 있을까요?

9-28.

子曰 "知者不惑 仁者不憂 勇者不懼."
자왈 지자불혹 인자불우 용자불구

공자께서 말씀하셨다. "지혜로운 자는 미혹이 없고, 인한 자는 걱정이 없으며, 용감한 자는 두려움이 없다."

• • • • 〈헌문〉편 30절에 다시 등장합니다.

9-29.

子曰 "可與共學 未可與適道 可與適道 未可與立 可與立 未可與權."
자왈 가여공학 미가여적도 가여적도 미가여립 가여립 미가여권

공자께서 말씀하셨다. "함께 배울 수는 있어도 같은 분야의 길로 가기는 어렵다. 같은 분야의 길로 갈 수는 있어도 같은 입장이 되기는 어렵다. 같은 입장이 된다고 해도 그때그때 상황에 따라 대응하는 방법은 다르다."

마지막에 등장하는 권權에 대해 "자유로운 상황적 실천",[13] "어려운 일을 당하여 시의적절하게 처리함",[14] "형식에 얽매이지 않고 상황에 맞게 임시변통할 수 있는 것"[15] 등 다양한 해석이 있습니다.

《맹자》에는 이런 말이 나옵니다. "남자와 여자가 직접 물건을 주고받지 않는 것이 예라면, 형수가 물에 빠졌을 때 건져주는 것이 권이다." 결국 '권'이란 상황에 따라 그때그때 대응하는 자기만의 방법이라고 보면 됩니다.

9-30.

唐棣之華 偏其反而 豈不爾思 室是遠而 子曰 "未之思也 夫何遠之有?"
당체지화 편기번이 기불이사 실시원이 자왈 미지사야 부하원지유

"산앵두나무 꽃바람에 나부끼네. 어찌 그대를 사모하지 않겠소만 너무 멀리 떨어져 있구나." 이 노래를 누가 부르자 공자께서 말씀하셨다. "사랑하지 않아서 그렇지, 사랑한다면 어디인들 멀랴?"

•••• 역시 공 선생님은 사랑이 뭔지 아는 분!

10-1.

孔子於鄉黨 恂恂如也 似不能言者 其在宗廟朝廷 便便言 唯謹爾
공자어향당 순순여야 사불능언자 기재종묘조정 변변언 유근이

공자께서 집과 마을에 계실 때는 자상하고 부드러워 마치 말도 잘 못하는 사람처럼 보였다. 그러나 종묘와 조정에서는 또박또박 말씀을 잘하셨고 다만 조심스러울 뿐이었다.

••••• 〈향당〉 편은 특이하게 공자 선생님의 일상생활을 기록하고 있습니다. 《논어집주》에서 북송의 유학자 양시楊時(1053~1135)는 "성인의 이른바 도라는 것은 일용지간(일상생활)을 벗어나지 않는다"라고 말했습니다.[1] 결국 진리는 생활 속에 있는 거죠. 생활을 벗어난 진리나 도는 허상입니다. 생활은 개판이면서 도는 산속에서 닦는다? 다 거짓입니다.

그나저나 공자님도 참 피곤했을 것 같습니다. 어떻게 먹고 자고 생활하는지를 제자들이 시시콜콜 다 기록했으니 말이에요. 24시간 CCTV를 켜고 사는 것과 마찬가지입니다. 이게 창살 없는 감옥이지 뭡니까? 어쩌면 속으로 제자들에게 이렇게 말했을지도 모릅니다. '적지 마라, 응? 적지 좀 마~'

☽ 10-2.

朝 與下大夫言 侃侃如也 與上大夫言 誾誾如也 君在 踧踖如也 與與如也
조 여하대부언 간간여야 여상대부언 은은여야 군재 축적여야 여여여야

조정에서 하대부와 말씀하실 적에는 화평하게 즐기는 모습이셨으며, 상대부와 말씀하실 적에도 정중하나 화기애애하셨다. 임금이 계실 때는 거동을 조심스럽게 하면서도 위엄을 잃지 않으셨다.

···· 공자는 노나라에서 잠시 사구 벼슬을 한 적이 있습니다. 지금으로 치면 법무부 장관이라고 할까요? 공자는 상대가 자기보다 직위가 낮건 높건 늘 조용하고 즐겁게 대화를 나눴습니다. 어떤 해석은 "하대부와 말할 때는 깐깐했고, 상대부와 말할 때는 은은했다"고 하는데,[2] 이렇게 읽으면 약한 사람에게는 강하고 강한 사람에게는 약한 인물이 되고 맙니다. 이건 아니죠. 공자는 강자 앞에서 강했고 약자 앞에서 약했습니다.

공자가 대사구 겸 재상 직무대리가 되었을 때는 얼굴에 희색이 만면했습니다. 그러자 한 제자가 말합니다. "군자는 복이 찾아와도 기뻐하지 않는다고 했습니다." 공자는 이렇게 답합니다. "그런 말이 있다. 그러나 '귀한 신분으로 신분이 낮은 사람을 공손하게 대하는 데에 낙이 있다'라고도 하지 않았는가?"[3]

☾ 10-3.

君 召使儐 色勃如也 足躩如也 揖所與立 左右手 衣前後 襜如也 趨進 翼如也 賓退
군 소사빈 색발여야 족각여야 읍소여립 좌우수 의전후 첨여야 추진 익여야 빈퇴
必復命曰 "賓不顧矣."
필복명왈 빈불고의

임금께서 공자를 불러 외국 사절단을 접대하게 하시었다. 이때는 얼굴빛이 장중하게 변하시었고 걸음은 의례에 맞는 종종걸음을 하시었다. 영빈 대열에 같이 선 동료에게 말을 전할 때는 말을 전하는 방향에 따라 두 손을 읍하여 좌우로 상체를 움직이게 되는데, 늘어진 옷자락의 앞뒤 재봉선이 가지런히 맞아 흐트러짐이 없었다. 빠르게 나아가실 때에는 긴 소매 깃이 좌우로 펄럭이는 모습이 새가 날개를 편 듯하였다. 빙례가 종료되고 외국 사절단을 보내고 나면 반드시 명령을 잘 수행하였다고 복명해야 한다. 그때 공자께서는 이와 같이 말씀하시었다. "손님들은 뒤돌아볼 일 없이 잘 떠났습니다."[4]

•••• 사신을 접대할 때의 예는 꽤나 복잡했습니다. 다른 나라의 사신과 주

최국 임금은 서로 직접 말하지 않고 몇 사람을 거쳐서 이야기했다고 해요. 제후국 정상끼리 얼굴을 보고 대화하는 것이 아니라 좌우에 아홉 명을 앉히고 말을 전했답니다. 이럴 때도 공자는 흐트러지지 않은 모습으로 절도 있게 말을 전달했다는 정도만 알면 됩니다. 2500년 전에 사신 접대의 예가 어땠는지까지 알 필요는 없겠죠?

☾ 10-6A.[5]

君子 不以紺緅飾, 紅紫不以爲褻服.
군자 불이감추식 홍자불이위설복

공자께서는 감색과 주홍색으로 옷깃을 달지 않고, 붉은색이나 보라색으로 평상복을 만들지 않으셨다.

• • • 감색은 제사 때 입는 옷에 썼고 주홍색은 상을 치를 때 입는 옷에 썼습니다. 붉은색과 보라색도 제사용 옷에 주로 쓰여서 평상복에는 어울리지 않았습니다. 그러니까 공자는 때와 장소에 맞게 옷을 입었다는 거지요. 이 구절은 "군자는 이런저런 옷을 입지 않는다"는 공자의 말을 옮긴 것으로 결국 공자 자신의 의복 습관을 보여줍니다.

🌙 10-6B.

當署, 袗絺綌, 必表而出之.
당서 진치격 필표이출지

무더운 여름철에는 베로 만든 홑옷에 반드시 속옷을 받쳐 입어 살을 드러내
지 않으셨다.

●●●● 시스루 see-through 패션은 싫어하셨나 봅니다.

🌙 10-6C.

緇衣 羔裘, 素衣 麑裘, 黃衣 狐裘.
치의 고구 소의 예구 황의 호구

검은 윗도리에는 검은 염소 가죽 아랫도리를, 흰 솜옷에는 흰색의 어린 사슴 가
죽 아랫도리를, 누런 윗도리를 입을 때는 누런 여우 가죽 아랫도리를 입으셨다.

●●●● '깔맞춤'으로 입으셨다는 이야기네요. 공자님은 은근 패셔니스타였습
니다. 여기서 아랫도리라고 했는데, 춘추시대 선비들은 바지를 입지 않았어요.
남자도 통 넓은 치마를 입었습니다.

10-6D.

藝裘長, 短右袂. 必有寢衣, 長一身有半. 狐貉之厚以居. 去喪, 無所不佩. 非帷裳,
설구장 단우몌 필유침의 장일신유반 호락지후이거 거상 무소불패 비유상
必殺之. 羔裘玄冠不以弔. 吉月, 必朝服而朝.
필쇄지 고구현관불이조 길월 필조복이조

평상시에 입는 가죽옷은 길었으나 오른쪽 소매는 짧았다. 반드시 잠옷을 입고
주무셨으며 그 길이는 키의 한 배 반이었다. 방바닥에는 여우와 담비의 두꺼운
모피를 깔아두셨다. 상을 치르고 나면 온갖 패옥을 다 차셨다. 아랫도리는 제
사나 조회 때가 아니면 가위질하여 허리를 좁게 만들어 입으셨다. 매월 초하루
에는 반드시 정식 관복을 입고 조회에 나가셨다.

· · · 오른쪽 소매가 짧은 이유는 글 쓸 때 편하려고 그랬던 겁니다. 온갖 패
옥을 다 차셨다고 했는데, 패옥은 액세서리입니다. 목걸이나 팔찌 같은 것도
잘하고 다니셨다는 이야기죠. 아랫도리 역시 실용적으로 입었던 것을 알 수
있습니다.

10-8.

食不厭精, 膾不厭細. 食饐而餲, 魚餒而肉敗, 不食. 色惡不食. 臭惡不食. 失飪不食.
사불염정 회불염세 사에이애 어뇌이육패 불식 색악불식 취악불식 실임불식

不時不食. 割不正, 不食. 不得其醬, 不食. 肉雖多, 不使勝食氣. 唯酒無量, 不及亂.
불시불식 할부정 불식 부득기장 불식 육수다 불사승사기 유주무량 불급란
沽酒市脯不食. 不撤薑食, 不多食. 祭於公, 不宿肉. 祭肉, 不出三日. 出三日, 不食之
고주시포불식 불철강식 부다식 제어공 불숙육 제육 불출삼일 출삼일 불식지
矣. 食不語, 寢不言. 雖疏食菜羹, 瓜祭, 必齊如也.
의 식불어 침불언 수소사채갱 필제 필재여야

밥은 흰 것을 좋아하셨고 날고기는 가늘게 썬 것을 좋아하셨다. 밥이 쉬었거나
맛이 변한 것, 생선이 상한 것, 고기가 부패한 것은 먹지 않으셨다. 음식의 색이
좋지 않거나 변한 것, 냄새가 좋지 않은 것, 제대로 요리되지 않은 것은 먹지 않
으셨으며 때가 아니면 역시 먹지 않으셨다. 반듯하게 자르지 않은 것도 먹지 않
으셨고 음식에 맞는 장이 없으면 먹지 않으셨다. 고기가 많아도 밥보다 더 많
이 먹지 않으셨다. 술만은 제한 없이 드셨는데 절대 주정할 때까지 드시지 않
았다. 시장에서 사온 술과 육포는 먹지 않으셨고 평소에는 생강을 즐겨 드셨다.
평소에는 소식하셨다. 나라에서 제사를 지내고 받은 고기는 그날을 넘기지 않
고 나눠주셨다. 집에서 제사 지낸 고기는 사흘 이내에 나눠주셨고 그 이상 된
것은 먹지 못하게 하셨다. 식사 중에는 가르치는 말을 하지 않으셨고 잠자리에
들어서도 말이 없으셨다. 거친 밥과 나물국이라도 경건하게 고수레를 하고 드
셨다.

· · · · 음식에 맞는 장이 없으면 먹지 않으셨다는 것은 소스가 없으면 안 드
셨다는 이야기입니다. 공자님의 식습관은 은근히 까다롭죠? 식사 중에 가르치
지 않았다는 구절의 원문은 "식불어食不語"입니다. 이것을 대부분 "식사 중에
말하지 않았다"로 해석해왔어요. 그런데 소라이에 따르면 어語는 단순히 말하
는 것이 아니라 "개어자회언야蓋語者誨言也—가르치는 말"입니다.[6] 저는 이 해

석이 마음에 듭니다. 따라서 '밥 먹을 때 대화를 하지 않았다'로 해석하지 않고 가르치는 것에 관련한 말을 하지 않았다고 풀었습니다. 밥 먹을 때까지 제자들이 이것저것 물어보면 선생은 언제 쉽니까? 식사할 때는 식사에 전념하는 것이 도리죠.

이것과 비슷한 이야기가 있습니다. 두 시인이 저녁을 먹는데 한 시인이 이렇게 말합니다. "달이 참 아름답네요." 그러자 다른 시인이 답합니다. "밥 먹을 때 일 이야기 하지 맙시다."

🌙 10-9.

席 不正 不坐
석 부정 부좌

방석이 똑바르지 않으면 제대로 놓고 앉으셨다.

··· 거의 모든 판본에서 이 구절을 "자리(방석 또는 의자)가 바르지 않으면 앉지 않으셨다"로 해석했습니다. 어떤 학자는 "비뚤어지거나 찌그러진 의자에는 앉지 않았다"고 했어요.[7] 참 웃기는 해석입니다. 고전 전문가들이 이렇게 말도 안 되는 번역을 했으니 공자만 이상한 사람이 됩니다. 어느 집에 초대를 받아 갔는데 방석이 비뚤게 놓여 있어요. 그럼 앉지 않고 버팁니까? 똑바로 놓고

앉아야죠. 김용옥은 "공자께서 착석하실 때에는 반드시 자리를 반듯하게 한 후에 앉으셨다"라고 옮겼습니다.[8] 소라이 역시 "한가하게 거처할 때 (···) 어찌 굳이 그 자리를 바르게 했겠는가? 다른 사람에게 갔는데 자리가 바르지 않아서 앉지 않았다면 군자의 사람 됨됨이가 까탈스러운 것이니 어찌 이런 일이 있겠는가?"라고 반박해요.[9] 참 마음에 드는 해석입니다.

🌙 10-10.[10]

鄕人飮酒 杖者出 斯出矣
향인음주 장자출 사출의

마을 사람들이 모여 술을 마실 때는, 지팡이 진 어른이 나가고 나서야 그 자리를 뜨셨다.

◦◦◦◦ 술자리에서 아랫사람이 먼저 사라지는 것은 반칙!

10-12.

厩焚 子退朝曰 "傷人乎?" 不問馬
구분 자퇴조왈 상인호 불문마

마구간에 불이 났는데 공자께서 조정에서 돌아와 "다친 사람은 없느냐?"고 물으시고 말에 대해서는 묻지 않으셨다.

공자님은 진정한 휴머니스트였습니다. 차고가 불에 탔는데 "내 아우디는? 벤츠는?"이라고 묻지 않고 사람에 대해 묻잖아요. 알면 알수록 '훈남'입니다.

10-15.

朋友死 無所歸 曰 "於我殯" 朋友之饋 雖車馬 非祭肉 不拜
붕우사 무소귀 왈 어아빈 붕우지궤 수거마 비제육 불배

친구가 죽었는데 돌아갈 곳 없는 외로운 사람이면 이렇게 말씀하셨다. "내 집에 빈소를 차리세." 친구의 선물은 제아무리 수레와 말과 같은 훌륭한 물건이라 할지라도 제사 지낸 고기를 보내온 경우를 제외하고는 절하지 않고 받으셨다.

⋯ 친구가 죽었을 때 빈소까지 차려줄 사람이 몇이나 될까요? 저도 부친 상을 치렀습니다만, 빈소 차려서 손님을 맞는 것이 보통 일이 아닙니다. 그런데 도 공자님은 외로운 친구가 죽으면 서슴없이 당신 집에 빈소를 차리고 상주가 되었다는 이야기입니다. 정말 대단한 마음 씀씀이죠. 제게 이런 친구가 있을까 를 생각하면 부끄럽기도 하고 씁쓸하기도 합니다. 제가 먼저 베푸는 것이 답이 겠죠?

그다음 이야기에 대해 주희는 이렇게 말합니다. "붕우, 유통재지의, 고수거마 지중, 불배朋友, 有通財之義, 故雖車馬之重, 不拜—친구 사이에는 '내 것이 네 것'이 라는 의리가 있다. 따라서 수레나 말과 같은 귀한 선물을 보내온다 해도 절할 필요가 없다."[11] 아하! 그렇군요. 친구 사이에는 많은 것이 공동 소유인 겁니다. 그 정도는 되어야 친구인 거죠. 내 것, 네 것 칼같이 구분하면서 친구라고 하기 있기? 없기?

우리나라의 《논어》

《논어》는 삼국시대부터 우리나라에 들어와 귀족들이 많이 읽었다. 《삼국사기》에 보면 신라의 설총薛聰(655~?)이 "우리말로 아홉 개의 경전을 읽고 사람들을 가르쳤다"는 기록이 있는데 이 경전에 《논어》가 포함된다. 설총은 신문왕 시대(681~691)에 활동했으므로 이전부터 《논어》가 전해졌음을 알 수 있다.

기원후 788년 원성왕 때 독서삼품과讀書三品科가 시작됐는데 이는 유교 경전을 얼마나 잘 이해하고 있는지에 따라 졸업생을 상중하 세 등급으로 구분하는 졸업 시험이었다. 《곡례曲禮》, 《효경孝經》을 읽고 뜻을 아는 사람들을 하품下品, 《곡례》, 《논어》, 《효경》을 읽은 사람은 중품中品, 《춘추좌씨전春秋左氏傳》, 《문선文選》, 《논어》, 《효경》, 《예기》를 통달한 사람은 상품上品으로 쳤다. 신라시대 때부터 《논어》를 얼마나 중요하게 생각했는지 알 수 있는 사례.

백제의 왕인王仁(?~?)은 397년에 오진應神 천황의 초청으로 일본에 건너가 《논어》를 전했다. 고구려 역시 《논어》를 포함해 고대 중국의 경서가 널리 퍼져 있었다. 고려시대 때는 태조의 《훈요십조訓要十條》를 비롯, 성종과 현종의 조칙에 《논어》에서 인용한 글귀들이 등장하는 것으로 보아 초기부터 《논어》가 널리 보급되었음을 알 수 있다. 성종 때의 국립대학인 국자감과 더불어 최충崔沖(984~1068)이 구재학당을 설립하면서 유학이 크게 유행했고 이후에도 《논어》는 귀족 사회의 필독서였다. 조선시대 《논어》의 영향력은 절대적이었다.

제
11
편

○

선
진

先進

11-1.

子曰 "先進 於禮樂 野人也, 後進 於禮樂 君子也, 如用之 則吾從先進."
자왈 선진 어예악 야인야 후진 어예악 군자야 여용지 즉오종선진

선생님께서 말씀하셨다. "옛날 선배들의 예악은 촌스럽고 요즘 사람들의 예악
은 세련됐다고 하는데, 나 같으면 촌스럽더라도 옛것을 따르겠다."

여기서 말하는 "예악"은 제도와 음악으로 다스리는 정치 문화입니다.
중국의 사학자 이중톈易中天 교수는 "주공은 덕을 예의 근본으로 삼고 예를 덕
의 표현으로, 악은 예의 보조로 삼았다. 예는 질서를 중시하고 악은 화해를 강
조한다. 덕치를 근본으로 예악을 실시하는 것이 예악 제도다"[1]라고 했습니다.

앞서도 언급했습니다만 음악은 고대 중국에서 이루어지는 모든 예식 절차
의 필수 요소였습니다. 이때의 예악은 따로 의미가 있는 것이 아니라 그 자체

로 하나였습니다. 넓게는 예라는 질서와 음악(문화)으로 조화와 교화를 추구하는 정치적 사상을 '예악 사상'이라 할 수 있습니다. 중국 고대의 예에 대한 백과사전이라 할 수 있는 《예기》〈악기樂記〉 편에 보면 이런 말이 있습니다. "악樂은 같게 하는 것이고, 예禮는 다르게 하는 것이다. 같으면 서로 친하고 다르면 서로 공경한다. 악이 너무 많으면 방종하고, 예가 너무 많으면 각박하다."[2]

공자는 선배들이 지켰던 예악, 문화, 교양, 형식을 더 선호했던 겁니다.

11-2.

子曰 "從我於陳蔡者 皆不及門也 德行 顏淵, 閔子騫, 冉伯牛, 仲弓 言語 宰我, 子貢
자왈   종아어진채자 개불급문야 덕행 안연 민자건 염백우 중궁 언어 재아 자공
政事 冉有, 季路 文學 子游, 子夏.
정사 염유 계로 문학 자유 자하

공자께서 말씀하셨다. "진나라와 채나라에서 나를 따르던 제자들은 모두 제때 등용되지 않았다. 덕행에는 안회와 민자건과 염백우와 중궁이요, 언변이 뛰어나기로는 재아와 자공이요, 정치에 능하기로는 염유와 자로가 있었고, 학문으로는 자유와 자하가 있었다."

•••• 공자가 노나라를 떠나 자기와 제자들을 써줄 군주를 찾아 이 나라 저 나라를 떠돈 것을 주유천하周遊天下 또는 천하주유天下周遊라고 합니다. 기원

전 489년 무렵 초나라 왕의 초빙을 받아 공자가 제자들과 함께 길을 떠났는데, 초나라 주변의 작은 나라인 진나라와 채나라가 공자 일행을 막아섭니다. 이들 때문에 초나라가 더욱 강해져 자기들을 괴롭힐까 봐 그랬던 겁니다. 공자 일행은 오도 가도 못하고 일주일을 굶습니다. 공자는 이 구절에서 그때 같이 고생한 제자들 중 열 명을 특별히 언급합니다. 이들을 사과십철四科十哲이라고 불러요. '네 분야에서 뛰어난 열 명의 인물'이라는 뜻입니다.

덕행이 뛰어났다는 것은 어질고 도덕적으로 깨끗했다는 뜻입니다. 언변이 뛰어났다는 것은 말도 잘하고 상대를 설득하는 능력도 좋았다는 뜻이고요. 정치는 행정적인 능력을 가르키고, 학문은 학자적 기질과 문헌에 대한 공부의 깊이가 탁월했다는 의미입니다. 하지만 정작 공자 사상을 이어 나간 사람은 이 10대 제자에 들지 못한 증삼(증자)입니다. 못생긴 나무가 산을 지킨다고, 선생에게 크게 인정받지 못한 제자가 학통을 계승했다는 사실이 아이러니합니다.

☾ 11-3.

子曰 "回也 非助我者也! 於吾言 無所不說!"
자왈 회야 비조아자야 어오언 무소불열

공자께서 말씀하셨다. "안회야! 너는 나를 도와주는 사람이 아니다. 내가 하는 말에 기뻐하지 않은 적이 없으니!"

..... 안회는 공자의 수제자이자 애제자지만, 다이내믹한 면이 없습니다. 한 마디로 공자의 페르소나persona라고 할까요? 공자의 말을 100퍼센트 이해하고 받아들이니 질문도 의심도 없는 것입니다. 매우 훌륭한 제자지만 이런 제자는 스승이 발전하는 데 도움이 안 됩니다. 좋은 선생은 언제든 이의를 제기하는 제자가 만듭니다.

🌙 11-4.

子曰 "孝哉! 閔子騫. 人不間於其父母昆弟之言."
자왈 효재 민자건 인불간어기부모곤제지언

공자께서 말씀하셨다. "효성스럽구나. 민자건아! 부모 형제가 너의 효성을 칭찬 하는 데는 사람들이 트집을 잡지 못하는구나."

..... 민자건의 효행에 대해 이런 일화가 있습니다. 민자건의 아버지가 장가를 새로 들어 아내를 맞이했는데 그녀에게는 두 아들이 있었습니다. 어느 추운 겨울날, 민자건의 아버지가 보니 아내의 두 아들만 솜옷을 입고 민자건은 얇은 옷을 입고 있어요. 게다가 손은 동상에 걸려 다 트고 피가 나는 겁니다. 화가 난 아버지가 아내를 쫓아내려고 하니 민자건이 눈물을 흘리며 말합니다. "어머니가 계시면 한 아들만 홑옷을 입지만, 어머니를 내보내시면 세 아들 모

두 춤게 살아야 합니다." 이 말을 듣고 아버지도, 새엄마도, 배다른 두 동생도 감동하여 모두 친하게 지냈다나요?

🌙 11-5.

南容 三復白圭 孔子 以其兄之子妻之
남용 삼복백규 공자 이기형지자처지

남용이 〈백규〉의 시귀를 하루에 세 번씩 암송하자, 공자께서 형님의 딸을 그에게 시집보내었다.

〈백규〉는 이런 시입니다. "백옥의 흠은 갈아 없앨 수 있지만 / 이 말의 흠은 갈아 없앨 수 없노라." 이런 시를 늘 암송했다니 남용이라는 제자는 훌륭한 인품을 가진 사람이었나 봅니다. 그러니 공자님이 조카딸의 남편으로 삼았겠죠. 공자님은 오지랖도 참 넓으시네요.

11-7.

顔淵死 顔路 請子之車 以謂之槨 子曰 "才不才 亦各言其子也. 鯉也死 有棺而無槨.
안연사 안로 청자지거 이위지곽 자왈 재부재 역각언기자야 리야사 유관이무곽
吾不徒行 以爲之槨. 以吾 從大夫之後 不可徒行也."
오부도행 이위지곽 이오 종대부지후 불가도행야

안회가 죽자 그의 아버지 안로가 공자의 수레를 팔아 안회의 겉 관을 만들어
줄 것을 청했다. 공자께서 말씀하셨다. "재주가 있든 없든 각기 자기의 자식을
위해 말하기 마련이다. 나는 내 아들 리가 죽었을 때도 관만 하고 겉 관은 만들
어주지 않았다. 내가 걸어 다니면서 아들에게 곽을 만들어줄 수는 없었다. 나
도 대부의 신분인지라 걸어서 다닐 수는 없었기 때문이다."

···· 안로는 공자의 제자로 공자보다 6살 연하입니다. 안회의 아버지죠. 이
들 부자 모두 공자에게 배웠습니다. 안회가 죽었을 때, 안로가 지나친 요구를
합니다. "공자 선생님! 선생님 벤츠를 팔아서 우리 아들 장례를 성대하게 치러
주세요." 사람이 너무 슬프면 경황이 없어 그럴 수도 있습니다. 그 당시에는 속
관과 겉 관이 있었는데 겉을 덮는 관을 곽이라고 했습니다. 곽을 화려하게 만
들어서 장사를 지내기도 했습니다만, 이 곽이 또 무척 비싸서 수레를 팔아야
만들 수 있을 정도였어요. 안로가 공자에게 무리한 부탁을 하니까 공자는 "내
아들이 죽었을 때도 그렇게는 안 했다"면서 정중히 거절을 합니다.

11-8.

顔淵死 子曰 "噫! 天喪予! 天喪予!"
안연사 자왈 희 천상여 천상여

안회가 죽자 공자께서 말씀하셨다. "아! 하늘이 나를 버리시는구나! 하늘이 나를 버리시는구나!"

11-9.

顔淵死 子哭之慟 從者曰 "子慟矣." 曰 "有慟乎? 非夫人之爲慟 而誰爲?"
안연사 자곡지통 종자왈 자통의 왈 유통호 비부인지위통 이수위

안회가 죽자 공자께서 곡을 하시며 애통해하셨다. 따라간 제자들이 말했다. "선생님이 너무 심하게 울며 슬퍼하신다." 공자께서 말씀하셨다. "심하게 울며 슬퍼한다고? 이런 사람을 위해서 울며 슬퍼하지 않으면 누구를 위해 그렇게 하겠느냐?"

11-11.

季路問事鬼神 子曰 "未能事人 焉能事鬼?" "敢問死." 曰 "未知生 焉知死?"
계로문사귀신 자왈 미능사인 언능사귀 감문사 왈 미지생 언지사

자로가 귀신을 섬기는 일에 대하여 묻자 공자께서 말씀하셨다. "사람도 제대로 섬기지 못하는데 귀신을 섬길 수 있겠느냐?" 자로가 또 물었다. "그럼 이번에는 감히 죽음에 대하여 여쭙겠습니다." 공자께서 말씀하셨다. "삶도 제대로 알지 못하는데 어찌 죽음을 알겠느냐?"

◦◦◦◦ 정이천은 이렇게 말했습니다. "진사인지도, 즉진사귀지도盡事人之道, 則盡事鬼之道—사람을 섬기는 도리를 다하면 반드시 신을 섬기는 도리를 다하게 된다." 이상하게도 공자는 자로의 질문에 상당히 뻐딱한 대답을 합니다. 하여간 자로는 뭘 질문하든 만날 구박만 받네요. 그러나 공자의 대답은 무척 정확하기도 합니다. 사람을 제대로 섬기는 것이 귀신, 즉 신을 섬기는 것이라고 말이죠. 정이천의 해석이 맞습니다.

또 "삶도 제대로 알지 못하는데 어찌 죽음을 알겠느냐?"라는 질문은 삶을 제대로 안다면 죽음을 아는 지혜에 이르게 된다는 역설입니다. 자로가 과연 이 깊은 뜻을 알아들었을까요?

🌙 **11-12.**

閔子侍側 誾誾如也 子路 行行如也 冉有子貢 侃侃如也 子樂 "若由也 不得其死然"
민자시측 은은여야 자로 행행여야 염유자공 간간여야 자락 약유야 부득기사연 공자를 곁에서 모실 때 민자건은 은은했고, 자로는 굳세었고, 염유와 자공은 여유가 있었다. 공자께서는 이런 제자들과 지내며 즐거워하셨다. 그러나 "자로 같은 사람은 제명대로 살지 못할 것이다"라고 하셨다.

····《논어》를 편집한 제자들은 진짜 반전이 돋보이는 사람들입니다. 민자건, 자로, 염유, 자공과 함께하실 때 선생님은 즐거운 모습이었으나 "자로 저 자식은 성질 때문에 오래 못 살 거야"라고 하셨다니, 웃어야 하나요? 울어야 하나요?

자로는 실제로 위나라의 내분에 휩싸여 공자보다 먼저 죽습니다. 위나라 출공 때 공회孔悝라는 대부 덕에 벼슬을 했는데, 반란이 일어나 출공이 쫓겨납니다. 공회는 반란군 측에 가담했습니다. 이 소식을 들은 자로는 출공을 구하기 위해 달려갑니다. 자기의 상사인 공회에 반대하고 대의를 위해 칼을 든 것이죠. 어떤 검사의 좌우명이 "사람에 충성하지 않는다"라던데 자로가 그런 경우였습니다. 성문에 이르렀을 때 동문 자고子羔가 "이미 상황이 끝났소. 자로 형님도 어서 피하시오"라고 말하죠. 자로는 "출공의 녹을 먹는 자로서 이대로 갈 수는 없다"며 성안으로 들어가 반란군과 싸우다가 죽임을 당합니다. 적군의 칼에 갓끈이 끊어지자 "군자는 죽더라도 관을 벗지 않는다"며 갓끈을 고쳐 매고 쓰러졌다는 이야기가 전해집니다. 그야말로 자로답게 살다 자로답게 죽었다고 할까요?

11-13.

魯人爲長府 閔子騫 曰 "仍舊貫 如之何? 何必改作?" 子曰 "夫人不言 言必有中."
노인위장부 민자건 왈 잉구관 여지하 하필개작 자왈 부인불언 언필유중

노나라 사람들이 장부라는 창고를 새로 만들자 민자건이 말했다. "옛것 그대로 쓰면 어떤가? 왜 꼭 다시 지어야만 하는가?" 이를 듣고 공자께서 말씀하셨다. "저 친구는 평소에 말을 잘 안하지만, 말을 하면 반드시 사리에 맞는단 말이야."

····· 공자가 싫어했던 것 중 하나는 국민의 세금을 낭비하는 것이었습니다. 연말이면 멀쩡한 보도블록을 깨고 새로 까는 우리나라를 보고 뭐라고 하실까요?

11-15.

子貢 問 "師與商也 孰賢?" 子曰 "師也過, 商也 不及." 曰 "然則師愈與?" 子曰 "過猶
자공 문 사여상야 숙현 자왈 사야과 상야 불급 왈 연즉사유여 자왈 과유
不及."
불급

자공이 여주었다. "자장과 자하 중에 누가 더 나은가요?" 공자께서 말씀하셨다. "자장은 지나치고 자하는 부족하지." "그러면 자장이 낫습니까?" 공자께서

말씀하셨다. "지나친 것은 모자란 것과 마찬가지다."

그 유명한 '과유불급'의 출처입니다. 자공이 새로 들어온 후배 중 똑똑해 보이는 두 사람을 보고 공자 선생님께 물어봅니다.

"자장하고 자하 중에 누가 더 나은가요?"

"자장이 좀 튀어. 자하는 좀 처지고."

"그럼 자장이 더 나은 거네요."

"튀는 놈이나 처지는 놈이나."

주희는 이렇게 해설했습니다. "자장은 재주가 뛰어나고 뜻이 넓어서 일부러 어려운 일을 벌이기를 좋아하였다. (…) 자하는 돈독하고 신실하여 지조에 힘썼으나 포부가 협소하였다."[3]

☾ 11-16.

季氏富於周公 而求也 爲之聚斂而附益之 子曰 "非吾徒也 小子 鳴鼓而攻之 可也."
계씨부어주공 이구야 위지취렴이부익지 자왈   비오도야 소자 명고이공지 가야

노나라 계씨는 천자를 모시는 재상보다 더 부유했는데, 그의 가재인 염유가 그를 위해 세금을 짜내 계씨를 더 부유하게 해주었다. 이에 공자께서 말씀하셨다. "염유는 이제 내 제자가 아니다. 너희들은 북을 울리며 그를 공격해도 괜찮다."

．．．． 공자께서 엄청 싫어하셨던 일 중 하나가 국민의 세금을 낭비하는 것이라고 앞서 말씀드렸습니다. 공자가 말년에 노나라로 돌아와 보니 계손씨 가문이 노나라의 실권을 쥐고 막대한 부를 쌓고 있었습니다. 수십 채의 집과 수레, 수십 명의 처첩, 수백 마리의 말, 창고마다 가득한 쌀과 비단, 수만 평의 땅…. 그런데 이렇게 억만금의 재산을 가지고도 염유를 시켜 세금을 인상하게 해 백성들을 쥐어짜는 겁니다. 가재家宰란 가문의 살림살이를 맡아보는 사람으로서 계씨의 가재는 세금을 거두고 집행하는 실무자이기도 했습니다. 이 소식을 들은 공자는 염유를 파문합니다. "백성을 착취하는 그런 놈은 더 이상 내 제자가 아니다!" 공자, 알면 알수록 멋진 분입니다.

☽ 11-17.

柴也愚 參也魯 師也辟 由也喭
시야우 삼야노 사야벽 유야언

"시(자고)는 어리석고 삼(증삼)은 둔하고 사(자장)는 치우칠 때가 있고 유(자로)는 어휴, 못 말린다."

．．．． 공자께서 제자들을 평가한 대목입니다. 자고는 40세 연하로 자로를 잘 따르는 제자였습니다. 증삼은 둔하다고 평했는데 노력파였고요. 정명도는 "증

삼은 마침내 우둔함으로 공자의 도를 얻었다"라고 해설했습니다.[4] 공자가 죽은 뒤 공자 학파를 이끈 것은 이 둔한 증삼이었다고 앞서 이야기했습니다. 결국 노력이 천재를 이긴다는 말씀!

자장은 활달하지만 너무 튈 때가 있었습니다. 문제는 자로인데 공 선생님은 "자로는 언喭하다"고 했습니다. 언은 '거칠다', '예의 없다'는 의미인데 주희는 "언은 속된 말이다"라는 주석을 달았어요.[5] 쉽게 말해서 "그 자식은 꼴통이야"라는 정도의 표현을 한 겁니다. 에휴, 불쌍한 자로! 당신이 지금 이 어린애들하고 같이 비교될 수준이랍니까? (참고로 자고는 공자보다 40세, 증삼은 46세, 자장은 48세, 자로는 8세 연하였습니다.)

🌙 11-18.

子曰 "回也 其庶乎 屢空 賜 不受命 而貨殖焉 億則屢中."
자왈 회야 기서호 누공 사 불수명 이화식언 억즉루중

공자께서 말씀하셨다. "안회는 거의 도를 터득했지만 쌀통이 빌 정도로 가난했다. 자공은 천운을 받지 않았는데도 재화가 늘어났다. 그 친구는 억측을 해도 자주 맞았다."

··· 그것이 인생, C'est la vie(세 라 비)!

11-19.

子張問善人之道 子曰 "不踐迹 亦不入於室."
자장문선인지도 자왈 불천적 역불입어실

자장이 잘 배우려면 어떻게 해야 하느냐고 물으니 공자께서 말씀하셨다. "성헌의 가르침과 행적을 따라 부지런히 훈련해야 한다. 그렇지 않으면 높은 경지에 이를 수 없다."

•••• 도올 김용옥은 이렇게 주를 달았습니다. "자유로운 경지에 이르려면 반드시 일정한 루틴한 훈련을 거쳐야 한다."[6] 맞는 말입니다. 추상화를 그리기 전에는 세밀화와 구상화를 일단 마스터해야 하고 글을 잘 쓰려면 맞춤법과 문법을 알아야 하죠. 피아노 독주를 하려면 바이엘과 체르니는 기본입니다. 기본 훈련을 반복하지 않으면서 일정한 경지에 오를 수는 없는 법!

11-21.

子路 問 "聞斯行諸?" 子曰 "有父兄在 如之何其聞斯行之?" 冉有 問 "聞斯行諸?"
자로 문 문사행저   자왈 유부형재 여지하기문사행지   염유 문 문사행저
子曰 "聞斯行之!" 公西華曰 "由也問 聞斯行諸 子曰 有父兄在 求也問 聞斯行諸
자왈 문사행지   공서화왈 유야문 문사행저 자왈 유부형재 구야문 문사행저

子曰 聞斯行之 赤也惑 敢問." 子曰 "求也退 故 進之 由也兼人 故 退之."
자왈 문사행지 적야혹 감문   자왈   구야퇴 고 진지 유야겸인 고 퇴지

자로가 물었다. "옳은 말을 들으면 곧 실천해야 합니까?" 공자께서 말씀하셨다.
"부모 형제가 계신데 어찌 듣는 대로 곧 행하겠느냐?" 염유가 물었다. "옳은 말
을 들으면 곧 실천해야 합니까?" 공자께서 말씀하셨다. "들으면 곧 행해야 한
다." 이를 지켜본 공서화가 여쭈었다. "자로가 '들으면 곧 실천해야 합니까?' 하
고 여쭈었을 때 선생님은 '부모 형제가 계신데 어찌 듣는 대로 곧 행하겠느냐?'
라고 하셨는데, 염유가 '옳은 말을 들으면 곧 실천해야 합니까?' 하고 여쭈었을
때는 '들으면 곧 행해야 한다'고 말씀하셨습니다. 저는 의아하여 왜 그런지 감
히 여쭙고자 합니다." 공자께서 말씀하셨다. "염유는 소극적이기 때문에 적극
적으로 나서게 한 것이고, 자로는 늘 앞질러 나가는 성격이라 뒤로 물러서도록
한 것이야."

옳은 말을 들으면 실천해야 한다는 의미는 이런 것입니다. 공자 때도
지금처럼 다양한 분쟁과 반란이 있었습니다. 정의와 불의는 늘 대립했죠. 이때
공자는 제자들이 정의의 편에 서서 싸우기를 원했습니다. 다만 자로처럼 성질
이 급한 사람은 늘 앞장서서 설치다 큰일을 당하기 십상이죠. 공자는 이런 자
로에게 한 걸음 쉬어가라고 주문한 겁니다. 우유부단한 염유에게는 결단력 있
게 나서라고 한 것이고요.

불교에서 쓰는 가르침의 방법 중 대기설법對機說法이란 것이 있습니다. 그 그
릇에 맞게 가르친다는 의미입니다. 공자는 제자의 성품을 완벽하게 파악하고
나서 그에게 딱 맞는 해법을 제시했습니다. 일률적인 대답이 없죠. 공자는 인

류 최초의 '눈높이 선생님'이었습니다.

☾ 11-22.

子畏於匡 顔淵後 子曰 "吾以女爲死矣!" 曰 "子在 回何敢死?"
자외어광 안연후 자왈 오이여위사의   왈 자재 회하감사

공자께서 광 땅에서 위험한 일을 당했을 때 안회가 뒤늦게 도착하자 공자께서
말씀하셨다. "나는 네가 죽은 줄만 알았다!" 안회가 말했다. "선생님께서 계신
데 제가 어찌 감히 죽겠습니까?"

•••• 광 땅 이야기는 〈자한〉 편 5절에 나옵니다. 광 땅 사람들이 공자를 다
른 사람과 착각해 가두었는데 이 와중에 공자 혼자 제자들과 떨어져서 구금되
었습니다. 나중에 풀려났지만 안회가 보이지 않았습니다. '안회는 어떻게 됐나,
죽었나? 아아, 일이 이렇게 흘러서는 안 되는데…' 하며 애타게 기다리는데 안
회가 나타납니다. 이산가족 상봉! 또 편애 시작! 질투에 사로잡힌 어느 제자는
이 장면을 잊지 않고 기록합니다.

11-24.

子路使子羔 爲費宰 子曰 "賊夫人之子." 子路曰 "有民人焉 有社稷焉 何必讀書然後
자로사자고 위비재 자왈 적부인지자 자로왈 유민인언 유사직언 하필독서연후
爲學?" 子曰 "是故惡夫佞者."
위학 자왈 시고오부녕자

자로가 자고를 비 땅의 읍재로 삼자 공자께서 말씀하셨다. "멀쩡한 남의 집 자
식 하나 망치는구나." 자로가 말씀드렸다. "백성이 있고 받들 사직이 있으면 그
로부터도 뭔가를 배울 수 있는 거지, 꼭 책을 읽어야만 배울 수 있는 것은 아니
지 않습니까?" 공자께서 말씀하셨다. "내가 이래서 말 잘하는 놈들을 미워한
다니까!"

비읍은 반란이 자주 일어나는 말썽 많은 곳이었습니다. 그 당시 잠시
계씨 집안의 집사 직분을 맡은 자로는 지방의 군수쯤은 임명할 만한 힘이 있
었습니다. 자기를 잘 따르는 자고에게 비읍을 다스리게 했는데, 공자가 그것을
비난하자 자로는 지지 않고 응대합니다. "책만 읽는다고 출세합니까?" 공자는
고개를 절레절레 흔들며 또 자로를 욕하네요.

11-25.

子路,曾晳,冉有,公西華 侍坐 子曰 "以吾 一日長乎爾 毋吾以也 居則曰 '不吾知也'
자로 증석 염유 공서화 시좌 자왈   이오 일일장호이 무오이야 거즉왈 불오지야

如或知爾 則何以哉?" 子路 率爾而對曰 "千乘之國 攝乎大國之間 加之以師旅 因之
여혹지이 즉하이재   자로 솔이이대왈 천승지국 섭호대국지간 가지이사려 인지

以饑饉 由也 爲之 比及三年 可使有勇 且知方也." 夫子哂之 "求 爾何如?" 對曰
이기근 유야 위지 비급삼년 가사유용 차지방야   부자신지 구 이하여   대왈

"方六七十 如五六十 求也爲之 比及三年 可使足民 如其禮樂 以俟君子." "赤 爾何
방육칠십 여오육십 구야위지 비급삼년 가사족민 여기예악 이사군자   적 이하

如?" 對曰 "非曰能之 願學焉 宗廟之事 如會同 端章甫 願爲小相焉 "點 爾何如"
여   대왈 비왈능지 원학언 종묘지사 여회동 단장보 원위소상언   점 이하여

鼓瑟希 鏗爾 舍瑟而作 對曰 "異乎三子者之撰"子曰 "何傷乎? 亦各言其志也." 曰
고 슬희 갱이 사슬이작 대왈   이호삼자자지선 자왈   하상호   역각언기지야   왈

"莫春者 春服 旣成 冠者五六人 童子六七人 浴乎沂 風乎舞雩 詠而歸." 夫子 喟然嘆
모춘자 춘복 기성 관자오육인 동자육칠인 욕호기 풍호무우 영이귀   부자 위연탄

曰 "吾與點也." (후략)
왈 오여점야

자로, 염유, 공서화, 증점이 공자를 모시고 앉았을 때 공자께서 말씀하셨다.
"내가 너희들보다 나이가 조금 많기는 하지만 신경 쓰지 말고 이야기해보렴.
평소에 말하기를 '나를 알아주지 않는다'고 하는데, 만일 너희를 알아주는 사
람이 있다면 어떻게 하겠느냐?" 자로가 불쑥 나서서 대답했다. "천승의 나라가
강대국 사이에 끼어 침략을 당하고 기근까지 이어진다 하더라도, 제가 그 나라
를 다스린다면 3년 후에는 백성들을 용감하게 하고 또한 살 방법도 알게 하겠
습니다." 공자께서 미소 지으셨다. "구야, 너는 어떻게 하겠느냐?" 염유가 말했
다. "사방 60~70리 혹은 50~60리의 땅을 제가 다스릴 수만 있다면 좋겠습니
다. 3년이면 백성들을 풍족하게 할 수 있습니다. 하지만 그곳의 예법이나 음악
같은 것에 관해서는 더 잘하는 사람을 기다리겠습니다." "적(공서화)아, 너는?"

공서화가 대답하였다. "제가 꼭 잘해서 드리는 말씀은 아닙니다만, 잘 배우고 자 합니다. 종묘에서 제사 지낼 때나 제후들이 천자를 알현할 때 검은 예복과 예관을 갖추고 조금이나마 도움이 되기를 바랍니다." "점아 너는?" 거문고를 조용히 타던 증점은 공자의 질문을 받고는 크게 "띠리링!" 하고 악기를 내려 놓더니 일어나 말했다. "저는 세 사람과 생각이 다릅니다." "무슨 상관인가? 다 제멋대로 대답한 것인데." 증점이 말했다. "늦은 봄에 옷을 멋지게 지어 입고 어른 대여섯 명, 어린아이 예닐곱 명과 함께 기수에서 목욕을 하고 무우에서 바람을 쐬고는 노래를 읊조리며 돌아오렵니다." 공자께서 감탄하시며 말씀하 셨다. "아! 나는 점이랑 같이 가련다."

···알아주는 사람이 있다면 어떻게 하겠느냐? 즉, 이곳에서 나에게 다 배 우고 나면 어떤 진로를 정해서 진출하겠느냐는 물음입니다. 공자의 질문에 다 들 나라를 다스리겠다, 시장이 되겠다, 외교관이 되겠다는 이야기를 할 때 증 점은 이렇게 대답합니다. "학교 졸업하면 놀아야죠. 조르지오 아르마니 스타일 로 쫙 빼 입고요, 홍대 클럽에 가서 신나게 춤이나 추렵니다!" 그랬더니 공 선 생님이 감탄까지 하며 맞장구치시네요. "와! 너 갈 때 나도 같이 가자." 저는 이 구절이 가히 《논어》 최고의 드라마라고 생각합니다.

제
12
편

○

안
연

顔淵

12-1.

顔淵問仁. 子曰 "克己復禮 爲仁. 一日克己復禮, 天下歸仁焉. 爲仁由己, 而由人乎
안연문인 자왈 극기복례 위인 일일극기복례 천하귀인언 위인유기 이유인호

哉?" 顔淵曰 "請問其目." 子曰 "非禮勿視, 非禮勿聽, 非禮勿言, 非禮勿動." 顔淵曰
재   안연왈 청문기목 자왈 비례물시 비례물청 비례물언 비례물동   안연왈

"回雖不敏, 請事斯語矣."
회수불민 청사사어의

안회가 인에 대해서 여쭙자 공자께서 말씀하셨다. "자기만 생각하지 말고 예를
회복하는 것, 그것을 인이라고 한다. 하루라도 예로 돌아가기 위해 자기를 이겨
낼 수 있다면, 천하의 모든 사람이 인으로 돌아갈 수 있다. 인을 실천하는 것은
오직 자신에게 달렸지, 다른 사람에게 달렸겠느냐?" 안회가 여쭈었다. "그 구
체적인 방법을 말씀해주십시오." 공자께서 말씀하셨다. "예가 아니면 보지 말
고, 예가 아니면 듣지 말며, 예가 아니면 말하지 말고, 예가 아니면 움직이지도
말아라." 안회가 말했다. "제가 비록 모자란 점이 많지만 그 말씀을 명심하고
실천하겠습니다."

••••안회가 인에 대해 묻는 까닭은 두 가지입니다. 첫째는 진짜 인이 뭔지 궁금해서고, 둘째는 '제가 인한 사람인가요? 혹시 제가 인에 가깝나요?' 하고 묻고 싶어서입니다. 공자 선생님은 제자의 수준에 맞춰서 대답하는 분입니다. 《논어》를 통틀어 인에 대해 실천 사항까지 곁들여 대답해달라는 어려운 주문을 하는 예는 드뭅니다. 공자에게 있어 안회는 그 정도 요구를 할 수 있는 제자니까 시시콜콜 대답해주는 것입니다. 실천도 하지 못할 제자에게 이렇게 이야기해주지는 않습니다.

여기에서 그 유명한 "극기복례"가 나옵니다. 고등학교 교과서에도 등장하는 말이죠. '자기를 극복하고 예로 돌아간다.' 한마디로 자기만 생각하지 말고 남도 생각해가며 살자는 겁니다. 예의 없는 인간은 자기 생각만 하지 않습니까? 공자는 안회에게 극기복례의 네 가지 조목을 요구합니다. 비례물시, 비례물청, 비례물언, 비례물동! 자기도 하기 어려운 것을 안회라는 수제자에게 제시합니다. 안회는 "명심하고 실천하겠다"고 답합니다. 그리고 진짜로 실천합니다!

🌙 **12-2.**

仲弓問仁. 子曰 "出門如見大賓, 使民如承大祭. 己所不欲, 勿施於人. 在邦無怨, 在
중궁문인 자왈 출문여견대빈 사민여승대제 기소불욕 물시어인 재방무원 재
家無怨." 仲弓曰 "雍雖不敏, 請事斯語矣."
가무언 중궁왈 옹수불민 청사사어의

중궁이 인에 대하여 여쭙자 공자께서 말씀하셨다. "문을 나서면 큰 손님을 대하듯 하고, 백성을 부릴 때에는 큰 제사를 받들 듯하며, 자기가 바라지 않는 일을 남에게 하지 말아야 한다. 이렇게 하면 나라에서도 원망받는 일이 없고, 집안에서도 원망받는 일이 없을 것이다." 중궁이 말했다. "제가 비록 부족하지만 그 말씀을 명심하고 실천하겠습니다."

중궁은 정치력을 발휘했던 제자입니다. 그래서 중궁에게 맞는 인의 개념을 설명하고 있습니다.

12-3.

司馬牛問仁. 子曰 "仁者, 其言也訒." 曰 "其言也訒, 斯謂之仁已乎?" 子曰 "爲之難,
사마우문인 자왈 인자 기언야인 왈 기언야인 사위지인의호 자왈 위지난
言之得無訒乎?"
언지득무인호

사마우가 인에 대하여 여쭙자 공자께서 말씀하셨다. "인한 사람은 말하는 것이 조심스럽다." "말하는 것을 조심하면 그 사람을 곧 인하다고 할 수 있습니까?" 공자께서 말씀하셨다. "실천하는 것이 어려우니, 말하는 데 조심하지 않을 수 있겠느냐?"

사마우는 말이 많고 조급한 성격의 제자입니다. 공자는 이런 제자에게 딱 맞는 대답을 하고 있습니다. "일단 너는 말조심을 하고, 앞으로 말만 앞세우지 말고 실천에 힘써!"라고 따끔하게 말씀하신 겁니다.

〈안연〉 편의 첫 세 절은 모두 "문인問仁"으로 시작합니다. 안연 문인, 중궁 문인, 사마우 문인. "인이 무엇인가요?", "어떻게 하면 인한 사람이 될 수 있나요?"라는 이 질문에 공자는 각각 다른 대답을 합니다.

☾ 12-4.

司馬牛問君子. 子曰 "君子不憂不懼." 曰 "不憂不懼, 斯謂之君子已乎?" 子曰 "內省
사마우문군자 자왈 군자불우불구 왈 불우불구 사위지군자의호 자왈 내성
不疚, 夫何憂何懼?"
불구 부하우하구

사마우가 군자에 대해서 여쭙자 공자께서 말씀하셨다. "군자는 근심하지 않고 두려워하지도 않는다." "근심하지 않고 두려워하지도 않으면, 곧 군자라 할 수 있습니까?" 공자께서 말씀하셨다. "속으로 반성하여 허물이 없다면 무엇을 근심하고 무엇을 두려워하겠느냐?"

사마우는 근심과 걱정이 많았습니다. 이런 사마우가 "군자가 되려면 어떻게 해야 합니까?"라고 물으니 공자 쌤은 "일단 너는 근심 걱정부터 털어

내야 해"라고 말씀하시죠. 사마우는 지지 않고 "그렇게만 하면 군자가 되는 거죠?"라고 되물어요. 그다음 공자의 대답은 약간 짜증이 섞여 있습니다. "군자가 되려고 하지 말고 일단 근심 걱정부터 없애라니까! 넌 그게 우선순위야."

《논어》를 이렇게 드라마로 보면 이해하기 쉽습니다. 각 인물에 캐릭터를 부여하고, 죽은 텍스트가 아니라 살아 숨 쉬는 대사로 받아들이면 장면이 생생하게 재생되는 겁니다. 이렇게 읽다 보면 진짜 드라마보다 더 재미있는 드라마를 발견하게 되죠.

🌙 12-5.

司馬牛憂曰 "人皆有兄弟, 我獨亡." 子夏曰 "商聞之矣, 死生有命, 富貴在天. 君子敬
사마우우왈 인개유형제 아독무 자하왈 상문지의 사생유명 부귀재천 군자경
而無失, 與人恭而有禮. 四海之內, 皆兄弟也, 君子何患乎無兄弟也?"
이무실 여인공이유례 사해지내 개형제야 군자하환호무형제야

사마우가 걱정하며 말했다. "남들은 모두 형제가 있는데 나만 홀로 없구나!"
자하가 말했다. "내가 들으니 죽고 사는 것은 운명에 달렸고, 부귀는 하늘에
달렸다 했네. 군자가 공경하는 마음으로 잘못을 저지르지 않고 남에게 공손하
고 예의를 지킨다면 세상 사람이 모두 형제일 것이니 군자가 어찌 형제 없음을
근심하겠나?"

• • • 사마우가 어떤 걱정을 하는지 나오네요. 이 친구는 《논어》에서 세 번

언급되는데 그저 세상 걱정만 하다 끝납니다. 별것도 아닌 일로 걱정하니까 자하가 위로를 하는 상황입니다.

☾ 12-7.

> 子貢問政. 子曰 "足食, 足兵, 民信之矣." 子貢曰 "必不得已而去, 於斯三者 何先?" 曰
> 자공문정 자왈 족식 족병 민신지의 자공왈 필부득이이거 어사삼자 하선 왈
> "去兵." 子貢曰 "必不得已而去, 於斯二者 何先?" 曰 "去食. 自古皆有死, 民無信不立."
> 거병 자공왈 필부득이이거 어사이자 하선 왈 거식 자고개유사 민무신불립

자공이 정치에 대해서 여쭙자 공자께서 말씀하셨다. "정치란 식량을 풍족하게 하는 것, 군대를 넉넉히 하는 것, 백성이 믿도록 하는 것이다." 자공이 말했다. "어쩔 수 없이 한 가지를 버려야 한다면 무엇을 먼저 버려야 합니까?" "군대를 버린다." 자공이 여쭈었다. "어쩔 수 없이 한 가지를 버려야 한다면 남은 두 가지 중 무엇을 먼저 버려야 합니까?" "식량을 버린다. 예로부터 죽음은 모두에게 있는 것이지만, 백성의 믿음이 없으면 나라는 존립하지 못한다."

•••• 유명한 구절입니다. "무신불립!" 국민의 믿음이 없으면 나라는 없는 겁니다. 현대식으로 해석하면 정치에서 중요한 것은 경제, 안보, 지지라는 거예요. 이 중 제일 중요한 것이 국민들의 지지고 두 번째가 안보, 세 번째가 경제라는 말씀입니다. 그런데 많은 사람들은 경제가 제일 중요하다고 여깁니다. 혹시 그런 생각이 잘못된 것은 아닐까요? 부자를 리더로 뽑으면 우리가 좀 더 부

자가 되지 않을까 하는 생각으로 표를 던졌더니 대통령에 당선되고 나서 오히려 부자들 세금만 줄여주었다는 슬픈 이야기는 대한민국에서부터 미국까지 일상다반사입니다. 경제도 안보도 중요하지만, 믿음을 주는 사람을 뽑아야 된다는 공자님 말씀을 다시 한번 마음에 새기게 됩니다.

12-8.

棘子成曰 "君子 質而已矣, 何以文爲?" 子貢曰 "惜乎, 夫子之說 君子也! 駟不及舌.
극자성왈 군자 질이이의 하이문위 자공왈 석호 부자지설 군자야 사불급설
文猶質也, 質猶文也. 虎豹之鞹 猶犬羊之鞹."
문유질야 질유문야 호표지곽 유견양지곽

극자성이 말했다. "군자는 성품이 좋으면 되는 거지, 교양이 무슨 소용이겠습니까?" 자공이 말했다. "안타깝구나! 그 사람이 군자에 대해 그렇게 말하는 것이. 네 마리 말이 끄는 수레도 그의 혀를 따르지는 못할 것이다. 교양도 성품만큼 중요하고, 성품도 교양만큼 중요하다. 호랑이나 표범의 가죽에서 털을 밀어 무늬가 없어지면 개나 양의 가죽과 다른 점이 무엇이랴?"

극자성은 위나라 대부입니다. 이 사람은 공자 학단 사람들이 교양과 예의를 중시하는 모습이 좀 지나치다고 생각했던 모양입니다. "군자가 마음이 중요하지 겉으로 표현하는 형식적인 것들이 뭐가 중요한가?" 이렇게 말하니까, 자공은 둘 다 중요하다면서 "무늬 없는 범가죽이 범가죽이냐?"라고 반문합니다. 군자의 본성이 호랑이 같은 것이라고 해도 가죽에 호랑이 무늬가 보여야 호랑이인 줄 알 수 있다는 거죠. 내면에 아무리 높은 이상을 품었다 해도 욕이나 찍찍하고 덥다고 웃통 벗고 악기 하나 연주할 줄 모르면 그게 군자냐는 말입니다.

🌙 12-9.

哀公問於有若 曰 "年饑, 用不足, 如之何?" 有若對曰 "盍徹乎?" 曰 "二, 吾猶不足,
애공문어유약 왈 년기 용부족 여지하   유약대왈 합철호   왈 이 오유부족
如之何其徹也?" 對曰 "百姓足, 君孰與不足? 百姓不足, 君孰與足?"
여지하기철야   대왈 백성족 군숙여부족 백성부족 군숙여족

애공이 유약에게 물었다. "기근이 들어서 재정이 부족하면 어떻게 합니까?" 유약이 대답했다. "어찌 수입의 10분의 1을 거둬들이는 과세법을 쓰지 않으십니까?" "내게는 10분의 2도 오히려 부족한데, 어떻게 그 10분의 1 과세법을 쓰겠습니까?" 유약이 대답하여 말했다. "백성이 풍족하다면 임금께서 누구와 더불어 부족하겠습니까? 백성이 부족하다면 임금께서 누구와 더불어 풍족하겠습니까?"

•••• 유약이라는 제자에 얽힌 재미있는 에피소드가 있습니다. 공자 사후에 유약은 공자 학단의 리더로 부생했습니다. 단지 공자와 비슷하게 생겼다는 이유 때문이었습니다. 그런데 수강생들의 질문에 제대로 답을 못하자 증자가 일

어서서 일갈합니다. "당신은 그 자리에 있을 자격이 없소!" 그래서 유약은 결국 학원장 자리에서 물러납니다. 이런 유약도 역시 공자의 제자였기에 노애공의 황당한 증세 정책을 두고 이 정도 급의 대답을 할 수 있는 겁니다. 노애공이 "수입의 20퍼센트를 거둬도 쓸 데가 많다. 궁궐도 새로 지어야 하고, 프랑스 고급 와인도 들여와야 하고, 마이바흐도 몇 대 더 사야 하고…." 이런 식으로 이야기하니까 유약이 한심한 군주를 일깨우는 거죠. 국민이 가난하면 당신도 끝이라고요.

12-10.

子張問崇德辨惑. 子曰 "主忠信, 徙義, 崇德也. 愛之欲其生, 惡之欲其死. 旣欲其生,
자장문숭덕변혹 자왈 주충신 사의 숭덕야 애지욕기생 오지욕기사 기욕기생
又欲其死, 是惑也. '誠不以富, 亦祗以異.'"
우욕기사 시혹야 성불이부 역지이이

자장이 덕을 실천하고 어리석지 않게 살려면 어떻게 해야 하는지 묻자 공자께서 말씀하셨다. "최선을 다해서 약속을 지키고 올바른 것을 따르면 그것이 덕을 실천하는 것이다. 그리고 사람이란 누군가를 좋아하면 그가 잘되기를 바라고 미워하면 망하기를 바란다. 살기를 바라다가 금세 또 죽기를 바라는 것, 이게 어리석은 짓이다. '진실된 풍요로움을 구하지 않고 색다른 것만 찾는구나'란 시도 있지 않은가."

•••• 자장이 두 가지 질문을 합니다. 첫 번째, 덕을 실천하려면 어떻게 해야 합니까? 이에 공자는 충과 신으로 의를 따르면 된다고 답합니다. 그런데 어리석은 인간이 되지 않으려면 어떻게 해야 하냐는 질문에는 좀 엉뚱한 답을 합니다. 갑자기 왜 연애 이야기를 꺼내는 것일까요? 여기서 핵심은 인간의 급변하는 감정, 마음의 상태입니다. 사람이 타인을 좋아하고 싫어하는 감정을 순식간에 바꾸면 합리적인 판단이 끼어들 여지가 줄어듭니다. 좋았다가 갑자기 확 싫어지는 그 순간, 그래서 상대의 행복을 바랐다가 "그냥 죽어버렸으면 좋겠네!" 하는 그 순간 어리석은 상태에 빠질 확률이 높다는 의미입니다. 그러니까 사귀다가 미워져도 그냥 행복을 빌어주는 것이 정답이겠죠?

☾ 12-11.

齊景公 問政於孔子. 孔子對曰 "君君, 臣臣, 父父, 子子." 公曰 "善哉! 信如君不君,
제경공 문정어공자 공자대왈 군군 신신 부부 자자 공왈 선재 신여군불군
臣不臣, 父不父, 子不子, 雖有粟, 吾得而食諸?"
신불신 부불부 자부자 수유속 오득이식저

제나라 경공이 공자에게 어떻게 하면 정치가 잘 이루어질 수 있는지 묻자 공자가 대답했다. "임금은 임금답고 신하는 신하다우며, 아버지는 아버지답고 아들은 아들다워야 합니다." 경공이 말했다. "훌륭하오! 진실로 만일 임금이 임금답지 못하고 신하가 신하답지 못하며, 아버지가 아버지답지 못하고 아들이 아들답지 못하다면, 비록 곡식이 있은들 내가 그것을 얻어먹을 수 있겠소?"

・・・ 제경공은 노나라의 이웃인 제나라의 군주입니다. 재위 기간은 기원전 548~기원전 490년이고요. 공자가 30대 중반이었던 시절에 제나라를 방문해 나눈 대화입니다. 짧지만 강렬한 공자의 대답이 인상적입니다. 맞아요. 나는 나답고, 너는 너다울 때 세상은 아름다운 거죠.

　다산은 이 편의 17절을 끌어와 "정政이란 정正이니 자기를 바르게 한 다음에야 남을 바르게 할 수 있다"라고 덧붙입니다.[1] 공자의 말을 현대적으로 해석한다면 "리더는 리더답게 이끌어주고 따르는 이들은 자기의 본분을 다해야 한다"고 해석할 수 있겠습니다. 아리스토텔레스는《정치학》에서 이렇게 말했습니다. "재능이 대등한 피리 연주자가 여러 명 있을 때 집안이 더 좋은 자에게 더 좋은 피리를 주어서는 안 될 것이다. 집안이 좋다고 해서 피리를 더 잘 연주하는 것은 아니니까. 그러니까 일을 더 잘하는 자에게 더 좋은 도구가 주어져야 하는 것이다. 누군가 피리 연주 기술에서는 남들보다 더 뛰어나지만 좋은 가문과 미모에서는 훨씬 열등하다고 가정해보자. 역시 그에게 더 좋은 피리가 주어져야 한다."[2] 결국 바름이 정치입니다.

12-12.

子曰 "片言可以折獄者, 其由也與?" 子路無宿諾.
자왈 편언가이절옥자 기유야여　자로무숙낙

공자께서 말씀하셨다. "한마디 말로 소송을 판결할 수 있는 사람은 바로 자로 겠지!" 자로는 하겠다고 말한 것을 미루는 적이 없었다.

•••• 자로가 만날 혼나기만 한 것은 아니죠?

🌙 12-13.

子曰 "聽訟, 吾猶人也. 必也使無訟乎!"
자왈 청송 오유인야 필야사무송호

공자께서 말씀하셨다. "송사를 듣고 판결하는 것은 나도 남들처럼 할 수 있다. 그러나 반드시 해야 할 것은 송사가 없게 하는 것이다."

•••• 소송이란 되도록 없는 것이 좋습니다. 공자는 늘 더 근본적이고 핵심 적인 문제에 집중했습니다. 소송에서 멋진 판결을 내리기보다 소송 없는 세상 을 지향했던 겁니다. 물론 어려운 이야기입니다만 공자는 늘 '이루어질 수 없는 꿈'을 이루려 했습니다.

12-14.

子張問政. 子曰 "居之無倦, 行之以忠."
자장문정 자왈 거지무권 행지이충

자장이 정치에 대해서 묻자 선생님께서 말씀하셨다. "계획을 짤 때는 빠릿빠릿하게 하고, 실천할 때는 성실하게 해야 한다."

아래의 다양한 해석을 참고해보세요.

"지위에 있을 때는 게을리하지 말고, 정사는 충성으로써 해야 한다."[3]

"가만히 있을 때에는 게으름이 없으며, 행할 때에는 성실한 마음으로 한다."[4]

"마음에 두기를 게으름이 없음으로써 하고 행하기를 충으로써 해야 한다."[5]

혹시 마지막 문장 무슨 뜻인지 아는 분 계시나요?

12-16.

子曰 "君子成人之美, 不成人之惡. 小人反是."
자왈 군자성인지미 불성인지오 소인반시

공자께서 말씀하셨다. "군자는 남의 아름다운 측면을 완성하도록 도와주고 남

의 추한 점은 버리도록 도와주지만, 소인은 이와 반대다."

‥‥‥ "不成人之惡"을 "불성인지악"으로 읽으면 "남의 악한 것은 버리도록
돕는다"로 해석됩니다.

12-17.

季康子問政於孔子. 孔子對曰 "政者, 正也. 子帥以正, 孰敢不正?"
계강자문정어공자 공자대왈 정자 정야 자솔이정 숙감부정

계강자가 공자에게 정치에 대하여 묻자 공자께서 말씀하셨다. "정치란 바름
입니다. 선생께서 먼저 바르게 이끈다면 누가 감히 바르지 않은 일을 하겠습
니까?"

12-18.

季康子患盜, 問於孔子. 孔子對曰 "苟子之不欲, 雖賞之不竊."
계강자환도 문어공자 공자대왈 구자지불욕 수상지부절

계강자가 도둑이 많은 것을 걱정하여 공자에게 조언을 구하자 공자께서 말씀
하셨다. "진실로 선생부터 욕심을 갖지 않는다면, 비록 상을 준다 하더라도 백

성들은 도둑질하지 않을 것입니다."

누가 정권을 잡은 이에게 "너나 잘해!"라고 할 수 있을까요? 이때 계강
자의 표정은 어땠을지 정말 궁금합니다.

🌙 12-19.

季康子問政於孔子曰 "如殺無道, 以就有道, 何如?" 孔子對曰 "子爲政, 焉用殺?
계강자문정어공자왈 여살무도, 이취유도, 하여   공자대왈 자위정 언용살
子欲善 而民 善矣. 君子之德 風, 小人之德 草. 草上之風, 必偃."
자욕선 이민 선의 군자지덕 풍 소인지덕 초 초상지풍 필언

계강자가 공자에게 정치에 대해서 물었다. "죄지은 자들 몇 명을 광장에서 죽
여서 본보기를 삼으면 말을 좀 듣지 않을까요?" 공자께서 말씀하셨다. "선생은
정치를 한다면서 어찌 죽이는 방법을 쓰려 하시오? 선생이 선해지고자 하면
백성들도 선해지는 것이오. 군자의 덕은 바람이고 소인의 덕은 풀이라오. 풀 위
에 바람이 불면 풀은 반드시 눕기 마련이니."

17절부터 이 절까지 계강자가 3단 콤보로 작살나는 시리즈입니다.

12-20.

子張 問, "士何如 斯可謂之達矣?" 子曰 "何哉, 爾所謂達者?" 子張對曰 "在邦必聞,
자장 문 사하여 사가위지달의   자왈 하재 이소위달자   자장대왈 재방필문
在家必聞." 子曰 "是聞也, 非達也. 夫達也者, 質直而好義, 察言而觀色, 慮以下人.
재가필문 자왈 시문야 비달야 부달야자 질직이호의 찰언이관색 여이하인
在邦必達, 在家必達. 夫聞也者, 色取仁而行違, 居之不疑. 在邦必聞, 在家必聞."
재방필달 재가필달 부문야자 색취인이행위 거지불의 재방필문 재가필문

자장이 물었다. "어떻게 하면 통달했다고 할 수 있습니까?" 공자께서 말씀하셨다. "네가 말하는 통달이 뭐냐?" 자장이 대답했다. "나라 안에서도 반드시 소문이 나고 가문에서도 반드시 소문이 나는 것입니다." 공자께서 말씀하셨다. "그건 유명해지는 것이지 통달이 아니다. 대개 통달한다는 것은 바르고 옳은 것을 추구함을 말한다. 남의 말을 잘 듣고 그 사람의 기분도 잘 살펴야 한다. 또 자신을 남보다 낮추어야 한다. 이렇게 되어야 가문에서도 나라에서도 통달했다고 할 수 있다. 대체로 유명한 사람들은 겉으로는 인한 척하면서도 도리에 어긋나는 짓을 하고, 살면서 삶에 의심을 품지 않는다. 어쩌면 그래서 더 유명해졌는지도 모르지."

..... 이 구절에서는 특이하게도 공자가 즉답을 하지 않고 자장에게 한 번 더 묻습니다. 재미있는 구조입니다. 대체로 공자는 즉문즉답으로 가르침을 펼쳤는데 나이가 드니 교육법도 조금씩 바뀐 모양입니다. 공자가 생각하는 '통달한 사람' 즉, 지식인이란 프로페셔널하면서도 소통이 가능한 사람이었습니다.

삶에 의심을 품지 않으면 진정한 지식인이 아니라는 구절은 《소크라테스의

변명》 중 "검토 없이 사는 삶은 인간에게 살 가치가 없다"[6]는 말을 떠올리게
합니다.

🌙 12-21.

樊遲從遊於舞雩之下, 日 "敢問崇德, 脩慝, 辨惑." 子曰 "善哉 問! 先事後得, 非崇德
번지종유어무우지하 왈 감문숭덕 수특 변혹 자왈 선재 문 선사후득 비숭덕
與? 攻其惡, 無攻人之惡, 非脩慝與? 一朝之忿, 忘其身 以及其親, 非惑與?"
여 공기악 무공인지악 비수특여 일조지분 망기신 이급기친 비혹여

번지가 무우에서 공자를 따라 한가로이 노닐다가 물었다. "감히 여쭙겠습니다.
덕을 숭상하려면 어떻게 해야 합니까? 못된 마음을 다스려 없애려면 어떻게
해야 합니까? 뭔가에 홀려 어리석은 짓을 저지르지 않으려면 어떻게 해야 합니
까?" 공자께서 말씀하셨다. "훌륭한 질문이구나! 일을 먼저 하고 이득은 나중
에 얻는 것이 덕을 숭상하는 것 아니겠니? 자신의 악함을 공격하고 남의 악함
을 공격하지 않으면 못된 마음을 다스릴 수 있지 않겠니? 하루아침의 분노로
자기 자신을 잃고 그 화를 부모님에게까지 미치게 한다면 그것이 어리석은 일
아니겠니?"

무우는 노나라 남쪽에 기우제를 지내는 제단이 있던 곳으로 물 맑고
버드나무가 우거진 멋진 장소였습니다. "변혹"은 '미혹迷惑을 분별한다'는 뜻이
고, 미혹은 '뭔가에 홀려 정도에서 벗어나는 것'입니다. 조금 어렵죠? 이 절은

《논어》를 통틀어 번지가 질문다운 질문을 하는 거의 유일한 부분입니다.

공자는 번지가 예상외의 질문을 하자 일단 칭찬부터 하고 봅니다. 원문 그대로 해석하면 "좋구나! 그 질문이여" 정도입니다. 그리고 세 가지 질문에 차례대로 답합니다. 첫째, 덕을 숭상하려면 일을 먼저 하고 이득은 나중에 얻으면 된다. 둘째, 못된 마음을 다스리려면 자신의 악함을 없애려 노력하고 남의 악함은 공격하지 마라. 셋째, 어리석은 일을 저지르지 않으려면 욱하지 마라. 오케이?

🌙 12-22.

樊遲問仁. 子曰 "愛人." 問知. 子曰 "知人." 樊遲未達. 子曰 "擧直錯諸枉, 能使枉者
번지문인 자왈 애인 문지 자왈 지인 번지미달 자왈 거직조저왕 능사왕자

直." 樊遲退, 見子夏曰 "鄕也 吾見於夫子而問知, 子曰 '擧直錯諸枉, 能使枉者直', 何
직 번지퇴 견자하왈 향야 오견어부자이문지 자왈 거직조저왕 능사왕자직 하

謂也?" 子夏曰 "富哉 言乎! 舜有天下, 選於衆, 擧皐陶, 不仁者遠矣. 湯有天下, 選於
위야 자하왈 부재 언호 순유천하 선어중 거고요 불인자원의 탕유천하 선어

衆, 擧伊尹, 不仁者遠矣."
중 거이윤 불인자원의

번지가 "인이 뭡니까?" 하고 묻자 공자께서 말씀하셨다. "사람을 사랑하는 것이다." "지혜는요?" 하고 묻자 또 말씀하셨다. "사람을 아는 것이다." 번지가 그 뜻을 제대로 이해하지 못하자 공자께서 덧붙이셨다. "굽은 판자 위에 곧은 판자를 놓아 누르면 굽은 판자가 펴진다. 그처럼 바른 사람을 등용하여 그릇된 사람 위에 두면, 그릇된 사람을 바르게 만들 수 있단다." 번지가 나중에 자하를 보고 물었다. "얼마 전에 내가 선생님한테 지혜에 대해 여쭈었더니, 선생님

께서 '바른 사람을 등용해서 그릇된 사람의 위에 두면, 그릇된 사람을 바르게 만들 수 있다'고 하셨는데 무슨 뜻일까요?" 자하가 말했다. "아, 정말 좋은 말씀 이네! 순임금이 천하를 다스리실 때 그 많은 사람 중에서 고요를 등용하니 못 된 사람들이 멀리 사라졌지. 또 탕임금이 천하를 다스릴 때는 그 많은 사람 중 에서 이윤을 등용하니 역시 나쁜 사람들이 멀리 사라졌거든."

번지가 공자보다 46세 연하고 자하는 공자보다 44세 연하라는 《공자 가어》의 설에 따라 해석했습니다. 《사기세가》에는 번지가 공자보다 36세 연하, 자하는 44세 연하라는 설이 나옵니다.

고요는 순임금의 덕이 있는 신하로 재판을 공정하게 한 것으로 유명하고 이 윤은 은나라 시조인 탕임금을 도와 덕과 법치를 실시한 명재상입니다. 두 사람 모두 전설상의 인물입니다. 이런 반듯한 사람이 윗자리에 있으면 아랫사람들 은 자연히 반듯해지고 어질지 못한 사람은 알아서 사라진다는 겁니다.

번지가 지혜란 무엇인가를 묻자 공자는 '사람을 잘 아는 것'이라고 말합니다. 번지는 그 뜻을 알아듣지 못했어요. 공자의 보충 설명을 다시 풀이하자면 '사 람을 잘 아는 것이 지혜의 핵심이다 → 올바른 사람을 알아보고 그를 모범으 로 삼는다 → 못된 사람도 바른 길로 이끌 수 있게 된다 → 이것이 애인愛人, 즉 사람을 사랑하는 인의 완성이다'라는 의미입니다. 하지만 번지는 이것 역시 이해하지 못했죠. 그러나 이 대화를 기억했다가 우등생인 자하에게 다시 물어 봅니다. 자하는 역사적인 사례를 들어 설명합니다. 모르는 부분을 끈질기게 기 억해 재차 물어본 것은 번지가 아주 잘한 일이죠.

그러나 의문은 남습니다. 번지는 지혜에 대해 질문했는데 왜 공자는 사람을 알아보는 것이 지혜라고 했을까요? 여기에 놀라운 비밀이 숨어 있습니다. 번지는 사람에 관심이 없었습니다. 그가 바라는 것은 출세, 그것도 실용적인 지식을 배워 벌어먹고 사는 일에 더 관심이 많았습니다. 이때는 공자 쌤의 수레를 끌면서 종종 이런 질문도 하지만 번지는 결국 공자에게 상처를 줍니다. "농사 짓는 법이나 알려달라"면서요(《자로》편 4절 참고). 말하자면 번지는 사람, 다시 말하자면 인문학에 관심이 없었던 것입니다. 그래서 공자는 번지에게 사람을 아는 것이 참된 지식이요, 지혜라고 끊임없이 말했던 거죠.

🌙 12-23.

子貢問友. 子曰 "忠告而善道之, 不可則止, 毋自辱焉."
자공문우 자왈 충고이선도지 불가즉지 무자욕언

자공이 사람을 사귀는 것에 대해 묻자 공자께서 말씀하셨다. "진실한 마음으로 조언을 해주고 잘 이끌어라. 그래도 듣지 않으면 그만두어 욕을 먹지 말아라."

•••• 이 구절도 놀랍습니다. 저는 공자라는 성인이 아마도 이렇게 말하지 않았을까 하는 편견이 있었습니다. "진실한 마음으로 조언하고 잘 이끌어라. 설사 친구가 듣지 않는다 해도 너의 마음을 다하여 일흔 번 씩 일곱 번이라도

옳은 길로 가게 하라." 그런데 공자는 늘 우리의 예상을 벗어납니다. 중국 주나라의 예를 숭상하고 계급사회를 옹호했다는 한계는 있습니다만, 2500년 전이라는 시대적 배경을 고려한다면 공자는 엄청나게 진보적인 사람이었습니다. 그러니 이렇게 말했겠죠. "사람은 안 바뀐다. 진실함으로 대하고 좋은 쪽으로 같이 가자고 해라. 하지만 한두 번 이야기했는데 듣지 않으면 그만둬라. 괜히 욕먹지 말고." 사람은 안 바뀐다고 믿으셨던 걸까요? 하여간 충고는 하지 맙시다. 스스로나 잘합시다.

☾ 12-24.

曾子曰 "君子以文會友, 以友輔仁."
증자왈 군자이문회우 이우보인

증자가 말했다. "군자는 학문으로 벗을 모으고, 벗을 통해 인을 수양한다."

공부를 하기 위해서는 좋은 벗이 있어야 합니다. 독학은 한계가 있습니다. 배움이란 인간과 인간이 서로 부딪히며 자극을 주고받는 행위 속에서 이루어집니다. 가장 좋은 책은 사람이죠. 또한 인을 이루기 위해서도 역시 좋은 벗이 필요합니다. 산속에 들어가 혼자서 도를 닦는다는 것은 무협지에나 나오는 이야기입니다.

제 13 편 ○

자로

子路

13-1.

子路問政. 子曰 "先之勞之." 請益. 曰 "無倦."
자로문정 자왈 선지로지 청익 왈 무권

자로가 정치에 대해 묻자 공자께서 말씀하셨다. "솔선수범하고 열심히 일해라."
좀 더 설명해주기를 청하자 말씀하셨다. "게을러서는 안 된다."

자로는 노나라 계손 씨 밑에서 실무를 맡기도 하고 위나라에 갔을 때
는 위출공 때 관직을 맡기도 했습니다. 자로가 새 관직을 얻어 선생님을 떠나
면서 조언을 해달라고 부탁하니 공자 쌤은 간단하게 세 가지 이야기를 하셨습
니다. 첫째, 솔선수범할 것. 둘째, 열심히 할 것. 셋째, 게으름 피우지 말 것. 정
치인에게 더 이상 필요한 덕목이 있나요? 어찌 보면 우문현답 같은 이야기이기
도 합니다.

13-2.

仲弓爲季氏宰, 問政. 子曰 "先有司, 赦小過, 擧賢才." 曰 "焉知賢才而擧之?" 曰
중궁위계씨재 문정 자왈 선유사 사소과 거현재 왈 언지현재이거지   왈
"擧爾所知. 爾所不知, 人其舍諸?"
거이소지 이소부지 인기사저

중궁이 계씨의 재가 되어 정치에 대해서 묻자 공자께서 말씀하셨다. "먼저 실
무자를 적재적소에 앉히고, 작은 잘못은 용서해주며, 현명한 인재를 등용해
라." "현명한 인재를 어떻게 알아보고 등용합니까?" "네가 아는 사람을 등용
하여라. 네가 알지 못하는 사람이야, 다른 사람들이 그를 내버려 두겠느냐?"

••••• 여기서 말하는 재宰는 가신 또는 실무자란 뜻입니다. 그 당시 계씨가
노나라의 실권을 잡고 있었고, 계씨의 재는 노나라의 장차관 노릇을 했습니다.
중궁은 공자에게 사랑받는 제자였고 능력이 출중한 사람이었어요. 공자 쌤은
비슷한 질문을 한 자로한테는 간단하게 말하고 중궁한테는 꽤 자세하게 이야
기를 해줍니다. 왠지 또 다른 편애가 시작되는 것 같다는 이 느낌은 뭘까요?

중국의 이름

공자의 이름은 구邱입니다. 공은 성이고 구가 이름입니다. 그런데 공자 아버지의
이름은 숙량흘叔梁紇입니다. 숙량은 자字이고 흘이 이름입니다. 이런 식으로 이름
을 붙이는 것에 대해 "공자의 성인 공씨는 후대에 붙인 것"이라는 논란이 있으나
여기에서 다 설명하기는 어렵습니다.

자는 남자가 성인이 됐을 때 갖는 이름입니다. 성인이 되면 이름을 함부로 부르지
않고 자를 부릅니다. 〈안연〉 편 2절의 중궁은 자입니다. 원래 이름은 염옹冉雍이
죠. 공자는 중궁을 높게 평가해서 "옹이는 임금을 해도 잘 거야"라고 할 정도였
습니다(〈옹야〉 편 1절). 공자 선생님은 제자들을 부를 때 자가 아닌 이름으로 부릅
니다. 자공을 "사賜야~", 자로를 "유由야~"라고 부르는 겁니다. 이렇게 이름을 직
접 부르는 것은 아버지가 아들에게 또는 형이 아우에게나 하는 법이죠. 공자는 이
름을 직접 부름으로써 친근감을 표시한 겁니다. 한편 잘 모르는 사람이 이름을 부
르는 것은 약간 비하하는 의미도 있었습니다. 공자의 이름인 구를 직접 언급한다
면 "그 공구인가 뭔가 하는 사람"이라는 뉘앙스가 있었어요.

또 그 당시에는 한 사람이 두세 개의 이름을 갖기도 했습니다. 자로는 중유, 계로
라는 이름이 있었어요. 정나라 재상 자산子産(?~기원전 522)은 자미子美, 국교國
僑, 공손교公孫僑, 공손성자公孫成子라고도 불렸습니다. 이러다 보니 책에 따라
인물들의 이름이 서로 다른 경우도 생깁니다. 이 책에서는 3대 제자를 언급할 때
가장 많이 쓰이는 자로, 자공, 안회라는 이름을 택했습니다.

13-4.

樊遲請學稼. 子曰 "吾不如老農." 請學爲圃. 曰 "吾不如老圃." 樊遲出. 子曰 "小人哉,
번지청학가 자왈 오불여노농 청학위포 왈 오불여노포 번지출 자왈 소인재
樊須也! 上好禮, 則民莫敢不敬, 上好義, 則民莫敢不服, 上好信, 則民莫敢不用情.
번수야 상호례 즉민막감불경 상호의 즉민막감불복 상호신 즉민막감불용정
夫如是, 則四方之民 襁負其子而至矣, 焉用稼?"
부여시 즉사방지민 강부기자이지의 언용가

번지가 곡식 농사짓는 법을 가르쳐달라고 하자 공자께서 말씀하셨다. "나는
늙은 농부만 못하다." 채소 기르는 법을 가르쳐달라고 하자 "나는 늙은 채소
농사꾼만 못하다"라고 하셨다. 번지가 나가자 공자께서 말씀하셨다. "소인이로
구나, 번지는! 윗사람이 예를 좋아하면 백성은 공경하지 않을 수 없고, 윗사람
이 의를 따르면 백성은 복종하지 않을 수 없으며, 윗사람이 신의를 지키면 백
성은 또한 진실을 보여주게 되어 있다. 대저 이와 같이 하면 사방의 백성이 자
기 아이를 포대기에 업고 모여올 것인데, 어찌 농사짓는 일만 알려 하느냐?"

◦◦◦◦ 번지는 왜 농사짓는 법을 알려 달라고 했을까요? 몇 년 공자를 따라다
녀 보니 공자가 인의예지 같은 뜬구름 잡는 소리만 하는 겁니다. 그래서 실무
적인 지식을 알려달라고 대놓고 물어본 거죠. "윤리나 철학 말고 토플, 토익 같
은 것 좀 가르쳐주세요"라고 한 겁니다. 공자가 번지의 물음에 곧이곧대로 대
답하고 나서 생각해보니 괘씸한 생각이 드는 거예요. 번지가 나가고 나서 뒷공
론하시는 것 좀 보십시오. 한마디로 번지가 번지수 잘못 찾은 경우입니다.

한편 번지는 이 구절 때문에 공자 학단의 '이단아'가 됩니다. 앞서 반짝이는

질문도 했던 그이지만, 공자의 가르침을 '농사짓는 법'만도 못한 것으로 만들어
버리는 우를 범하고 만 거예요. 농사짓는 법을 궁금해한 것은 잘못이 아닙니
다. 그러나 번지의 말은 '선생님의 지식이나 교육은 실용성이 없을 뿐 아니라,
실용적인 지식만도 못한 겁니다'라는 의미를 담고 있습니다. 대단히 무례하죠.
늘 이야기했습니다만 번지는 머리가 나빴어요. 이런 멍청한 질문만 하지 않았
어도 괜찮은 제자로 남아 있었을 텐데 말입니다.

13-6.

子曰 "其身 正, 不令而行, 其身 不正, 雖令不從."
자왈 기신 정 불령이행 기신 부정 수령부종

공자께서 말씀하셨다. "지도자 자신이 바르면 백성은 명령하지 않아도 행하고,
지도자 자신이 바르지 않으면 백성은 명령을 내려도 따르지 않는다."

대한민국 정치인들이 이 대목을 제발 좌우명으로 삼았으면!

13-10.

子曰 "苟有用我者, 朞月而已 可也, 三年 有成."
자왈 구유용아자 기월이이 가야 삼년 유성

공자께서 말씀하셨다. "진실로 나를 쓰는 자가 있다면 1년만 써도 결과가 있을 것이고 3년이면 정말 크게 이룰 것이다."

···· 아마도 공자는 역사상 최장기 '취준생'이셨던 분일 겁니다. 자기를 써 줄 사람을 찾기 위해 20년 가까이 천하를 돌아다녔으니까요. 역설적으로 공자가 쓰임을 당했다면 어땠을까요? 그저 한 지역의 군수나 한 국가의 장관 정도로 관료 생활을 했다면 동양 사상의 정수는 탄생하지 않았을지도 모릅니다. 공자 개인은 힘겨운 삶을 살았지만 그것이 《논어》라는 보석을 탄생시킨 결정적 계기가 됐으니까요. 이 절은 오랜 프리랜서로 생활하신 공자의 깊은 한탄입니다. 프리랜서의 다른 말은 '백수'죠. 눈물이 납니다.

13-17.

子夏爲莒父宰, 問政. 子曰 "無欲速, 無見小利. 欲速, 則不達, 見小利, 則大事不成."
자하위거보재 문정 자왈 무욕속 무견소리 욕속 즉부달 견소리 즉대사불성

자하가 거보의 군수가 되어 정치에 대해서 여쭙자 공자께서 말씀하셨다. "서둘러서 뭘 하려 하지 말고, 작은 이익을 추구하지 말아라. 빨리 하면 제대로 성과를 달성하지 못하고, 작은 이익을 추구하면 큰일이 이루어지지 않는다."

거보는 노나라 어느 지방의 이름입니다. 자하가 출세하여 이곳의 군수로 임명된 후 공자에게 자문을 구합니다. 자하의 성격은 꼼꼼하다 못해 사소한 데까지 집착하는 것으로 묘사됩니다. 정명도는 "자하의 병폐는 늘 사소한 일에 마음을 쓰는 데에 있었다"고 했습니다.[1] 이런 자하에게 공자 선생님이 적절한 조언을 하신 겁니다. "쉽게 성과를 보려 하지 말 것. 작은 이익에 눈 돌리지 말 것."

☾ 13-18.

葉公 語孔子曰 "吾黨 有直躬者, 其父攘羊, 而子證之." 孔子曰 "吾黨之直者 異於是,
섭공 어공자왈 오당 유직궁자 기부양양 이자증지 공자왈 오당지직자 이어시
父爲子隱, 子爲父隱. 直在其中矣."
부위자은 자위부은 직재기중의

섭공이 공자에게 말했다. "우리 마을에 대단히 양심 있는 사람이 있었는데, 그의 아버지가 양을 훔치자 아들인 그가 그 일을 증언했습니다." 공자께서 말씀하셨다. "우리 마을의 양심 있는 사람은 그와 다릅니다. 아버지는 아들을 숨겨

주고, 아들은 아버지를 숨겨줍니다. 이런 가운데 양심도 있는 것입니다."

    .... 《맹자》〈이루離婁〉상편에 보면 이런 말이 있습니다. "부자간의 사이가 멀어지는 것보다 더 나쁜 일은 없다."² 아들이 잘못했을 때 고발해야 할까요? 아니면 숨겨주어야 할까요? 고발하는 것은 도리고 숨겨주는 것은 사랑입니다. 사랑이 먼저고 도리는 나중에 오는 것이죠. 아들이 아버지를 고발하고 아버지가 아들을 신고하는 세상처럼 사랑이 없는 세상은 아무리 법이 잘 시행되고 있다 해도 말짱 꽝이란 말씀입니다. 후대의 역사를 보면 이 구절이 어떤 의미인지 더욱 잘 이해됩니다. 엄격한 법과 형벌로 백성을 다스린 진나라는 15년간 유지됐지만 간략한 법과 덕치를 내세운 한나라는 400년 왕조를 이어나갔으니까요.

☾ 13-20.

子貢 問曰 "何如斯可謂之士矣?" 子曰 "行己有恥, 使於四方, 不辱君命, 可謂士矣."
자공 문왈 하여사가위지사의   자왈 행기유치 사어사방 불욕군명 가위사의

曰 "敢問其次." 曰 "宗族稱孝焉, 鄕黨稱弟焉." 曰 "敢問其次." 曰 "言必信, 行必
왈 감문기차 왈 종족칭효언 향당칭제언 왈 감문기차 왈 언필신 행필

果, 硜硜然小人哉!" 抑亦可以爲次矣." 曰 "今之從政者何如?" 子曰 "噫! 斗筲之
과 갱갱연소인재   억역가이위차의 왈 금지종정자하여   자왈 희 두소지

人, 何足算也?"
인 하족산야

자공이 물었다. "어떻게 해야 선비라 할 수 있습니까?" 공자께서 말씀하셨다. "혼자 있을 때 부끄러움을 알고 외국에 사신으로 나가 임금의 명령을 욕되게 하지 않으면 선비라 할 수 있다." "그다음은 어떤가요?" "친지들이 효성스럽다 하고 마을 사람들이 공손하다 하는 사람이다." "그다음 수준은 어떤가요?" "말한 것은 지키고 할 일은 하는 정도라면 깐깐한 꼰대처럼 보여도 그다음이 될 만하다." "요즘 정치에 종사하는 사람들은 어떤가요?" "아이고! 밴댕이 속 같은 그런 인간들 말할 것도 없다."

　　자공의 집요한 물음에 공자는 선비의 우열을 가립니다. 사士는 공-경-대부-사로 이어지는 춘추시대 공직의 말단을 뜻합니다만, 선비는 곧 지식인을 의미하기도 합니다. 자공은 어떻게 해야 지식인이라고 할 수 있는지를 묻습니다. 공자는 부끄러움을 알고 외교적 수완을 잘 발휘하는 사람이 선비라고 합니다. 《사기세가》에 보면 자공이 외교적 수완을 발휘해 노나라를 구하는 대목이 있습니다. 제나라가 노나라에 쳐들어오자 자공은 바로 출국합니다. 제, 오, 월, 진을 오가며 화려한 언변으로 외교적 성과를 거둡니다. 사마천은 이를 두고 "자공은 한 번 나서서 노나라를 보존시키고 제나라를 어지럽게 했으며, 오나라를 멸망시키고, 진晉나라를 강국이 되게 하였으며, 월나라를 제후들의 우두머리가 되게 하였다"고 평합니다.[3] 이 구절을 통해 자공은 공자 쌤에게 "너야말로 참 지식인이다"라고 인정받은 겁니다.

　　다시 앞으로 돌아가 이 절의 마지막 두 행을 보세요. 어째 요즘하고도 맞아떨어지죠?

13-21.

子曰 "不得中行而與之, 必也狂狷乎! 狂者 進取, 狷者 有所不爲也."
자왈 부득중행이여지 필야광견호 광자 진취 견자 유소불위야

공자께서 말씀하셨다. "중도를 실천하는 사람과 함께할 수 없다면, 나는 차라리 열광적인 사람이나 고집스런 사람과 함께하리라! 열광적인 사람은 진취적이고, 고집스런 사람은 하기 싫은 건 죽어도 하지 않기 때문이다."

•••• 중도를 실천한다는 것은 중용을 지킨다는 의미입니다. 이 중용이란 것이 참 어렵죠. 〈옹야〉 편 27절의 설명을 다시 한번 보시기 바랍니다.

13-22.

子曰 "南人有言曰 '人而無恒, 不可以作巫醫.' 善夫!" "不恒其德, 或承之羞." 子曰
자왈 남인유언왈 인이무항 불가이작무의 선부   불항기덕 혹승지수 자왈
"不占而已矣."
부점이이의

공자께서 말씀하셨다. "남쪽 나라 사람들의 말에 '사람이 한결같지 않으면 무당이나 의사도 어쩔 수 없다'고 했는데 참 좋은 말이다. 《주역》에도 '그 덕이 한결같지 않으면 수치스러운 일을 당할 수도 있다'는 말이 있다." 공자께서 이어서 말씀하셨다. "덕이 한결같지 않은 사람은 점을 칠 필요도 없다."

• • • 무당이나 의사는 병을 고치는 사람입니다. 이런 사람들도 '한결같지 않은 사람'은 고칠 수 없다는 겁니다. 마음이 이랬다저랬다 하는 사람, 스스로를 다잡지 못하는 사람, 온갖 스트레스로 자기를 괴롭히는 사람은 천하의 명의도 어쩔 수 없습니다.

그다음에는 덕이 한결같지 않은 사람은 점을 칠 필요가 없다고 했습니다. 이 말은 첫째, 덕이 한결같지 않으면 언젠가는 불행을 당하기 때문이고, 둘째, 덕이 한결같지 않은 사람은 아무리 좋은 점괘를 얻었다 해도 마음 깊이 믿지 못하기 때문입니다. 결국 명의가 우리 몸을 고치는 것이 아니라 우리가 스스로를 치유하는 겁니다. 예언이 우리를 보호하는 것이 아니라 우리 덕이 우리를 지키는 겁니다.

13-23.

子曰 "君子和而不同, 小人同而不和."
자왈 군자화이부동 소인동이불화

공자께서 말씀하셨다. "군자는 사람들과 화합하지만 생각 없이 휩쓸리지 않고, 소인은 생각 없이 휩쓸리지만 사람들과 잘 화합하지 못한다."

☾ 13-24.

子貢問曰 "鄉人 皆好之, 何如?" 子曰 "未可也." 鄉人皆惡之, 何如?" 子曰 "未可也,
자공문왈 향인 개호지 하여 자왈 미가야 향인개오지 하여 자왈 미가야
不如鄉人之善者好之, 其不善者惡之."
불여향인지선자호지 기불선자오지

자공이 여쭈었다. "마을 사람들이 모두 한 사람을 좋아한다면 어떻습니까?"
공자께서 말씀하셨다. "안 된다." "마을 사람들이 모두 그를 미워한다면 어떻
습니까?" 공자께서 말씀하셨다. "안 된다. 마을의 괜찮은 사람들이 그를 좋아
하고, 나쁜 사람들은 그를 미워하는 것이 더 낫다."

● ● ● ● 자공과 공자가 만들어낸 또 하나의 아름다운 장면입니다. 자공이 없
었다면 《논어》는 아마도 중심을 잃은 고전이 되고 말았을 겁니다. 간간이 자
공이 스승과 이렇게 격조 높은 대화를 나누니, 읽는 이 즐겁고 듣는 이 복되지
않을 수 없습니다.

모든 사람에게 사랑받는 것은 불가능합니다. 나쁜 사람도 나를 좋아한다면
뭔가 잘못된 겁니다. 모든 사람이 날 미워한다는 것도 마찬가지입니다. 좋은
사람조차 날 미워한다면 나에게 문제가 있는 거죠. 중용이자 최선은 무엇일까

요? 바로 좋은 사람에게 사랑받고 나쁜 사람에게 미움받는 사람이 되는 것!

13-25.

子曰 "君子 易事而難說也. 說之不以道, 不說也, 及其使人也, 器之. 小人 難事而易
자왈 군자 이사이난열야 열지불이도 불열 야 급기사인야 기지 소인 난사이이
說也. 說之雖不以道, 說也, 及其使人也, 求備焉."
열야 열지수불이도 열야 급기사인야 구비언

공자께서 말씀하셨다. "군자는 섬기기는 쉬워도 기쁘게 만들기는 어렵다. 그를
기쁘게 하려 해도 올바른 도리로 하지 않으면 기뻐하지 않기 때문이다. 군자는
사람을 부릴 때가 되면 그 사람의 역량에 따라 일을 맡긴다. 소인은 섬기기는
어려워도 기쁘게 만들기는 쉽다. 그를 기쁘게 하려 할 때 올바른 도리로 하지
않더라도 기뻐하기 때문이다. 어쩌다 소인이 사람을 부릴 때는 능력을 다 갖추
고 있기를 요구한다."

소인이 지도자가 되거나 왕이 되면 간신배들이 들끓어요. 소인을 기쁘
게 하는 건 쉽기 때문입니다. 부정한 방법으로도 얼마든지 기쁘게 할 수 있습
니다. 역사를 보아도 암군暗君(어리석은 임금)과 혼군昏君(세상 물정을 모르는 임금)
을 기쁘게 하는 것은 미녀, 황금, 화려한 궁궐이었습니다. 이런 것만 바치면 그
저 좋아죽는 거죠. 《한비자》에는 임금을 어지럽히는 여덟 가지 것들이 나옵니
다. 미녀, 재방在旁(현대적 해석으로는 연예인), 친인척, 과도한 건축, 신하의 선심

행정, 잘못된 소통, 공포정치, 사대주의입니다. 미녀와 재방과 궁궐 짓기 등은 어리석은 임금이 좋아하는 것이기도 합니다. 만인의 세금을 일인의 쾌락을 위해 낭비하는 것이죠.

현명한 지도자는 '올바른 방법'을 써야만 기뻐합니다. 현명한 지도자가 사람을 쓸 때가 되면 적재적소에 맞는 인사를 합니다. 소인은 사람을 부려도 꼭 슈퍼맨을 원합니다. 영어에 능통하고 마케팅 경력을 보유했으면서 SNS의 인기인이자 파워 블로거인 사람을 구하는데 월급은 150만 원이라는 식이죠.

한번 자문해봅시다. 첫째, 나의 리더는 섬기기 쉬운 사람인가, 어려운 사람인가? 둘째, 나의 리더는 기쁘게 하기 어려운 사람인가, 쉬운 사람인가? 셋째, 나는 적재적소에 있는가, 아니면 전능함을 요구받고 있는가? 셋 모두 전자라면 충실히 일합시다. 그러나 모두 후자라면 이직을 고려해야 하는 것 아닐지 걱정스럽네요.

☾ 13-26.

子曰 "君子 泰而不驕, 小人 驕而不泰."
자왈 군자 태이불교 소인 교이불태

공자께서 말씀하셨다. "군자는 여유가 있되 교만하지 않고, 소인은 교만하되 여유가 없다."

13-27.

子曰 "剛 毅 木 訥 近仁."
자왈 강 의 목 눌 근인

공자께서 말씀하셨다. "강인하고 의연하고 질박하고 어눌한 것이 인에 가깝다."

말은 어눌하지만 행동은 민첩하게. 공자 선생님의 좌우명입니다.

13-30.

子曰 "以不教民戰, 是謂棄之."
자왈 이불교민전 시위기지

공자께서 말씀하셨다. "싸우는 법을 가르치지 않고 전쟁에 내보내는 것은 바로 백성을 버리는 것과 같다."

춘추전국시대의 전쟁은 칼과 창을 들고 나가 싸우는 것이었지만 21세기 대한민국에서는 흙수저로 사는 것이 전쟁입니다. 금융자본과 재벌과 정치 권력이 엉켜 정경 유착이라는 대군이 생겨났고, 이들이 서민을 유린하고 착취하지 않습니까? 아니라고요? 만약 공자께서 오늘날의 한국을 보시면 이렇게 말씀하실 겁니다. "학자금 융자를 가득 안고 사회생활을 시작하게 하는 것은 20대 청년을 창칼도 없이 전쟁터에 내보내는 것과 같다."

제14편 ○ **헌문** 憲問

14-1.

憲問恥. 子曰 "邦有道, 穀, 邦無道, 穀, 恥也."
헌문치 자왈 방유도 곡 방무도 곡 치야

원헌이 수치에 대해서 여쭙자 공자께서 말씀하셨다. "나라에 도가 행해지고 있을 때 자리만 차지하고 앉아 녹봉을 받아먹는 것, 나라에 도가 행해지지 않는데도 자리나 지키며 녹봉을 받아먹는 것, 이 모두가 수치스러운 일이다."

••••• 나라에 도가 행해지고 있을 때는 나라가 안정적으로 통치되고 있을 때고, 나라에 도가 행해지지 않을 때는 부정부패가 만연한 때입니다. 둘 가운데 어떤 경우든 군자는 정의로운 나라를 만들기 위해 실천해야 합니다. 고주에서는 "나라에 도가 있으면, 당연히 그 녹을 먹어야 한다. 그러나 군주가 도가 없는 나쁜 놈인데도 조정에 눌러앉아 녹만을 처먹는 것은 치욕이다"라고 풀었습

니다.[1]

《순자荀子》의 〈왕제王制〉 편에 보면 이런 이야기가 있습니다. 왕, 즉 지도자는 "나라가 번성할 때는 군대를 안정시키고 백성을 쉬게 하며 백성을 사랑하고 밭과 들을 개간하고 창고를 충실케 하며 (…) 재능과 특기가 있는 선비들을 삼가 모집하여 뽑아 쓴다. 그런 뒤에 상을 내려주어 백성들을 선도하고, 형벌을 엄히 하여 백성들을 보호해주며, 일을 할 줄 아는 선비들을 가려 서로 통솔하게 한다."[2] 이런 지도자 밑에서는 할 일이 얼마나 많겠습니까? 반대로 폭군은 재능 있는 사람, 용감한 사람, 그를 가까이 하는 사람 모두 다치게 합니다. 그러나 이런 폭군 아래에서도 할 일은 많아요. 바로 폭군을 제거하여 백성을 보호하는 일이죠. (원헌에 대한 설명은 〈옹야〉 편 3절을 참조하기 바랍니다.)

☾ 14-2.

"克伐怨欲 不行焉, 可以爲仁矣?" 子曰 "可以爲難矣, 仁則吾不知也."
극벌원욕 불행언 가이위인의   자왈 가이위난의 인즉오부지야

원헌이 또 물었다. "남을 이기려는 일, 과시하는 일, 원망하는 일, 욕심내는 일을 하지 않으면 인하다고 할 수 있습니까?" 공자께서 말씀하셨다. "하기 어려운 일이라고 할 수는 있지만 인한 것인지는 나도 모르겠다."

•••• 바로 앞 1절에서 이어지는 절입니다. 도대체 공자께서 생각하는 인의 수준은 얼마나 높은 것일까요?

☾ 14-3.

子曰 "士而懷居, 不足以爲士矣."
자왈 사이회거 부족이위사의

공자께서 말씀하셨다. "선비로서 편히 머물려고만 하는 생각을 품고 있다면, 선비라 하기에 부족하다."

•••• 다산은 "회거"를 "가정생활의 즐거움을 그리워하는 것"이라고 풀었습니다.[3] 가정생활의 즐거움만 최고로 여기면 선비라고 하기에 부족하다는 뜻입니다. 격동의 시대를 살았던 다산 선생은 가정생활의 즐거움을 누리지 못했습니다. 2017년 가을에 다산이 18년 동안 유배를 떠나 살았던 강진의 다산 초당을 방문했습니다. 종교적 신념 때문에 고초를 겪으면서도 굴하지 않고 수백 권의 책을 저술한 다산 선생을 회고하니 가슴이 저며왔습니다. 다산 선생은 우리 현대인들에게 이렇게 말씀하시는 것 아닐까요? "지식인이 되어서 '나만 잘 먹고 잘 살면 되지' 하면, 공무원이 되어서 '복지부동伏地不動이 최고지' 하면, 전문가가 되어서 '내 할 일만 하면 되지' 하면 안 된다."

14-4.

子曰 "邦有道, 危言危行, 邦無道, 危行言孫."
자왈 방유도 위언위행 방무도 위행언손

공자께서 말씀하셨다. "나라에 도가 행해지고 있으면 말도 바르게 하고 행동도
바르게 하지만, 나라에 도가 행해지지 않으면 행동은 바르게 하되 말은 공손
하게 해야 한다."

···안정된 나라, 정의가 제대로 실현되는 나라, 훌륭한 군주가 다스리는
나라라면 말과 행동 모두 바르고 꼿꼿하게 해도 됩니다. 그러나 부정부패가
만연하고 어리석은 군주가 다스리는 나라라면 행동은 바르게 하더라도 말은
조심해야 합니다. 비밀 기관에 끌려가 고문이라도 당하면 어쩝니까! 1970~
1980년대 우리의 많은 선배들이 옳은 말을 하다 안기부에 끌려가 모진 고문
을 당했잖아요. 때로는 죽기까지 했습니다. 지금은? 말도 행동도 바르게!

14-5.

子曰 "有德者必有言, 有言者不必有德. 仁者必有勇, 勇者不必有仁."
자왈 유덕자필유언 유언자불필유덕 인자필유용 용자불필유인

공자께서 말씀하셨다. "덕 있는 사람은 바른 말을 하지만, 바른 말을 하는 사람이라고 반드시 덕 있는 것은 아니다. 인한 사람은 반드시 용기가 있지만, 용감한 사람이라고 해서 꼭 인한 것은 아니다."

14-6.

南宮适問於孔子曰 "羿善射, 奡盪舟, 俱不得其死 然 禹稷躬稼而有天下." 夫子不荅.
남궁괄문어공자왈 예선사 오탕주 구부득기사 연 우직궁가이유천하   부자부답
南宮适出, 子曰 "君子哉 若人! 尙德哉 若人!"
남궁괄출 자왈 군자재 약인 상덕재 약인

남궁괄이 공자에게 물었다. "예는 활을 잘 쏘았고 오는 육지에서 배를 끌고 다닐 만큼 힘이 셌지만, 모두 제명에 죽지 못했습니다. 그러나 우임금과 후직은 몸소 농사를 지었는데도 천하를 손에 넣었습니다. 어찌된 일인지요?" 공자께서 대답하지 않으셨다. 남궁괄이 밖으로 나가자 공자께서 말씀하셨다. "군자로구나, 저 친구는! 덕을 숭상하는구나, 저 친구는!"

••••• 남궁괄은 공자의 제자로 남용南容이라고도 부릅니다. 예羿는 하나라 말기 유궁有窮 지역의 영주로 명사수였습니다. 군대를 일으켜 하나라 왕 상相을 물리치고 왕위를 거머쥐었죠. 그러나 한착寒浞이라는 신하에게 다시 나라를 빼앗기고 아내도 빼앗깁니다. 오奡는 이 한착의 아들로 천하장사였지만 소강少康에게 죽임을 당합니다. 소강은 바로 한착에게 당한 상의 아들입니다. 휘

몰아치는 전란 속에 권력은 이 사람에서 저 사람으로 옮겨가고 빼앗은 자는 다시 빼앗기죠. 여기서 예와 오는 모두 무력을 내세워 권력을 차지한 인물들입니다. 그러나 우임금과 그의 신하 후직은 직접 농사를 지을 정도로 소탈한데도 덕이 있어 나라를 이끌 수 있었습니다. 우임금은 하나라의 시조고 후직은 주나라의 시조입니다. (아래 초간단 중국사 참조.)

남궁괄의 질문은 폭력으로 왕이 되면 오래가지 못하고, 덕으로 다스리면 천하를 얻는 것 아니냐 하는 것이었습니다. 공자님이 잠시 딴생각을 하셨는지 답을 하지 않으셨습니다. 그런데 제자가 나가고 돌이켜보니 참 근사한 질문이었습니다. 이런 질문을 하는 사람 역시 근사했기에 "군자로다" 하고 칭찬합니다.

초간단 중국사

기원전 2000년경	하夏 왕조 건국 추정(하 왕조의 유적이 아직 발굴되지 않아 추정에 그침)
기원전 1600년경	하 왕조 멸망 및 상商 왕조 건국(상 왕조는 중반 쯤 은殷에 도읍하여 은나라라고도 함)
기원전 1050년	상 멸망, 주周 왕조 성립
기원전 770년	주나라 동쪽으로 수도를 옮김. 춘추전국시대(동주시대) 시작
기원전 403년	진晉나라가 한, 위, 조로 갈라지면서 전국시대 시작

기원전 221년	진秦나라 시황제가 전국을 통일함
기원전 206년	한漢 왕조 수립
기원후 220~265년	한나라가 붕괴하고 위, 촉, 오의 삼국시대 시작
기원후 265~589년	위, 진, 남북조 시대. 북쪽에는 비한족 계열의 5호 16국이, 남쪽에는 한족 계일의 동진이 존속
기원후 589~618년	수나라 시대
기원후 618~907년	당나라 시대
기원후 906~960년	5대 10국 시대
기원후 960~1276년	북송, 남송(1126~)시대. 중국 북부에서는 거란족의 요나라(916~1125)와 여진족의 금나라(1115~1234)가 나타났다 사라짐
기원후 1276년	원나라가 남송을 멸함
기원후 1368~1644년	명나라 시대
기원후 1644~1911년	청나라 시대
기원후 1912년	중화민국 성립
기원후 1949년	중화인민공화국 성립

14-7.

子曰 "君子而不仁者 有矣夫, 未有小人而仁者也."
자왈 군자이불인자 유의부 미유소인이인자야

공자께서 말씀하셨다. "군자로서 인하지 못한 경우는 있어도, 소인으로서 인한
사람은 없다."

　공자가 생각한 인격 완성의 최고 경지는 인자仁者였습니다. 그다음이
덕성과 학문을 갖춘 군자였죠. 군자여도 종종 인하지 못한 경우가 있을 수 있
지만, 소인은 아예 인에 대해 논의할 가치조차 없다는 의미입니다.

14-8.

子曰 "愛之, 能勿勞乎? 忠焉, 能勿誨乎?"
자왈 애지 능물로호　충언 능물회호

공자께서 말씀하셨다. "그를 사랑하면서, 그를 위해 힘쓰지 않을 수 있겠는가?
그를 진심으로 대하면서, 깨우쳐 주지 않을 수 있겠는가?"

14-9.

子曰 "爲命, 裨諶草創之, 世叔討論之, 行人子羽脩飾之, 東里子産潤色之."
자왈 위명 비심초창지 세숙토론지 행인자우수식지 동리자산윤색지

공자께서 말씀하셨다. "정나라에서 사신이 지니고 갈 외교 문서를 만들 때는 비심이 초안을 작성하고, 세숙이 검토하고, 행인 자우가 문장을 다듬고, 동리의 자산이 매끄럽게 손질하였다."

••• 이런 부분은 21세기를 사는 우리가 알 필요 없습니다. 그래서 생략해야 하는데, 도대체 어떤 부분들이 생략되었는지 궁금한 독자를 위해 특별히 싣습니다.

14-10.

或問子産. 子曰 "惠人也." 問子西. 曰 "彼哉! 彼哉!" 問管仲. 曰 "人也. 奪伯氏騈邑
혹문자산 자왈 혜인야 문자서 왈 피재 피재 문관중 왈 인야 탈백씨병읍
三百, 飯疏食, 沒齒無怨言."
삼백 반소사 몰치무원언

어떤 사람이 자산에 대하여 여쭙자 공자께서 말씀하셨다. "백성을 사랑하는 사람이었습니다." 자서에 대해서 여쭙자 "그 사람은…, 그 사람은…"이라고 말

쏨하였다. 관중에 대해서 여쭙자 공자께서 말씀하셨다. "인물이죠. 관중이 한때 잘못을 저지른 백 씨의 마을 300호를 빼앗았던 적이 있어요. 백 씨는 평생토록 거친 밥을 먹고 지내면서도 원망하는 말을 하지 않았죠."

　◆◆◆◆◆ 세 사람에 대한 공자의 평가가 나옵니다. 첫째, 자산은 정鄭나라의 명재상으로 애민 정책과 합리적 행정, 외교로 이름을 남겼습니다. 공자는 자산을 무척 존경했죠. 좋게 평가합니다. 둘째, 자서는 초楚나라 영윤(재상)이었고 역시 뛰어난 인물이었지만, 공자가 초나라에 등용되기 직전에 반대했기 때문에 악연이 있습니다. 또 초나라를 위해 업적을 쌓았지만 결점도 있었습니다. 왕권 다툼 중 다른 나라로 망명한 왕족 승勝을 다시 초나라로 불러들였는데 이 사람이 나중에 반란을 일으키고 그 와중에 자서를 죽입니다. 한마디로 자서에 대해서는 박수를 쳐야할지, 비난을 해야 할지 모르는 상황이었던 거죠. 그래서 공자가 쉽게 판단을 내리지 못하고 머뭇거렸던 겁니다. 셋째, 관중은 제나라의 명재상으로 공자보다 훨씬 전 세대 사람입니다. 공자는 관중을 높이 평가하는 척하면서 은근히 그에게 피해를 입었던 백 씨 또한 높게 평가합니다. 양다리 걸치기?

14-11.

子曰 "貧而無怨難, 富而無驕易."
자왈 빈이무원난 부이무교이

공자께서 말씀하셨다. "가난하면서 원망하지 않기는 어렵지만, 부자이면서 교만하지 않기는 쉽다."

14-14.

子問公叔文子於公明賈曰 "信乎, 夫子不言, 不笑, 不取乎?" 公明賈對曰 "以告者
자문공숙문자어공명가왈 신호 부자불언 불소 불취호   공명가대왈 이고자
過也. 夫子時然後言, 人不厭其言, 樂然後笑, 人不厭其笑, 義然後取, 人不厭其取."
과야 부자시연후언 인불염기언 낙연후소 인불염기소 의연후취 인불염기취
子曰 "其然? 豈其然乎?"
자왈 기연   기기연호

공자께서 공명가에게 공숙문자에 대해서 물으셨다. "정말입니까? 그분은 말씀도 없고, 웃지도 않으며 재물을 취하지도 않는다는데 정말입니까?" 공명가가 대답하였다. "선생님께 말씀드린 사람이 좀 과장했네요. 그분은 꼭 말해야 할 때만 말하기 때문에 남들이 그의 말을 싫어하지 않고, 마땅히 즐거운 후에 웃기 때문에 남들이 그의 웃음을 싫어하지 않으며, 의에 합당한 물건임을 안 뒤에야 취하므로 남들이 그의 취함을 싫어하지 않는 것입니다." 공자께서 말씀하셨다. "그래요? 어떻게 그럴 수 있나요?"

공숙문자는 위나라 대부로 꽤 청렴하다고 알려져 있었습니다. 공명가는 위나라 사람이라고만 알려져 있고요. 공숙문자를 잘 아는 아랫사람이었겠지요. 공명가가 공숙문자에 대해 내린 평가는 꽤 수준 높은 것입니다. 공자께서는 이에 놀라 대단한 사람이라고 생각한 겁니다. 물론 약간의 의문도 포함되어 있습니다. 공명가가 평가한 수준도 보통 사람은 도달하기 어렵다고 본 것입니다.

14-22.

陳成子弑簡公. 孔子沐浴而朝, 告於哀公曰 "陳恒弑其君, 請討之." 公曰 "告夫三子!"
진성자시간공 공자목욕이조 고어애공왈 진항시기군 청토지 공왈 고부삼자

孔子曰 "以吾從大夫之後, 不敢不告也. 君曰告夫三子者!" 之三子告. 不可. 孔子曰
공자왈 이오종대부지후 불감불고야 군왈고부삼자자 지삼자고 불가 공자왈

"以吾從大夫之後, 不敢不告也."
이오종대부지후 불감불고야

제나라의 진항이 제임금 간공을 시해했다. 공자께서 목욕재계하시고 조정에 나아가 애공에게 아뢰었다. "진항이 그의 군주를 시해했으니 토벌하시옵소서." 애공이 말했다. "삼환에게 가서 말하세요." 공자께서 말씀하셨다. "내가 한때 나랏일에 관여했던 사람이라 이런 일을 아뢰지 않을 수 없었는데, 임금께서는 저 삼환에게 말하라 하는구나." 공자가 다시 맹손씨, 숙손씨, 계손씨를 차례로 찾아가 고했다. 모두 불가하다 했다. 공자께서 말씀하셨다. "나도 한때 나랏일에 관여했던 사람이라 그들에게 이 일을 이야기하지 않을 수 없었다."

．．．． 진항은 진성자陳成子라고도 불리는 사람으로 노나라 애공 14년인 기원전 481년에 자기가 모시던 제간공을 죽이고 그 동생 평공을 즉위시킨 뒤 국가권력을 전횡했습니다. 삼환이 그 정도는 아니었지만, 임금을 제치고 권력을 차지한 건 마찬가지였습니다. 공자는 "안되는 줄 알면서 하려는 사람"(이 편 41절 참고)이었어요. 이상주의자였죠. "진항의 행위는 인륜을 저버린 것이고 처벌받아 마땅하다. 그를 타도하자!" 이런 말을 한 겁니다. 그러나 이미 도의가 무너진 세상에서 아무도 이런 하극상에 신경 쓰지 않았습니다. 그렇다고 그냥 놔두어야 할까요? "좋은 게 좋은 거지" 하면서 모른 척해야 할까요?

이 절은 공자 말년의 사건을 기록한 것입니다. 이제 공자는 원로 학자에 불과해요. 아무리 그래도 이웃 나라의 패륜을 그냥 보고만 있을 수는 없었던 거죠. 말해봐야 맞장구쳐줄 사람도 없지만 말입니다. 침묵하는 건 진정한 지식인이 아니므로 말이라도 꺼내본 것입니다.

🌙 14-23.

子路問事君. 子曰 "勿欺也, 而犯之."
자로문사군 자왈 물기야 이범지

자로가 임금 섬기는 데 대해서 여쭙자 공자께서 말씀하셨다. "속이지 말고, 임금 앞에서 바른 말을 하라."

14-24.

子曰 "君子上達, 小人下達."
자왈　군자상달　소인하달

공자께서 말씀하셨다. "군자는 위로 나아가고, 소인은 아래로 나아간다."

14-25.

子曰 "古之學者爲己, 今之學者爲人."
자왈　고지학자위기　금지학자위인

공자께서 말씀하셨다. "옛날에 공부하는 사람들은 자신을 위해서 했는데, 요즘 공부하는 사람들은 남을 위해서 한다."

　　　공부를 하든 일을 하든 '위기爲己'여야 합니다. 자신을 위해 공부하고, 자신을 위해 일하라는 겁니다. 다른 사람들은 신경 쓰지 말고요. 여기서 다른 사람이란 엄마, 아빠, 형제, 친구, 애인 등입니다. 제 말이 아니고 공자님 말씀입니다.

14-26.

薳伯玉使人於孔子. 孔子與之坐而問焉, 曰 "夫子何爲?" 對曰 "夫子欲寡其過而未
거백옥사인어공자 공자여지좌이문언 왈 부자하위   대왈 부자욕과기과이미
能也." 使者出. 子曰 "使乎! 使乎!"
능야 사자출 자왈 사호 사호

거백옥이 공자에게 사람을 보내자, 공자가 그에게 방석을 내주며 물으셨다. "선
생님께서는 어떻게 지내시오?" 사자가 대답했다. "선생님께서는 자신의 단점을
줄이려고 하시지만 아직 잘 안되는 모양입니다." 사자가 나가자 공자께서 말씀
하셨다. "사자답구나! 사자답구나!"

••• 거백옥은 위나라 영공 때 대부를 지낸 사람으로 공자가 위나라에 있
을 때 그의 집에 머문 적이 있습니다. 신세를 진 거죠. 그는 공자가 존경했던 사
람으로 인품이 훌륭했다고 합니다. 거백옥이 사람을 시켜서 공자에게 선물이
라도 보냈나 봐요. 공자가 안부를 묻자 사자는 더하지도 덜하지도 않은 절제된
답을 합니다. 공자는 이런 냉정함, 솔직함을 참 좋아했습니다.

14-35.

子曰 "驥不稱其力, 稱其德也."
자왈 기불칭기력 칭기덕야

공자께서 말씀하셨다. "천리마란 그 힘을 말하는 것이 아니라, 그 덕을 말하는 것이다."

훌륭한 사람은 재주가 뛰어난 사람이 아니라, 언제라도 공동의 이익을 위해 일할 수 있는 사람입니다. 덕이 있는 사람은 윈-윈win-win 할 수 있는 사람이죠.

14-36.

或曰 "以德報怨, 何如?" 子曰 "何以報德? 以直報怨, 以德報德."
혹왈 이덕보원 하여   자왈 하이보덕   이직보원 이덕보덕

어떤 사람이 여쭈었다. "원한은 덕으로 갚으면 어떻습니까?" 공자께서 말씀하셨다. "그러면 덕은 무엇으로 갚아야 합니까? 원한은 그릇된 것을 바로잡는 마음으로 갚고, 덕은 덕으로 갚아야 합니다."

•••• 공자님 '쿨내' 진동하죠? 이에는 이! 눈에는 눈! 원한마저도 덕으로 갚으면 잘못을 저지르는 소인배들을 어떻게 고치겠습니까? 예수님은 "원수를 사랑하라"고 했는데 공자님하고 토론 배틀을 붙으면 어떤 결론이 날지 궁금합니다.

☾ 14-37.

子曰 "莫我知也夫!" 子貢曰 "何爲其莫知子也?" 子曰 "不怨天, 不尤人, 下學而上達.
자왈 막아지야부 자공왈 하위기막지자야 자왈 불원천 불우인 하학이상달
知我者其天乎!" 子曰 "莫我知也夫!" 子貢曰 "何爲其莫知子也?" 子曰 "不怨天,
지아자기천호 자왈 막아지야부 자공왈 하위기막지자야 자왈 불원천
不尤人, 下學而上達. 知我者其天乎!"
불우인 하학이상달 지아자기천호

공자께서 말씀하셨다. "나를 알아주는 사람이 없구나!" 자공이 말했다. "어찌 선생님을 몰라주겠습니까?" 공자께서 말씀하셨다. "나는 하늘을 원망하지 않고, 타인을 탓하지 않는다. 낮은 곳부터 배워 높은 경지에 도달했다. 이런 나를 알아주는 것은 저 하늘이겠지."

•••• 공자님, 뭔가 삐치신 겁니다. 대화를 잘 보세요. 수제자 자공이 묻는데도 답하지 않습니다. 너는 떠들어라, 나는 말하련다 이런 식이죠. 말년의 한탄이었을까요? 앞뒤 설명이 없고 역사적 배경도 찾을 수 없는 이런 부분이 《논

어》를 보는 사람을 돌게 만듭니다. 공자가 언제, 어디서, 왜 이런 말을 했는지 도무지 알 수 없으니까요. 그런데 이런 단점이 때로는 폭넓은 해석의 자유를 선사하기도 합니다. 다만 너무 과도한 의미 부여는 하지 말았으면 좋겠습니다.

14-41.

子路宿於石門. 晨門曰 "奚自?" 子路曰 "自孔氏." 曰 "是知其不可而爲之者與?"
자로숙어석문 신문왈 해자 자로왈 자공씨 왈 시지기불가이위지자여

자로가 석문에서 묵게 되었는데, 문지기가 물었다. "어디에서 오셨소?" 자로가 말했다. "공씨 댁에서 왔습니다." "그 안되는 줄 알면서도 하려는 그분 말인가요?"

석문은 노나라 수도 곡부 교외에 있는 문입니다. 저는 이 절에서 "안되는 줄 알면서도 하려는"이라는 부분이 참 마음에 들어요. 애틋하기도 하고 감동스럽기도 합니다. 갑자기 체 게바라 ChéGuevara(1928~1967)가 떠오릅니다. 세계 혁명을 꿈꾸던 사람입니다. 한 나라의 혁명도 어려운데 쿠바, 콩고, 볼리비아를 돌아다니며 혁명군으로 살았죠. 쿠바 혁명을 성공으로 이끌고 콩고를 거쳐 볼리비아로 가 친미 정부에 반대하는 활동을 하다 체포되어 바로 처형당했습니다. 쿠바를 가보니 그에 대한 쿠바 민중의 사랑은 절대적이었습니다. 아이

러니한 것은 일찍 죽은 게바라는 그토록 사랑받는데 수십 년을 독재하면서 권력을 누린 카스트로는 그다지 인기가 없더라는 것입니다. 사즉생死則生! 죽어야 사는 남자, 체 게바라도 "안되는 줄 알면서도 하려는" 사람이었던 거죠.

☾ 14-45.

子路問君子. 子曰 "脩己以敬." 曰 "如斯而已乎?" 曰 "脩己以安人." 曰 "如斯而已
자로문군자 자왈 수기이경 왈 여사이이호 왈 수기이안인 왈 여사이이
乎?" 曰 "脩己以安百姓. 脩己以安百姓, 堯舜其猶病諸?"
호 왈 수기이안백성 수기이안백성 요순기유병저

자로가 군자에 대해 묻자 공자께서 말씀하셨다. "자기 수양을 하되 공경을 통해 해야 한다." "그렇게만 하면 됩니까?" "자기 수양을 하되 사람들을 편안하게 해주어야 한다." "그렇게만 하면 됩니까?" "자기 수양을 하되 백성을 편안하게 해주어야 한다. 자기 수양을 통하여 백성들을 편안하게 해주는 것은 요임금과 순임금도 오히려 어렵게 여겼던 일이다."

· · · · 왠지 자로가 불만 가득한 목소리로 선생님에게 개기는 것 같지요? 그런 분위기를 느끼셨다면 이제 《논어》가 익숙해진 겁니다.

14-46.

原壤夷俟. 子曰 "幼而不孫弟, 長而無述焉, 老而不死, 是爲賊." 以杖叩其脛.
원양이사 자왈 유이불손제 장이무술언 노이불사 시위적 이장고기경

공자의 어릴 적 친구 원양이 다리를 벌리고 앉아서 공자를 기다리고 있었다. 공자께서 이를 보시고 "너는 어려서는 공손하게 어른 모실 줄을 몰랐고, 커서는 남이 알아줄 만한 일을 아무것도 하지 않았고, 늙어서는 죽지 않으니, 너야 말로 도둑놈이다!"라고 하시며 지팡이로 그의 정강이를 내려치셨다.

《예기》〈단궁檀弓〉 편에 보면 원양의 어머니가 돌아가셨을 때 공자와 원양이 함께 관을 만드는데 원양이 유행가를 흥얼거리더랍니다. 이때부터 공자는 원양을 별로 좋게 여기지 않았는데 원양은 가끔 공자 쌤을 찾아왔나 봐요. 어느 날, 늙은 원양이 편안한 자세로 자신을 기다리는 것을 본 공자 쌤은 지팡이로 친구의 정강이를 때리면서 "아웅!" 합니다. 원양이 가만히 있었을까요? 지지 않고 "다웅!" 했겠지요. 아마도 "너는 되도 않는 말로 혹세무민하지 않냐!" 정도로 대응했다고 봅니다. 다 큰 성인도 어릴 적 친구를 만나면 그때로 돌아가는 법, 무척 재미있는 한 장면입니다. 그런데 이걸 또 '인생을 허비한 친구에 대한 공자님의 준엄한 훈계'라고 해석하면 그야말로 '꼰대'입니다!

제 15 편

○

위령공

衛靈公

15-1A.[1]

衛靈公 問陳於孔子. 孔子對曰 "俎豆之事, 則嘗聞之矣, 軍旅之事, 未之學也."
위령공 문진어공자 공자대왈 조두지사 즉상문지의 군려지사 미지학야

明日遂行.
명일수행

위나라 영공이 공자에게 군사를 배치하는 법에 대하여 묻자 공자님이 답하셨
다. "제사에 관한 일은 일찍이 들어 알지만, 병법에 대한 일은 배우지 못했습니
다." 이튿날 공자님은 결국 위나라를 떠나셨다.

　　위나라 영공이 공자를 면접 봤습니다. 변방의 이민족이 자주 침입하는
위나라 임금으로서 그에게 시급한 것은 병법이었죠. 그러나 공자는 군대 우선
이 아닌 예악 우선의 정치를 원했습니다. 위령공의 길이 자신과 다르다는 것을
안 공자는 이튿날 바로 위나라를 떠났습니다. 여기서 중요한 것은 "이튿날"떠

났다는 것입니다. 윗사람의 뜻이 나와 다르다고 그를 고치려 하면 안 됩니다. 바로 떠나야 합니다. 윗사람은 고칠 수 없습니다. 설사 고칠 길이 있다 해도 내가 창업하는 게 더 빠릅니다. 저는 대화 내용보다는 이튿날 바로 떠난, 공자의 그 결단에 감탄합니다.

☾ 15-1B.

在陳絶糧, 從者病, 莫能興. 子路慍見曰 "君子亦有窮乎?" 子曰 "君子固窮, 小人窮
재진절량 종자병 막능흥 자로온현왈 군자역유궁호   자왈 군자고궁 소인궁
斯濫矣."
사람의

진나라에 양식이 떨어지고, 따르던 사람들은 병이 나서 일어날 수도 없게 됐다. 자로가 화가 나서 공자를 뵙고 말했다. "군자도 이렇게 구질구질할 때가 있습니까?" 공자께서 말씀하셨다. "군자라야 진실로 어렵고 가난한 시절을 이길 수 있다. 소인은 어렵고 가난해지면 곧 함부로 행동한다."

•••• 공자 학단이 어려울 때, 다들 숨죽이고 선생님 눈치만 보고 있었습니다. 아마 공자에게 대들 수 있는 사람은 오직 자로뿐이었을 거예요. 이 친구 성질이 좀 욱하는 편입니다. 자로는 이 성질 때문에 후대에도 인정받지 못합니다. 성인이나 현자의 반열에 오르지 못하죠. 화는 한순간이나 후회는 영원합니다.

어떤 사람의 인격을 알고 싶다면 함께 배낭여행을 떠나보세요. 주머니 가벼운 여행을 하면 돈이 떨어질 때도 있고, 노숙할 때도 있고, 굶을 때도 있습니다. 모든 일이 뜻대로 되지 않고 힘들죠. 이럴 때도 잘 견디는 사람이 진짜입니다. 결핍이야말로 고결한 인성의 거름이에요.

15-2.

子曰 "賜也, 女以予 爲多學而識之者與?" 對曰 "然, 非與?" 曰 "非也, 予一以貫之."
자왈 사야 여이여 위다학이지지자여 　대왈 연 비여 　왈 비야 여일이관지

공자께서 말씀하셨다. "사야, 너는 내가 많은 것을 배워서 그것을 기억하는 사람이라고 생각하느냐?" 자공이 대답하였다. "그렇습니다. 아닙니까?" "아니다. 나는 하나의 이치로 세상의 이치를 꿰뚫는다."

이 구절이 특이한 점은 먼저 묻는 사람이 공자라는 겁니다. 참 드문 경우죠. 왜 그랬을까요? 아마도 이건 공자 말년의 대화가 아닐까 합니다. 공자의 질문에서 노년의 쓸쓸함이 묻어납니다. 공자가 자공에게 "너는 내가 노력해서 이 경지에 오른 것 같니?" 하고 묻자 자공이 긍정합니다. 그러나 반전의 명수, 공자의 대답은 "No!", "일이관지", 즉 하나로 모든 것을 꿰뚫었다는 겁니다. 공자께서 성인의 수준에 오른 이유는 단 하나입니다. 바로 '서恕', 즉 사랑에

요. (이 대화는 상대가 증삼으로 바뀌어 〈이인〉 편 15절에서 변주됩니다.) 사랑으로 공부했고, 사랑을 기준으로 생각했고, 사랑으로 사람들을 대한 공자. 사랑 하나로 살아왔기에 이런 경지에 올랐다는 진실한 자기 고백입니다.

☾ 15-3.

子曰 "由! 知德者鮮矣."
자왈 유 지덕자선의

공자께서 말씀하셨다. "자로야, 덕을 아는 사람이 드물구나."

•••• 덕이란 베푸는 것, 공동의 이익을 먼저 생각하는 것, 관대함입니다. 이것을 제대로 아는 사람이 정말 드물다고, 가족 같은 자로에게 속마음을 털어놓습니다.

☾ 15-7.

子曰 "可與言而不與之言, 失人, 不可與言而與之言, 失言. 知者不失人, 亦不失言."
자왈 가여언이불여지언 실인 불가여언이여지언 실언 지자불실인 역불실언 공자께서 말씀하셨다. "더불어 말할 상대인데 더불어 말하지 않으면 그 사람을 잃게 되고, 더불어 말할 만한 상대가 아닌데도 더불어 말하면 그 말을 잃는다. 지혜로운 사람은 사람도 말도 잃지 않는다."

15-8.

子曰 "志士仁人, 無求生以害仁, 有殺身以成仁."
자왈 지사인인 무구생이해인 유살신이성인

공자께서 말씀하셨다. "뜻 있는 선비와 인한 사람은 구차히 삶을 구하여 인을 해치지 않으며, 자신의 목숨을 바쳐서 인을 이룬다."

저 유명한 '살신성인'이 나오는 대목입니다. 목숨을 바쳐서 인을 이룬다, 이 얼마나 어려운 일입니까? 《사기세가》 중 〈진섭세가陳涉世家〉의 한 대목이 떠오릅니다. 진시황 치하의 진나라에서는 가혹한 법 시행으로 백성들이 죽어나갔습니다. 웬만하면 사형이었으니까요. 초나라 빈민 출신인 진섭陳涉과 오광吳廣은 900명을 이끌고 어양이란 곳으로 부역을 가야 했습니다. 그런데 도중에 큰 비가 내려 제때 도착하지 못하게 됐어요. 제 날짜에 도착하지 못하면? 사형이었습니다. 이래도 죽고 저래도 죽을 판이었죠. 이때 오광이 친구 진섭에게 말합니다. "어차피 죽기는 매한가지니, 나라를 위해 죽는 것이 좋지 않겠나?" 진섭이 동의하자 이들은 초나라를 다시 세운다는 명분으로 진나라에 반란을 일으켰습니다. 그러자 옛 초나라 땅에 살던 사람들이 벌떼처럼 호응했어요. 진섭과 오광 세력은 삽시간에 지지층을 끌어모아 한동안 중국 전역을 호령합니다. 한 번 죽는 목숨을 무엇을 위해 써야 하는가. 참 중요한 문제입니다.

☾ 15-9.

子貢問爲仁. 子曰 "工欲善其事, 必先利其器. 居是邦也, 事其大夫之賢者, 友其士之
자공문위인 자왈 공욕선기사 필선리기기 거시방야 사기대부지현자 우기사지
仁者."
인자

자공이 인을 행하는 방법에 대해 묻자 공자께서 말씀하셨다. "기술자가 일을 잘하려면 반드시 먼저 자신의 연장을 예리하게 해야 한다. 이처럼 어떤 나라에 살든지 그 나라의 대부 중에 현명한 사람을 섬기고, 그 나라의 선비 중에 인한 사람과 벗해야 한다."

····· 와, 기술자가 일을 잘하려면 먼저 연장을 예리하게 해야 한다니 맞는 말씀입니다. 무딘 칼로는 섬세한 조각을 할 수 없고 닳은 톱으로는 나무를 잘 자를 수 없죠. 사람에게 연장이란? 바로 현명한 친구!

15-11.

子曰 "人無遠慮, 必有近憂."
자왈 인무원려 필유근우

공자께서 말씀하셨다. "사람이란 먼 근심은 없어도, 반드시 가까운 근심은 있다."

　··· 고주는 이렇게 해석하기도 합니다. "사람은 멀리 내다보는 사려가 부족하면 반드시 가까운 근심이 생겨나게 된다."[2] 이래도 근심, 저래도 근심입니다.

15-12.

子曰 "已矣乎! 吾未見好德 如好色者也."
자왈   이의호 오미견호덕 여호색자야

공자께서 말씀하셨다. "심하다! 나는 아직 덕을 좋아하기를 예쁜 여자 좋아하듯이 하는 사람을 보지 못하였다."

　··· 〈자한〉 편 17절에도 같은 내용이 나옵니다.

15-13.

子曰 "臧文仲其竊位者與! 知柳下惠之賢而不與立也."
자왈 장문중기절위자여 지유하혜지현이불여립야

공자께서 말씀하셨다. "노나라의 재상 장문중은 그 직위를 도둑질한 자 아닌가?
그는 유하혜의 현명함을 알고서도 그를 발탁하여 함께 조정에 서지 않았다."

　　재상은 지금의 국무총리입니다. 한 나라의 행정부를 이끄는 사람이죠.
이런 사람이 유능한 인재를 발탁하지 않으면 직무유기입니다. 유하혜는 공자
보다 100년 전 사람으로 법무부 장관직을 훌륭히 수행했지만 장문중 시절에
는 기용되지 않았습니다. 공자는 재상이 할 일을 정확히 알았습니다.

《맹자》의 〈이루〉 하편에 보면 이런 대목이 있습니다. 춘추시대 정나라 재상
자산子産이 물이 불은 강가에서 수레에 사람들을 실어 건너게 해준 적이 있습
니다. 이 고사를 읽은 맹자가 이렇게 말했습니다. "자산은 비록 은혜롭기는 했
지만 정사를 할 줄 몰랐다. 11월에 사람이 다니는 다리를 건설하고 12월에 수
레가 다니는 다리를 건설했다면 백성들이 물을 건너는 데 수고로움을 겪지 않
았을 것이다."³ 재상이라면 강에 다리 놓을 생각을 해야지, 일일이 건너게 해
주는 수고를 해서는 안 된다는 이야기입니다.

대통령은 대통령의 할 일이 있고, 장관은 장관의 할 일이 있고, 사장은 사장
의 일이 있고, 사원에겐 사원의 일이 있는 법입니다.

15-19.

子曰 "君子 疾沒世而名不稱焉."
자왈 군자 질몰세이명불칭언

공자께서 말씀하셨다. "군자는 죽어서 이름이 일컬어지지 않을까 근심한다."

　　당나라 때 시성詩聖 두보杜甫가 사천성의 시골에서 은둔해 살 때의 일
입니다. 친구의 아들 소혜蘇徯가 그곳으로 유배되어 와서는 한탄만 하며 세월
을 보내고 있었습니다. 두보는 시를 써서 그를 위로하죠. "그대는 보지 못했는
가 길가에 고여 있는 물 / 그대는 보지 못했는가 저 앞에 쓰러진 오동나무를 /
백년 뒤 죽은 나무가 거문고로 쓰이고 / 오래된 물은 교룡을 숨기나니 / 장부
는 관을 덮을 때 비로소 평가받는다네." 이 시의 마지막 문장 "장부개관사시정
丈夫蓋棺事始定"에서 나온 사자성어가 '개관사정'입니다. 두보는 곤궁하게 살았
지만, 엄청난 긍정 마인드로 친구의 아들까지 챙겼네요. 삶은 고해苦海입니다.
중요한 것은 죽고 나서 이름이 일컬어지는 것, 죽은 다음의 명예를 지키는 것
이지만 그걸 생각하며 사는 이가 몇이나 될까요?

15-20.

子曰 "君子求諸己, 小人求諸人."
자왈 군자구저기 소인구저인

공자께서 말씀하셨다. "군자는 자기에게 구하고, 소인은 남에게 구한다."

••• 군자는 "내 탓이오" 하고 소인은 "네 탓이오" 합니다. 군자는 성공의 동인을 자기 안에서 찾지만 소인은 남을 기쁘게 하기 위해 성공하려 합니다. 실패했을 경우에 군자는 그 원인을 자기라고 생각하지만 소인은 남이라고 생각합니다. "회사의 중요한 행사 때 비가 와도 사장 책임"이라는 말이 있습니다. 군자는 CEO 마인드로 사는 사람이고, 소인은 노예근성으로 사는 사람이 아닐까요?

15-23.

子貢 問曰 "有一言而可以終身行之者乎?" 子曰 "其恕乎 己所不欲 勿施於人."
자공 문왈 유일언이가이종신행지자호   자왈 기서호 기소불욕 물시어인

자공이 물었다. "평생토록 지켜나갈 한마디 말씀이 있습니까?" 공자께서 말씀하셨다. "바로 서일 것이다. 자기가 하고 싶은 일은 남에게 시키지 마라."

공자의 사상을 대변하는 절입니다. "기소불욕 물시어인". 이 정도는 외워두시기를 바랍니다. 이 사상이 발전하면 성경의 황금률이 됩니다. "남에게 대접을 받고자 하는 대로 너희도 남을 대접하라." 예수는 이 말 뒤에 이렇게 덧붙입니다. "이것이 율법이요, 선지자니라."**4** 율법의 모든 내용이, 선지자의 모든 말이 하나로 요약할 수 있으니 바로 황금률이라는 겁니다.

다만 공자는 소극적이고 예수는 적극적입니다. 공자는 물勿이라는 부정어를 사용해서 "~하지 마라"라고 했지만 예수는 "~하라"라는 명령어를 써서 타인에게 먼저 행동할 것을 강조합니다.

☽ 15-28.

子曰 "人能弘道, 非道弘人."
자왈 인능홍도 비도홍인

공자께서 말씀하셨다. "사람이 도를 넓힐 수 있는 것이지 도가 사람을 넓히는 것이 아니다."

도는 넓게는 진리, 이데올로기를 뜻하고 좁게는 올바른 다스림이라는 의미입니다. 그 어떤 진리가 있다 해도 사람을 위해 존재하는 것이지, 사람이 진리를 위해 존재하는 것은 아닙니다. 사람이 이데올로기를 더 근사하게 만들고 확장하는 것이지 이데올로기가 사람을 더 아름답게 만드는 것이 아닙니다. 공자는 이미 그것을 알고 계셨어요. 진정한 휴머니스트입니다.

🌙 15-29.

子曰 "過而不改, 是謂過矣."
자왈 과이불개 시위과의

___

공자께서 말씀하셨다. "잘못이 있어도 고치지 않는 것, 이것이 바로 잘못이다."

••• 오! 이 한마디가 도끼처럼 뒤통수를 칩니다.

🌙 15-30.

子曰 "吾嘗終日不食, 終夜不寢, 以思, 無益, 不如學也."
자왈 오상종일불식 종야불침 이사 무익 불여학야

___

공자께서 말씀하셨다. "나는 일찍이 종일토록 먹지 않고 밤새도록 자지 않고서 생각에만 골몰하여 보았으나 별 유익함이 없었다. 역시 공부하는 것만 못했다."

··· 공부는 훈련이고 검증이고 반성입니다. 무언의 토론이며 지혜의 확장입니다. 스스로 묻고 그 질문을 파기하고 새로운 가설을 세우고 다시 연구하는 과정 없이 명상만 하는 것은 무익하다는 것이 공자 쌤의 주장이죠.

🌙 15-31.

子曰 "君子謀道不謀食. 耕也, 餒在其中矣, 學也, 祿在其中矣. 君子憂道不憂貧."
자왈 군자모도불모식 경야 뇌재기중의 학야 녹재기중의 군자우도불우빈

공자께서 말씀하셨다. "군자는 도를 추구하지, 밥을 추구하지 않는다. 농사를 지어도 굶주림이 그 가운데 있지만 배움을 사랑하면 녹이 그 가운데 있다. 그러므로 군자는 도를 걱정하지, 가난을 걱정하지 않는다."

··· 반복해 나오는 이야기입니다. 강한 부정은 긍정이라고, 공자는 자주 밥벌이에 대해 이야기합니다. 그만큼 고생이 심했다는 것이죠. 평생 먹고살 일을 걱정해야 했던 생계형 선생의 고뇌가 묻어 나옵니다. 프리랜서의 절박함도 드러납니다. 그러나 공자가 평생 누군가의 후원을 받아 생계 걱정 없이 공부를 했다면, 삶의 진정성이 밴 철학은 나올 수 없었을 겁니다. 가벼운 삶에서 깊은 사상이 나올 수는 없죠.

15-35.

子曰 "當仁, 不讓於師."
자왈 당인 불양어사

공자께서 말씀하셨다. "인을 행할 때는 스승에게도 양보하지 않는다."

•••• 중국에서 만든 드라마 〈공자〉를 보면 이런 대목이 있습니다. 공자 일행이 오나라 군대의 침입으로 진나라를 급히 떠나 떠돌 때입니다. 오나라 군대도, 진나라 군대도, 백성들도 전쟁 통에 이리저리 헤맵니다. 그 와중에 본대에서 떨어져나온 오나라 군사 두 명이 공자 일행의 밥을 빼앗으려다가 제자들에게 붙잡힙니다. 그런데 공자는 먹을 것도 모자란 판국에 오나라 군사들에게 음식을 주라고 합니다. 인을 행하려는 겁니다. 인은 사랑이니까요. 제자들은 모두 반대합니다. 적군에게 왜 먹을 것을 주냐는 겁니다. 이때는 안회도 이해하지 못합니다. 공자는 말합니다. "저들의 얼굴을 잘 보아라. 저들도 누군가의 아들, 누군가의 동생이자 형, 누군가의 남편이다. 전쟁이 미운 것이지 사람이 밉겠느냐." 그러면서 굶주린 적군 병사에게 음식을 건넵니다. 바로 이 구절과 어울리는 장면이었습니다. 인을 행할 때는 스승에게도 양보해선 안 되는데, 공자의 탄식이 들리는 듯합니다.

子曰 "君子 貞而不諒."
자왈 군자 정이불량

공자께서 말씀하셨다. "군자는 정도를 따를 뿐이지, 작은 신의를 고집하지 않는다."

"작은 신의"가 뭘까요? 공자 일행이 겪었던 일을 예로 들어 설명해보겠습니다. 공자가 위나라 포 땅을 지날 때 이곳을 지키는 공숙公叔이란 사람이 위나라에 대항해 반란을 일으키려 했습니다. 공자 일행은 위나라 수도인 제구로 가던 중이었습니다. 이들이 제구로 가서 포 땅의 상황을 이야기할까 걱정된 공숙은 공자에게 "제구로 가지 않겠다고 맹세하시오!"라고 위협했습니다. 공자는 가지 않겠다고 약속하고 포를 빠져나왔죠. 그러고 나서 얼마 뒤 공자는 삼거리에서 제구로 가자고 말합니다. 자공이 물었습니다. "맹세를 어기는 것은 잘못된 것 아닙니까?" 공자가 대답합니다. "요맹야 신불청要盟也 神不聽—강요 때문에 한 맹세는 신도 듣지 않는다(지키지 않아도 된다)"고요.5 억지로 한 약속, 강제로 한 맹세 같은 것이 작은 신의겠죠. 가만히 보면 제자들보다 공자 쌤이 더 융통성 있었습니다.

15-37.

子曰 "事君, 敬其事而後其食."
자왈 사군 경기사이후기식

공자께서 말씀하셨다. "임금을 섬길 때는, 그 일을 먼저 잘하고 그 녹봉은 나중에 생각해야 한다."

•••• 일이 먼저, 연봉은 나중에? 지금은 적용하기 좀 어려운 이야기입니다만, 일을 잘하고 일을 우선시한다면 연봉은 자연히 올라가겠지요…? 제 말이 맞나요?

15-38.

子曰 "有敎無類."
자왈 유교무류

공자께서 말씀하셨다. "가르침은 있으되 차별은 없다!"

•••• 위대한 공자의 평등사상, 박애사상이 이 절에서 빛납니다. 누구나 오라! 공자 쌤의 따뜻한 품으로.

15-39.

子曰 "道不同, 不相爲謀."
자왈 도부동 불상위모

공자께서 말씀하셨다. "가는 길이 다르면 함께 일을 꾀하지 않는다."

가는 길이 같으면, 그 일이 아름답게 이루어집니다. 그러나 가는 길이 다르다면 처음부터 어울리지 말아야 합니다. 처음의 작은 차이가 나중에는 큰 차이로 벌어지니까요. 가는 길이 같은 벗을 어디에서 만날 수 있을까요?

15-40.

子曰 "辭達而已矣."
자왈 사달이이의

공자께서 말씀하셨다. "말이란 그 뜻이 통하는 것을 첫째로 한다."

글도 마찬가지입니다!

15-41.

師冕 見, 及階, 子曰 "階也." 及席, 子曰 "席也." 皆坐, 子告之曰 "某在斯, 某在斯."
사면 현 급계 자왈 계야 급석 자왈 석야 개좌 자고지왈 모재사 모재사

師冕 出. 子張問曰 "與師言之道與?" 子曰 "然, 固相師之道也."
사면 출 자장문왈 여사언지도여   자왈 연 고상사지도야

맹인 음악 선생님 면冕이 뵈러 왔을 때 계단에 이르자 공자께서는 "계단입니다"라고 말씀하셨고, 자리에 이르자 공자께서는 "자리입니다"라고 말씀하셨다. 모두 앉자 공자께서는 "아무개는 여기에 있고 아무개는 저기에 있습니다"라고 일러주셨다. 면 선생이 나가자 자장이 여쭈었다. "그렇게 하는 것이 맹인 악사와 말씀하실 때의 도리입니까?" 공자께서 말씀하셨다. "그렇다. 그것이 본래 앞이 보이지 않는 악사를 도와주는 도리다."

〉〉〉〉 아, 참 아름다운 이야기 아닙니까? 공자의 휴머니즘이 뚝뚝 묻어나오는 에피소드입니다. 앞이 보이지 않는 사람을 위해서 그의 눈이 되어 일일이 설명해주는 자상함을 보세요. 누군가에게 보여주려고 일부러 하는 일이 아닙니다. 타인을 진심으로 배려하는 태도가 곧 공자의 삶이기 때문에 가능한 것입니다. 공자가 악사 선생을 대하는 태도를 보고 제자들은 뭘 느꼈을까요? 〈위령공〉 편 35절에 나온 '인을 행함'이 바로 이런 것을 두고 한 말이겠죠. 제게 《논어》에서 한 대목만 꼽으라고 한다면 단연코 이 절을 택하겠습니다. 사랑이 넘치는 우리 공자님!

제
16
편
○

계씨

季氏

16-1.

季氏將伐顓臾. 冉有季路見於孔子曰 "季氏將有事於顓臾." 孔子曰 "求! 無乃爾是
계씨장벌전유 염유계로현어공자왈 계씨장유사어전유 공자왈 구 무내이시

過與? 夫顓臾, 昔者先王以爲東蒙主, 且在邦域之中矣, 是社稷之臣也. 何以伐爲?"
과여 부전유 석자선왕이위동몽주 차재방역지중의 시사직지신야 하이벌위

冉有曰 "夫子欲之, 吾二臣者 皆不欲也." 孔子曰 "求! 周任有言曰 '陳力就列, 不能
염유왈 부자욕지 오이신자 개불욕야 공자왈 구 주임유언왈 진력취열 불능

者止.' 危而不持, 顚而不扶, 則將焉用彼相矣? 且爾言過矣, 虎兕出於柙, 龜玉毁
자지 위이부지 전이불부 즉장언용피상의 차이언과의 호시출어합 귀옥훼

於櫝中, 是誰之過與?" 冉有曰 "今夫顓臾, 固而近於費. 今不取, 後世必爲子孫憂."
어독중 시수지과여 염유왈 금부전유 고이근어비 금불취 후세필위자손우

孔子曰 "求! 君子疾夫舍曰欲之 而必爲之辭. 丘也聞有國有家者, 不患寡而患不均,
공자왈 구 군자질부사왈욕지 이필위지사 구야문유국유가자 불환과이환불균

不患貧而患不安. 蓋均無貧, 和無寡, 安無傾. 夫如是, 故遠人不服, 則脩文德以來之.
불환빈이환불안 개균무빈 화무과 안무경 부여시 고원인불복 즉수문덕이래지

旣來之, 則安之. 今由與求也, 相夫子, 遠人不服, 而不能來也, 邦分崩離析, 而不能
기래지 즉안지 금유여구야 상부자 원인불복 이불능래야 방분붕리석 이불능

守也, 而謀動干戈於邦內. 吾恐季孫之憂, 不在顓臾, 而在蕭牆之內也."
수야 이모동간과어방내 오공계손지우 부재전유 이재소장지내야

계씨가 노나라의 속국 전유를 정벌하려 하자, 계씨 가문의 행정 실무를 맡은 염유와 자로가 공자를 뵙고 말하였다. "계씨가 전유를 차지하려 합니다." 공자께서 말씀하셨다. "구(염유의 이름)야! 이건 너희들이 잘못하는 거 아니냐? 저 전유는 옛적에 주나라의 훌륭한 임금들께서 동몽산의 제주로 삼으셨다. 우리나라의 영역 안에 있으나 전유의 지도자는 주나라의 사직을 담당하는 신하다. 차지해서 뭐 하려느냐?" 염유가 말하였다. "그 사람이 하려는 것이지요, 우리는 둘 다 말렸습니다." 공자께서 말씀하셨다. "구야, 옛 사관 주임이 말하기를 '능력을 펼 수 없다면 그 일을 그만두어야 한다'고 하였다. 위태로운데도 붙들지 않는다면 너희들 하는 일이 뭐냐? 우리나라가 무법천지가 되고 정치는 한 치 앞을 내다볼 수 없다면, 이는 누구의 잘못이겠느냐?" 염유가 말하였다. "지금 저 전유는 견고하고 반란을 자주 일으키는 비읍에 가까우니 지금 손을 보지 않으면 후세에 반드시 걱정거리가 될 것입니다." 공자께서 말씀하셨다. "구야! 군자는 하고 싶으면서 아닌 척 변명하는 것을 미워한다. 이런 말이 있다. '나라를 다스리는 사람은 그 규모가 작은 것을 걱정하지 말고 분배가 고르지 않은 것을 걱정해야 하며, 가난해질까를 걱정하지 말고 평안하지 못할까를 걱정해야 한다.' 대체로 분배가 잘되면 가난이 없고, 조화로우면 모자람이 없고, 평안하면 치우침이 없다. 만약 먼 곳에 사는 사람들이 복종하지 않으면 덕을 쌓아서 그들을 오게 하고, 온 다음에는 편안하게 해주면 된다. 지금 너희들은 계씨를 도우면서, 먼 지방 사람들이 복종하지 않는데도 오게 하지 못하고, 나라가 분열되고 무너져 흩어지는데도 지키지 못하면서 무력으로 다른 지방을 차지할 생각만 하는구나! 계손씨의 걱정거리는 전유가 아니라 바로 너희 같은 부하야!"

• • • 노나라의 독재자 계씨가 전유라는 나라를 무력으로 차지하려 합니다.

이때 계씨의 주요 가신 염유가 자로와 함께 공자를 찾아왔지요. 전유국은 노나라 안에 속했지만 일정한 자치권을 가진 작은 나라로, 천자국天子國인 주나라의 신하 나라이기도 했습니다. 이런 곳을 정벌한다니 공자는 탐탁치 않았죠. 명색이 공자의 제자라면 계씨의 전횡을 막아야 하는데 염유는 변명만 늘어놓습니다.

이 절에서 하나 더 주목할 점은 공자가 계속 염유에게만 이야기한다는 것입니다. 계씨의 제1측근은 염유였습니다. 자로는 고문 정도의 역할이었어요. 계씨를 좌지우지할 수 있는 인물은 자로가 아닌 염유였습니다. 따라서 공자는 처음부터 끝까지 정확히 "구야!"를 외치면서 대화합니다. 사태를 정확히 파악하고 계씨에게 그나마 영향력을 미칠 수 있는 염유에게 말하죠.

이 긴 말씀 중 "개균무빈"은 기억해둡시다. '분배가 잘되면 가난이 없다'는 뜻입니다. 공자님은 마르크스주의자일까요? 휴머니스트겠지요!

16-2

孔子曰 "天下有道, 則禮樂征伐 自天子出, 天下無道, 則禮樂征伐 自諸侯出. 自諸侯
공자왈 천하유도 즉예악정벌 자천자출 천하무도 즉예악정벌 자제후출 자제후
出, 蓋十世 希不失矣, 自大夫出, 五世 希不失矣, 陪臣 執國命, 三世 希不失矣. 天下
출 개십세 희불실의 자대부출 오세 희불실의 배신 집국명 삼세 희불실의 천하
有道, 則 政不在大夫. 天下有道, 則 庶人不議."
유도 즉 정부재대부 천하유도 즉 서인불의

공자께서 말씀하셨다. "천하도 도道 가 있으면 예악과 정벌이 천자로부터 나오고, 천하에 도가 행해지지 않으면 예악과 정벌이 제후로부터 나온다. 그것이 제후로부터 나오면 대개 10대 안에 정권을 잃지 않는 일이 드물고, 그것이 대부로부터 나오면 5대 안에 정권을 잃지 않는 일이 드물며, 그것이 가신으로부터 나오면 3대 안에 정권을 잃지 않는 일이 드물다. 천하에 도가 행해지면 정권이 대부에게 있지 않으며, 천하에 도가 행해지면 일반 백성들이 정치를 논하지 않는다."

예악과 정벌이 나온다는 것은 곧 문화와 안보에 대한 모든 정책이 나온다는 의미입니다. 나라를 정의롭게 잘 다스리면 일반 백성들이 정치를 논하지 않는다, 맞는 말입니다. 일반 백성들은 자신에게 주어진 일을 해야죠. 정치는 정치인들이 해야 하고요. 제대로 정치하는 정치인이 적을수록 국민들이 정치를 두고 왈가왈부합니다. 우리나라 일반인들이 '정치를 논하지 않아도' 편안할 날이 올까요? 음, 여러분을 대신해서 제가 정치인들에게 한마디할게요. "똑바로 해, 이것들아!"

16-3.

孔子曰 "禄之去公室五世矣, 政逮於大夫四世矣, 故 夫三桓之子孫微矣."
공자왈 록지거공실오세의 정체어대부사세의 고 부삼환지자손미의 공자께서 말씀하셨다. "관리 임명권이 노나라의 조정을 떠난 지 5대가 되었고, 정권이 대부의 손에 들어간 지 4대가 되었다. 그러니 삼환의 자손들도 세력이 쇠약해지는 것이다."

••••• 바로 앞 절과 연결되는 이야기입니다. 화무십일홍 권무십년세花無十日紅 權不十年勢! 열흘 붉은 꽃이 없고 십 년 세력을 누리는 권력은 없다는 말이 있습니다만, 임금을 대신해 정권을 유린하던 삼환 가문은 4대나 이어졌습니다. 공자 시대 말년에 서서히 그 세력이 약해졌고 공자는 그들의 쇠퇴를 정확히 예언합니다. 관리 임명권 없는 임금은 인사권 없는 사장입니다. 인사가 만사인데 인사를 못 한다면 진정한 왕이 아니죠. 리더는 일하는 사람이 아니라 일할 사람을 제자리에 앉히는 사람입니다.

☾ 16-4.

孔子曰 "益者三友, 損者三友. 友直, 友諒, 友多聞, 益矣. 友便辟, 友善柔, 友便佞,
공자왈 익자삼우 손자삼우 우직 우량 우다문 익의 우편벽 우선유 우편녕
損矣."
손의

공자께서 말씀하셨다. "유익한 벗이 셋이 있고 해로운 벗이 셋이 있다. 바른 자를 벗하고, 성실한 자를 벗하고, 견문이 넓은 사람을 벗하면 유익하다. 비위 잘

맞추는 이를 벗하고, 아첨 잘하는 사람을 벗하고, 말만 잘하는 사람을 벗하면
해롭다."

☽ 16-7.

孔子曰 君子有三戒 少之時 血氣未定 戒之在色 及其壯也 血氣方剛 戒之在鬪 及其
공자왈 군자유삼계 소지시 혈기미정 계지재색 급기장야 혈기방강 계지재투 급기
老也 血氣旣衰 戒之在得
로야 혈기기쇠 계지재득

공자께서 말씀하셨다. "군자는 세 가지를 경계해야 한다. 어릴 적에는 혈기가
안정되지 않았으니 색을 경계하고, 장년이 되어서는 혈기가 방장하니 다툼을
경계하고, 늙어서는 혈기가 쇠하니 얻는 것을 경계해야 한다."

여기서 말하는 "어릴 적"이란 20~30대를 말하는 겁니다. 장년은
40~50대, 노년은 60대 이후입니다. 청년기에는 본능과 섹스에 대한 욕망을 경
계해야 하고, 장년에는 분쟁을, 노년에는 물욕을 경계해서 되도록 담담하게 살
아야 한다는 말입니다. 청년 시절에는 50세가 되면 무슨 재미로 사나, 70세 노
인에게도 섹스에 대한 욕망이 있을까 생각하겠지만 천만의 말씀입니다. 인간
의 욕망은 숨이 끊어질 때까지 절대 사라지지 않습니다. 애욕, 물욕을 벗어났
다면 그는 성인에 가까운 사람이겠죠.

플라톤이 쓴 《국가》의 한 대목입니다. 소크라테스가 자기보다 나이가 훨씬 많은 노인 케팔로스에게 묻습니다. "그렇게 나이 드시니 사는 게 힘드시죠?" 케팔로스가 대답합니다. "누가 시인 소포클레스에게 '소포클레스 선생, 그대의 성생활은 어떠시오? 그대는 아직도 여자와 동침할 수 있나요?'라고 물었을 때 나도 그 자리에 있었는데, 소포클레스 님은 '예끼, 이 사람. 그런 말 말게. 나는 거기에서 벗어난 것이 얼마나 기쁜지 몰라. 꼭 미쳐 날뛰는 포악한 주인에게서 벗어난 것 같다니까'라고 대답하더군요…. 욕망들이 한풀 꺾여 귀찮게 조르기를 멈추면 소포클레스가 말한 그대로 우리는 미쳐 날뛰는 수많은 주인에게서 해방된다는 말이지요."[1]

그러고 보면 공자 쌤이 저 위에서 말씀하신 색, 투, 득은 일생 동안 경계해야 하지 않나 싶습니다.

☾ 16-9.

孔子曰 "生而知之者 上也, 學而知之者 次也, 困而學之, 又其次也. 困而不學, 民斯
공자왈　생이지지자 상야　학이지지자 차야　곤이학지　우기차야　곤이불학　민사
爲下矣."
위하의

공자께서 말씀하셨다. "나면서 아는 자는 최상이요, 배워서 아는 자는 다음이요, 고통을 겪고 나서야 배우는 자는 그다음이다. 고통을 겪고도 깨닫지 못하

면 최하의 인간이 된다."

· · · 우리는 왜 고통을 겪고도 깨닫지 못할까요?

16-11.

孔子曰 "見善如不及, 見不善如探湯. 吾見其人矣, 吾聞其語矣. 隱居以求其志, 行義
공자왈 견선여불급 견불선여탐탕 오견기인의 오문기어의 은거이구기지 행의
以達其道. 吾聞其語矣, 未見其人也."
이달기도 오문기어의 미견기인야

공자께서 말씀하셨다. "선한 것을 보면 마치 거기에 미치지 못할 듯이 열심히
애를 쓰고, 선하지 않은 것을 보면 마치 끓는 물에 넣은 손을 빼듯 피해야 한
다는데, 나는 그런 사람을 보았고 그런 말도 들었다. 숨어 살면서 자신의 뜻을
구하고 의로움을 실천함으로써 자신의 도를 달성해야 한다는데, 나는 그런 말
을 들었지만 그런 사람은 아직 보지 못했다."

· · · 은거구지 행의달도, 숨어 살면서 자신의 뜻을 구하고 의로움을 실천
함으로써 자신의 도를 달성한다. 공자님은 이런 사람을 보지 못했다고 했는데
아마도 백이, 숙제 같은 충신이 이런 부류 아닐까요? 이 절은 다음 절과 연결
됩니다.

16-12.

齊景公 有馬千駟, 死之日, 民無德而稱焉. 伯夷叔齊 餓于首陽之下, 民到于今稱之.
제경공 유마천사 사지일 민무덕이칭언 백이숙제 아우수양지하 민도우금칭지
其斯之謂與?
기사지위여

"제나라 임금인 경공은 말을 4000필이나 가지고 있었지만, 그가 죽는 날에 백
성 중에 그의 덕을 칭찬하는 사람이 없었다. 백이, 숙제는 수양산 아래서 굶어
죽었지만 사람들은 그들을 지금까지도 칭송하고 있다. 그것은 바로 이것을 두
고 하는 말인가?"

•••• 마지막의 "이것을 두고 하는 말인가?"의 "이것之"은 앞 절에서 의를 실
천하고 도를 달성한 사람을 의미합니다. 제경공은 기원전 547년에서 기원전
490년까지 무려 57년 동안이나 제나라 임금 자리에 있었습니다. 취미는 새 궁
궐 짓기, 사냥하기, 말 모으기였어요. 말이 4000필이라는 것은 지금으로 치면
마이바흐, 람보르기니, 벤츠가 4000대였다는 것과 마찬가지입니다. 어마어마
한 부자였죠. 이 돈이 다 어디서 나왔을까요? 국민의 세금이에요. 제경공은 자
신의 취미를 위해 가혹하게 세금을 거둬들입니다. 군주가 이러니 대신들도 개
판이 되어 백성들에게 빨대를 꽂고 흡혈귀가 되었죠. 그래서 제경공이 죽었을
때 백성들은 아무도 슬퍼하지 않았습니다. "참, 목숨도 질기다!"고 했을 거예
요. 살아서 제아무리 부유했어도 죽은 다음 아무도 기억하지 않는 인물, 이런

사람이 되고 싶습니까? 아니면 살아서는 고생했지만 죽은 뒤에 명예를 얻은 백이, 숙제가 되고 싶습니까? 물론 제일 좋은 것은 살아서도 너무 비참하지 않고 죽고 나서도 명예를 지키는 것이겠지만요.

16-13.

陳亢問於伯魚曰 "子亦有異聞乎?" 對曰 "未也. 嘗獨立, 鯉趨而過庭.
진항문어백어왈　자역유이문호　대왈 미야　상독립 리추이과정

曰 '學詩乎?'
왈 학시호

對曰 '未也.' '不學詩, 無以言.' 鯉退而學詩. 他日, 又獨立, 鯉趨而過庭. 曰 '學禮乎?'
대왈 미야　불학시 무이언　리퇴이학시 타일　우독립 리추이과정 왈 학례호

對曰 '未也.' '不學禮, 無以立.' 鯉退而學禮. 聞斯二者." 陳亢退而喜曰 "問一得三, 聞
대왈 미야　불학례 무이립　리퇴이학례 문사이자　진항퇴이희왈　문일득삼 문

詩聞禮, 又聞君子之遠其子也."
시문례 우문군자지원기자야

진항이 공자의 아들 백어에게 물었다. "당신은 선생님께 특별히 교육을 받으신 게 있나요?" 백어가 대답했다. "아니오. 예전에 아버님께서 홀로 서계실 때 종종걸음으로 안뜰을 지나는데, '시를 공부했느냐?' 하고 물으셨소. '아직 못 했습니다' 하고 대답했더니 '시를 공부하지 않으면 남들과 말을 잘할 수가 없다'고 하셔서 나는 물러나 시를 공부했습니다. 다른 날에 또 홀로 계실 때 안뜰을 지나는데, '예를 배웠느냐?' 하고 물으셨소. '아직 배우지 못했습니다' 하고 대답했더니 '예를 공부하지 않으면 제대로 설 수가 없다'고 하셔서 나는 물러나 예를 공부했소. 내가 들은 것은 이 두 가지뿐이오." 진항이 물러나 기뻐하면서 말했다. "하나를 물어서 세 가지를 알게 되었다. 시에 대하여 듣고, 예에 관하여 들었으며, 또 군자는 자기 자식이라고 특별히 하지 않는다는 것을 알게 되었다."

••••• 진항은 자공의 제자로 약간 스토커 기질이 있는 사람입니다. 진항은 공자님의 아들 백어보다 20세 연하였다는데 이 절에서는 그런 차이는 무시하고 진항과 백어가 서로 존대하는 것으로 설정했습니다. 백어는 50세에 공자보다 앞서 세상을 뜨고 말았지만 그의 아들 자사子思는 동양 고전의 명저 《중용》을 남겼습니다.

공자는 자식이라고 해서 특별한 것을 가르치지는 않았습니다. 다만 시와 예를 공부하라고 했고 백어는 자습을 한 정도로만 묘사됩니다. 친자식을 너무 도외시한 건 아닐까요? 다음의 《맹자》〈이루〉 상편 18절이 그에 대한 대답이 될지도 모르겠습니다.

제자인 공손추가 물었다.

"군자가 자식을 직접 가르치지 않는 것은 무엇 때문입니까?"

맹자가 대답했다.

"가르치는 사람은 반드시 올바른 도리로써 가르치려 하는데, 올바른 도리로써 가르쳤는데 자식이 그 가르침을 행하지 않으면 이어서 성을 내게 되고 이어서 성을 내게 되면 자식의 마음을 해치게 된다. 그럼 부모 자식 사이가 멀어지는데 세상에 이보다 더 나쁜 것은 없다. 그래서 옛날의 군자들은 자식을 서로 바꾸어 가르쳤다."

17-1.

陽貨欲見孔子, 孔子不見, 歸孔子豚. 孔子時其亡也, 而往拜之. 遇諸塗. 謂孔子曰
양화욕현공자　공자불견　귀공자돈　공자시기무야　이왕배지　우저도　위공자왈

"來! 予與爾言." 曰 "懷其寶而迷其邦, 可謂仁乎?" 曰 "不可." "好從事而亟失時, 可
래　여여이언　왈　희기보이미기방　가위인호　　왈　불가　　호종사이기실시　가

謂知乎?" 曰 "不可." "日月逝矣, 歲不我與." 孔子曰 "諾, 吾將仕矣."
위지호　왈　불가　　일월서의　세불아여　공자왈　락　오장사의

양화가 공자를 뵙고자 하였으나 공자께서 만나주시지 않자, 공자께 삶은 돼지
를 선물로 보냈다. 공자께서 그가 없는 때를 타서 답례하러 가시다가 길에서
그와 마주쳤다. 양화가 공자에게 말했다. "이리 좀 오시오. 제가 선생과 하고 싶
은 말이 있소이다." 양화가 이어서 말했다. "보석 같은 재주를 품고 있으면서도
자기 나라를 어지럽게 놓아둔다면 인하다고 할 수 있겠습니까?" "그렇다고 할
수 없지요." "정치에 종사하기를 원하면서도 자주 때를 놓친다면 지혜롭다고
할 수 있습니까?" "그렇다고 할 수 없지요." "날과 달은 흘러가는 것이니, 세월
은 나와 함께 있지를 않습니다." 공자께서 말씀하셨다. "알겠습니다. 나도 장차

벼슬을 할 것입니다."

●●● 양화라는 인물은 공자의 인생 라이벌입니다. 공자가 관직에 오르기 전 기원전 509년부터 노나라의 실권을 잡고 있었습니다. 양화는 이때부터 8년 동안 노나라 독재자로 군림하다 반란에 실패하고 제나라를 거쳐 진晉나라로 도주합니다.

이 절은 양화가 노나라 최고의 실력자였을 때 이야기입니다. 독재자가 집권하면 명망이 있는 사람을 스카우트하는 것이 동서고금의 이치죠. 양화가 수차례 공자를 불러도 오지 않자 돼지고기 선물을 보냅니다. 그 당시에는 선물을 받으면 답례를 하는 것이 예였습니다. 그런데 공자는 양화 얼굴을 보기가 싫었어요. 그래서 양화가 집에 없는 틈을 타서 답례품을 주러 가다가 딱 마주쳐버린 겁니다. 그 기회를 놓치지 않고 양화가 비유를 들어 공자의 마음을 떠봅니다. "시간 금방 갑니다. 어서 내 밑으로 오시오." 공자는 자리를 모면하기 위해 얼른 대답하죠. "알았습니다. 나도 곧 관직에 나갈 겁니다." 공자가 이때 양화 밑에 들어가서 장관 자리라도 하나 잡았다면 반란에 휩쓸렸겠죠? 아무리 달콤해 보여도 공짜로 주는 떡은 덥석 무는 게 아닙니다.

子曰 "性相近也, 習相遠也."
자왈 성상근야 습상원야

공자께서 말씀하셨다. "타고난 본성은 서로 비슷하지만, 익힘에 따라 서로 멀어
지게 된다."

••••• 나면서부터 나쁜 사람이 있을까요? 어린 시절에는 모두 비슷합니다.
환경에 따라, 교육에 따라, 가족이나 친구에게 영향을 받으면서 변하는 게 아
닐까요? 어떤 습관을 갖느냐에 따라 어떤 사람은 어리석게 되고 어떤 사람은
훌륭하게 됩니다.

아리스토텔레스는 《니코마코스 윤리학》에서 이런 말을 합니다. "행복해지려
는 사람은 미덕에 걸맞은 활동을 평생 지속해야 한다. 제비 한 마리가 날아온
다고 봄이 오지 않듯, 사람도 하루아침에 행복해지지 않는다."[1] 그러면서 그는
"좋은 성격ēthos이라는 미덕은 습관ethos의 결과로 생겨난다"고 했습니다.[2] 습
관이 성격입니다. 평소 습관이 좋지 않고 건방지고 게으른 사람이 갑자기 공손
하고 부지런한 성격으로 변할 수는 없는 법이죠.

17-3.

子曰 "唯上知與下愚 不移."
자왈 유상지여하우 불이

공자께서 말씀하셨다. "상위의 똑똑한 사람들과 하위의 어리석은 사람들은 쉽게 변하지 않는다."

상위 10퍼센트 사람들은 스스로 똑똑하다고 만족하고, 하위 10퍼센트 사람들은 노력해도 잘 안되기에 그런 것은 아닐까요? 상위든 하위든 공부하고 변하려고 애쓰는 노력이 중요한 것 같습니다.

17-4.

子之武城 聞弦歌之聲 夫子莞爾而笑曰 "割鷄, 焉用牛刀?" 子游 對曰 "昔者 偃也
자지무성 문현가지성 부자완이이소왈 할계 언용우도   자유 대왈 석자 언야
聞諸夫子 曰 '君子學道則愛人 小人 學道則易使也.'" 子曰 "二三者 偃之言 是也
문저부자 왈 군자학도즉애인 소인 학도즉이사야   자왈 이삼자 언지언 시야
前言戲之耳."
전언희지이

공자께서 자유가 다스리는 무성에 가셨을 때, 무성 관청 안에서 현악기를 연주하며 노래 부르는 것을 들으셨다. 선생께서는 빙그레 웃으시며 말씀하셨다.

"닭 잡는 데 어찌 소 잡는 칼을 쓰냐?" 제자들도 같이 웃었다. 나중에 공자님을 마중 나온 자유가 그 이야기를 듣고 말했다. "예전에 선생님께서 '군자가 도를 배우면 남을 사랑하게 되고, 소인이 도를 배우면 부리기 쉬운 교양인이 된다'고 하셨습니다. 저는 이 고을 사람들을 도로 다스리기 위해 음악을 연주하는 것입니다. 선생님도 저희를 음악으로 가르치지 않으셨습니까?" 공자께서 말씀하셨다. "애들아, 자유의 말이 옳다. 아까 한 말은 농담이야, 농담!"

•••• 정말 드라마와 유머가 넘치죠?《논어》에는 이런 드라마가 참 많습니다. 자유가 무성 시장이 되어서 공자와 제자들을 초대했습니다. 초대된 제자들은 대부분 자유보다 선배죠. 자유는 좀 자랑하고 싶었던 겁니다. 시립 오케스트라 연주를 하고 합창단을 선보였어요. 연주와 노래 소리가 관청 밖에서도 들렸습니다. 공자가 제자들과 관청으로 오는 길에 이걸 듣고 제자들에게 농담을 던져요. "야야, 자유 좀 봐라. 교향악단에 합창단까지 운영하네. 닭 잡는 데 소 잡는 큰 칼을 쓰는데?" 하고 제자들과 함께 웃습니다. 이 말을 듣고 자유는 좀 속이 상했습니다. 당장 따져요. "선생님이 예와 음악으로 다스리면 누구든 착하고 훌륭한 사람이 된다고 하지 않으셨습니까!" 공자 쌤 좀 보십시오. 바로 꼬리를 내리면서 농담이라고 합니다. 제자나 선생이나 참 귀여운 사람들 아닌가요?

17-5.

公山弗擾以費畔, 召, 子欲往. 子路不說, 曰 "末之也已, 何必公山氏之之也?" 子曰
공산불요이비반 소 자욕왕 자로불열 왈 말지야이 하필공산씨지지야   자왈

"夫召我者, 而豈徒哉? 如有用我者, 吾其爲東周乎?"
부소아자 이기도재   여유용아자 오기위동주호

공산불요가 비읍을 근거지로 하여 반란을 일으키고 공자를 부르자 공자께서
가려 하셨다. 자로가 기분 나빠하며 말하였다. "가실 데가 없으면 그만두실 것
이지, 하필이면 공산불요에게 가려 하십니까?" 공자께서 말씀하셨다. "나를 부
르는 사람이 어찌 공연히 그러겠느냐? 나를 써주는 곳이 있다면, 나는 그곳을
동쪽 주나라로 만들 것이다."

··· 공산불요는 원래 양화의 '똘마니'였는데 양화가 반란에 실패하고 도주
한 뒤 쿠데타를 일으켜 노나라의 실권을 잡습니다. 공산불요가 양화처럼 공자
를 초청합니다. 공자는 그 부름에 응해 정장으로 갈아입고 길을 나서는데 자
로가 화가 나서 들이닥쳐 "아니, 공산불요 같은 인간이 부른다고 진짜 가실 거
유?" 이러는 겁니다. 공자님은 "누구든 나를 불러 써주기만 하면, 나는 어느
곳이든 덕과 정의가 넘치는 제2의 주나라로 만들 자신이 있다"고 우깁니다. 에
휴, 이럴 때는 오랜 실업 생활에 지친 '만년 취준생' 공자님이 안쓰러워 보입니
다. 누군들 3년 동안 직장이 없으면 오라는 곳 마다하겠습니까…?

17-9.

子曰 "小子 何莫學夫詩? 詩, 可以興, 可以觀, 可以郡, 可以怨. 邇之事父, 遠之事君,
자왈 소자 하막학부시 시 가이흥 가이관 가이군 가이원 이지사부 원지사군
多識於鳥獸草木之名."
다식어조수초목지명

공자께서 말씀하셨다. "애들아, 왜 시를 공부하지 않느냐? 시는 사람의 감정을
솟아나게 하고 사물을 잘 관찰하게 하고 사람들과 잘 어울리게 하며 슬픔을
표현할 수 있게 한단다. 가까이는 어버이를 섬기고, 멀리는 임금을 섬기는 이야
기가 담겨 있지. 또 새와 짐승, 풀과 나무의 이름에 대해서도 많이 알려준단다."

·····시는 노래이자 학문이었습니다. 시를 흥얼거리면서 암기하는 것은 공
자 학단의 중요한 커리큘럼이었죠. 게으른 제자들에게 공부를 권하는 모습입
니다.

17-10.

子謂伯魚曰 "女爲周南召南矣乎? 人而不爲周南召南, 其猶正牆面而立也與."
자위백어왈 여위주남소남의호 인이불위주남소남 기유정장면이립야여

공자께서 아들 백어에게 말씀하셨다. "너는 주남과 소남을 공부하였느냐? 사

람으로서 〈주남〉과 〈소남〉을 공부하지 않는다면, 그것은 바로 담벼락을 마주하고 선 것과 같다."

〈주남〉과 〈소남〉은 《시경》 첫 부분 이름입니다. 주나라 건국자 주무왕의 동생 중 주공이 주나라에서 모은 시들을 〈주남〉, 소공이 남쪽에서 모은 시들을 〈소남〉이라고 합니다. 주로 사랑 노래지만 매우 수준이 높아요. 그중 하나를 소개합니다. 〈들판에서 잡은 노루〉라는 제목의 시입니다. "들판에서 잡은 노루 고기를 / 흰 띠풀로 싸서 주었네. / 춘정을 품은 아가씨 있어 / 멋진 사내가 유혹하네. // 숲 속의 잔 나무와 들판에서 잡은 사슴 고기를 / 흰 띠풀로 묶어주니 / 아가씨 옥같이 아름다워라. // 천천히 가만가만 / 내 앞치마를 건드리지 마세요. / 삽살개가 짖게 하지 마세요."³ 격조 높으면서도 마음을 설레게 하는 그런 애정의 노래입니다.

🌙 17-11.

子曰 "禮云禮云, 玉帛云乎哉? 樂云樂云, 鐘鼓云乎哉?"
자왈　예운예운　옥백운호재　악운악운　종고운호재

공자께서 말씀하셨다. "예가 이렇다, 저렇다 말들 하지만 그것이 옥이나 비단을 말하는 것이겠느냐? 음악이 이렇다, 저렇다 말들 하지만 그것이 종이나 북을 말하는 것이겠느냐?"

···· 옥이나 비단은 공자님 시대 제후들이 서로 방문할 때 주고받은 선물이
었습니다. 제사를 지낼 때도 필요했죠. 예와 음악의 핵심은 형식이 아니라 내
용이라는 것. 이것이 공자님이 하고 싶은 말이었습니다. 그렇다면 예의 핵심은
뭘까요? 저는 배려가 아닐까 합니다. 음악의 핵심은 마음의 평화를 얻는 것이
라고 보고요. 화나고 분하고 억울할 때 아름다운 음악을 들으면 금세 평온해
짐을 느낄 수 있지 않습니까?

🌙 17-12.

子曰 "色厲而內荏 譬諸小人, 其猶穿窬之盜也與."
자왈 색려이내임 비저소인 기유천유지도야여

공자께서 말씀하셨다. "겉보기에는 위엄이 있는 것 같아도 속이 좁은 사람은
소인이다. 말하자면 벽을 뚫고 담을 넘는 좀도둑 같은."

···· 다음 13절과 연결해서 읽어보실 것을 권합니다.

17-13.

子曰 "鄉原 德之賊也."
자왈 향원 덕지적야

공자께서 말씀하셨다. "향원은 덕을 해치는 인간들이다."

　　주희는 《논어집주》에서 "향원"을 이렇게 해석해놨습니다. "마을 사람 가운데 시류에 동조하고 부패에 영합하여 세상에 아첨하는 사람."[4] 한마디로 위선자입니다.

17-14.

子曰 "道聽而塗說, 德之棄也."
자왈 도청이도설 덕지기야

공자께서 말씀하셨다. "길에서 듣고 그것을 바로 길에서 말하는 것은 덕을 버리는 것이다."

　　길에서 듣고 길에서 말한다는 것은 뭘까요? 다산 선생은 "도청도설이란 입이 가벼운 사람을 말하는 것"이라면서[5] 말을 삼가지 못하면 안 된다고 풀었고, 도올 선생은 "남의 이론을 자기의 설인 양 말하는 것"[6]이라고 해석했습니다. 듣고 나서 어떻게 실천할까를 고민하지 않고 다 아는 듯 이야기하는 것을 경계하는 것이라고 볼 수 있겠습니다.

☾ 17-15.

子曰 "鄙夫 可與事君也與哉? 其未得之也, 患得之. 旣得之, 患失之. 苟患失之, 無所
자왈 비부 가여사군야여재 기미득지야 환득지 기득지 환실지 구환실지 무소
不至矣."
부지의

공자께서 말씀하셨다. "비루한 자들과 함께 임금을 섬길 수 있겠는가? 저들은 원하는 부귀를 얻지 못했을 때는 얻으려고 안달이고, 이미 얻고 나서는 잃을까 안달한다. 진실로 잃을까 근심하게 되면 못하는 짓이 없게 된다."

•••• 어쩌면 2500년 전의 모습이 지금과 똑같을까요? 부정부패에 찌든 정치인들과 관료들이 생각납니다. 부귀를 잃을까 근심하여 못하는 짓이 없는 것들, 제발 사라졌으면 합니다.

子曰 "予欲無言." 子貢曰 "子如不言, 則小子何述焉?" 子曰 "天何言哉? 四時行焉,
자왈 여욕무언 자공왈 자여불언 즉소자하술언 자왈 천하언재 사시행언
百物生焉, 天何言哉?"
백물생언 천하언재

공자께서 말씀하셨다. "나는 더 말하고 싶지 않다." 자공이 말했다. "선생님께서 말씀 않으시면 저희들이 어떻게 선생님의 뜻을 전하겠습니까?" 공자께서 말씀하셨다. "하늘이 무슨 말을 하더냐? 사철이 지나고 만물이 생겨나지만, 하늘이 무슨 말을 하더냐?"

왠지 몰라도 공자님이 완전 삐치셨네요. 자공이 위로하려고 해도 그냥 씹어버리는 모습입니다. 은근히 귀엽지 않나요?

孺悲欲見孔子, 孔子辭以疾. 將命者出戶, 取瑟而歌, 使之聞之.
유비욕현공자 공자사이질 장명자출호 취슬이가 사지문지

유비가 공자를 뵙고자 하였으나, 공자께서는 병을 핑계로 거절하셨다. 청을 전하러 온 사람이 문을 나서자, 슬을 뜯으며 노래를 부르시어 사자가 그 소리를

듣도록 하셨다.

•••• 유비는 공자에게 배운 제자인데 무슨 일인지 알 수 없으나 공자에게
큰 잘못을 저지른 사람입니다. 그가 찾아오니 공자님은 아프다고 핑계를 대고
만나주지 않아요. 그런데 심부름하러 온 이가 나가려 하니 기타 치면서 노래
까지 합니다. '가서 너의 주인 유비에게 공자 쌤이 노래까지 하더라고 전해라'
는 뜻입니다. 《맹자》의 〈고자告子〉 편에 이런 말이 있습니다. "내가 달갑지 않
아 가르치기를 거절하는 것도 가르침의 한 방법이다." 거절당한 사람이 그 이
유를 곰곰이 생각해본다면 어떤 깨달음을 얻을 수도 있겠죠.

☾ 17-21.

宰我問, "三年之喪, 期已久矣. 君子三年不爲禮, 禮必壞, 三年不爲樂, 樂必崩. 舊穀
재아문 삼년지상 기이구의 군자삼년불위례 예필괴 삼년불위악 악필붕 구곡
旣沒, 新穀旣升, 鑽燧改火, 期可已矣." 子曰 "食夫稻, 衣夫錦, 於女安乎?" 曰 "安."
기몰 신곡기승 찬수개화 기가이의 자왈 식부도 의부금 어여안호 왈 안

"女安則爲之! 夫君子之居喪, 食旨不甘, 聞樂不樂, 居處不安, 故不爲也. 今女安則爲
여안즉위지 부군자지거상 식지불감 문악불락 거처불안 고불위야 금여안즉위

之!" 宰我出. 子曰 "予之不仁也! 子生三年, 然後免於父母之懷. 夫三年之喪, 天下之
지 재아출 자왈 여지불인야 자생삼년 연후면어부모지회 부삼년지상 천하지

通喪也, 予也有三年之愛於其父母乎!"
통상야 여야유삼년지애어기부모호

재아가 선생님에게 말했다. "3년상은 기간이 너무 깁니다. 3년상을 치르느라 예의나 음악 같은 것도 다 잊게 됩니다. 1년만 지나도 쌀은 묵고 사람들은 새로운 계획을 세웁니다. 3년상을 줄여서 1년 상만 하면 될 것입니다." 스승께서 말씀하셨다. "너는 부모상을 당하고서 쌀밥 먹고 비단옷 입는 것이 맘 편하냐?" 하니 재아는 "편합니다"라고 했다. 스승께서 다시 말씀하셨다. "네가 편하면 그대로 하려무나. 군자가 부모상을 당했을 적엔 맛있는 음식을 먹어도 달지 않으며, 즐거운 음악을 들어도 즐겁지 않으며, 거처하는 곳이 편안해도 편안하지 않기 때문에 이런 것을 하지 않는데, 지금 너는 이런 것을 마음 편안히 여긴다니 그렇다면 마음대로 해라." 재아가 밖으로 나가니 스승께서 이런 말씀을 하셨다. "재아는 속이 좁구나. 자식이 태어난 지 3년이 되어야만 부모의 품을 벗어나게 된다. 그래서 부모의 은혜를 갚기 위해 3년상을 지내는 것이다. 이것을 모든 사람들이 인정하고 3년상을 지내는데, 재여는 그런 부모님 사랑을 받지 못했는가?"

••• 재아와 공자의 코믹 드라마 한 편입니다. 재아의 반항도 만만치 않죠? 재아는 문제아 기질이 농후한 인물입니다. "부모상을 당했는데 잘 먹고 잘 입으면 맘이 편하냐?"라고 물으니 대놓고 "편한데요"라고 답합니다. 다른 선생님 같았으면 재아는 벌써 회초리 몇 대 맞았을 텐데 말이에요. 그러지 못하는 마음 약한 공자의 최대 무기는 없는 자리에서 욕하기입니다. 공자, 뒷공론의 왕자 맞죠?

17-22.

子曰 "飽食終日, 無所用心, 難矣哉! 不有博奕者乎? 爲之猶賢乎已."
자왈 포식종일 무소용심 난의재 불유박혁자호   위지유현호이

공자께서 말씀하셨다. "배부르게 먹기만 하고 온종일 마음 쓰는 데가 없다면
정말 곤란하다! 장기나 바둑이라도 있지 않느냐? 그런 것이라도 하는 것이 아
무 일도 하지 않는 것보다는 낫다."

• • • • 공자 당시에는 일단 '공자 학당'에 들어오면 24시간 합숙 체제였습니다.
자급자족하면서 공부도 하는 겁니다. 자기들이 먹을 것 마련하고 의식주를 해
결하는 거예요. 먹고 자면서 선생님한테 배우는 거니 일상의 이런저런 모습도
다 선생님이 보게 되어 있죠. 공 선생 제자들도 꽤나 농땡이 쳤나 봅니다.

17-23.

子路曰 "君子尙勇乎?" 子曰 "君子義以爲上, 君子有勇而無義 爲亂, 小人有勇而無
자로왈 군자상용호   자왈 군자의이위상 군자유용이무의 위난   소인유용이무
義 爲盜."
의 위도

자로가 여쭈었다. "군자는 용기를 숭상합니까?" 공자께서 말씀하셨다. "군자는

올바른 것을 제일로 여긴다. 군자가 용기만 있고 의를 모르면 난을 일으키고, 소인이 용기만 있고 의를 모르면 도적질을 하게 된다."

17-24.

子貢曰 "君子亦有惡乎?" 子曰 "有惡, 惡稱人之惡者, 惡居下流而訕上者, 惡勇而無
자공왈　군자역유오호　자왈　유오　오칭인지악자　오거하류이산상자　오용이무
禮者, 惡果敢而窒者." 曰 "賜也亦有惡乎?" "惡徼以爲知者, 惡不孫以爲勇者, 惡訐
례자　오과감이질자　왈　사야역유오호　　오요이위지자　오불손이위용자　오알
以爲直者."
이위직자

자공이 물었다. "군자도 미워하는 것이 있습니까?" 공자께서 말씀하셨다. "미워하는 것이 있지. 남의 나쁜 점을 들추어 떠드는 것을 미워하고, 낮은 지위에 있으면서 윗사람을 헐뜯는 것을 미워하며, 용기만 있고 예의가 없는 것을 미워하고, 과감하기만 하고 융통성이 없는 것을 미워한다." 그리고 물으셨다. "사야, 너도 미워하는 것이 있느냐?" "남의 생각을 훔쳐서 지혜로운 체하는 것을 미워하고, 불손한 것을 용감하다고 여기는 것을 미워하며, 남의 비밀을 까발리면서 정직하다고 여기는 것을 미워합니다."

남의 생각을 훔쳐서 지혜로운 체하는 것. 자공은 2500년 전에 이미 저작권 개념이 있었던 걸까요?

17-25.

子曰 "唯女子與小人 爲難養也, 近之則不孫, 遠之則怨."
자왈 유여자여소인 위난양야 근지즉불손 원지즉원

공자께서 말씀하셨다. "오직 소인과 같이 있는 여자는 대하기가 어렵다. 이런 여자는 가까이하면 버릇이 없고 멀리하면 원망한다."

•••• 이 절의 해석은 대개 "오직 여자와 소인만이 대하기가 어렵다"입니다. 공자가 비난받는 이유 중 하나가 바로 이 절에서 나타나는 여성관입니다. 그러나 2500년 전이라는 역사적 시간과 그 당시 만연했던 여성관의 한계를 인정해야겠죠.

저는 위의 여與라는 한자는 전치사로서 행위의 동반자를 나타내는 '~와', '더불어'가 아닌 '~와 함께 있다', '더불어 하다'라는 동사로 봅니다. 따라서 "오직 소인과 더불어 있는 여자는 대하기가 어렵다"로 해석했습니다. 이 절의 '여자'를 '남자'로 바꾸어도 마찬가지라고 생각합니다. 인간은 누구나 가까이하면 버릇이 없어지고 멀리하면 원망합니다. 그것이 인지상정이죠. 그런데 뒤집어 보면 이렇게도 해석됩니다. '공자님도 여자들한테 어지간히 데셨나 보다'라고요. 그러니까 이런 말을 하겠죠. 공자 쌤! 도대체 누구입니까, 누구예요?

17-26.

子曰 "年四十而見惡焉, 其終也已."
자왈 연사십이견오언 기종야이

공자께서 말씀하셨다. "나이 마흔이 되어도 남에게 손가락질받는다면, 그걸로 끝이다."

"견오언"의 해석은 무척 다양합니다. "사람들에게 미움을 받으면",[7] "남에게 미움을 받는다면!",[8] "나쁜 것을 드러낸다면",[9] "주위 사람에게 손가락질받으면"[10] 등 여러 가지가 있어요.

이 책을 읽는 독자 여러분은 아직 마흔 되려면 멀었죠? 네? 내일모레 마흔 이라고요?

제 18 편 ○

미자
微子

18-1.

微子去之, 箕子爲之奴, 比干諫而死. 孔子曰 "殷有三仁焉."
미자거지 기자위지노 비간간이사 공자왈 은유삼인언

___

미자는 주왕을 떠났고, 기자는 주왕의 종이 됐고, 비간은 간하다가 죽었다. 공자께서는 "은나라에 세 명의 인한 사람이 있었다"고 말씀하셨다.

　‥　미자는 은나라의 마지막 임금이자 폭군이었던 주왕紂王의 형입니다. 서자였기 때문에 왕이 되지 못했습니다. 미자는 주왕에게 여러 차례 바르게 살라고 간언했지만 말을 듣지 않자 주나라로 망명했죠. 은나라가 망한 후에 주무왕은 은나라 유민을 모아 한곳에 살게 했고 미자를 이 지역의 제후로 임명했습니다.

　기자는 주왕의 숙부입니다. 주왕에게 여러 차례 간했으나 소용없자 미련한 척하면서 주왕의 종노릇을 했어요. 비간 역시 주왕의 숙부로 그의 무도함을 끝까지 간하다가 결국 죽임당했습니다. 일설에는 주왕이 "성인의 심장에는 구멍이 일곱 개가 있다는데 과연 그런가?" 하면서 비간의 심장을 도려내어 죽였다고 합니다. 공자는 이 세 사람을 높이 평가했습니다.

🌙 18-2.

柳下惠爲士師, 三黜. 人曰 "子未可以去乎?" 曰 "直道而事人, 焉往而不三黜? 枉道
유하혜위사사 삼출 인왈 자미가이거호   왈 직도이사인 언왕이불삼출   왕도

而事人, 何必去父母之邦?"
이사인 하필거부모지방

유하혜가 사사 벼슬을 하다가 세 번이나 쫓겨났다. 그러자 어떤 사람이 말했다. "선생은 그런 나라를 떠나버릴 수 없었습니까?" 유하혜가 대답하였다. "도를 바르게 지키며 남을 섬긴다면, 어디에 간들 세 번은 쫓겨나지 않겠습니까? 도를 굽혀 아첨하며 남을 섬긴다면, 굳이 부모의 나라를 떠날 필요가 있겠습니까?"

••••• 유하혜는 노나라의 대부로 사사, 즉 지금의 법무부 장관이었습니다. 청렴결백해 공자가 존경했던 사람입니다. 유하혜는 어떤 관직이든 마다 않고 성실히 수행했고, 해고되어도 전혀 동요하지 않았다고 합니다. 마음을 늘 평화롭게 유지했던 사람이죠. 맹자는 이런 유하혜를 백이, 숙제와 같은 성인의 반열

에 올립니다. 유하혜가 세상을 살아가는 법은 아마도 이방원 스타일이었나 봅니다. 〈하여가 何如歌〉에 이런 대목이 있지 않습니까? "이런들 어떠하며 저런들 어떠하리."

18-3.

齊景公待孔子曰 "若季氏, 則吾不能, 以季孟之間待之." 曰 "吾老矣, 不能用也."
제경공대공자왈 약계씨 즉오불능 이계맹지간대지   왈 오로의 불능용야
孔子行.
공자행

제나라 경공이 공자에 대한 대우에 관하여 말했다. "계씨와 같이는 내가 대우할 수 없으니, 계씨와 그 아래 등급인 맹씨의 중간 정도로 대우하겠다." 그러고는 얼마 후에 다시 말했다. "나는 노쇠해서 그런 인물을 쓸 수가 없다." 이 말을 듣고 공자께서는 제나라를 떠나셨다.

· · · 공자가 30대 중반에 제나라에 가서 군주 경공을 만났는데 그가 "당신 노나라에서 연봉 얼마였소?" 하고 묻는 상황입니다. 계씨와 맹씨는 모두 노나라의 대부로 계씨의 연봉이 더 높았나 봐요. 일단 그 중간 정도의 연봉을 주고 공자를 기용하기로 합니다. 그런데 제나라 재상 안영이 경공에게 "공자는 너무 격식과 예의를 차린다. 그런 사람을 기용하면 쓸데없는 데 세금이 낭비된다"고

조언합니다. 그러자 귀 얇은 제경공은 말을 바꿔 공자에게 "이번 스카우트는 없던 일로 합시다"라고 한 거죠. 여기서 중요한 것은 공자의 태도입니다. 공자 행! 머뭇거리지 않고 제나라를 곧 떠나죠. 공자는 인생을 살면서 이런 결단을 수도 없이 내려요. '아니다' 싶으면 바로 떠나는 것. 그것이 제대로 된 인생 아닐까요?

☾ 18-4.

齊人歸女樂, 季桓子受之, 三日不朝, 孔子行.
제인귀여악 계환자수지 삼일부조 공자행

제나라에서 여자 가무단을 보내오자 계환자가 이를 받았다. 이들과 즐기느라 노정공이 사흘이나 조회를 열지 않자 공자께서는 노나라를 떠나셨다.

• • • • 공자가 55세 때 대사구 겸 재상 대리(지금의 법무부 장관이자 국무총리 권한대행)로 재직하면서 노나라를 잘 다스렸습니다. 사마천의 《사기세가》 중 〈공자세가〉를 보면 공자가 관직을 맡은 지 석 달 만에 노나라에서는 길 위에 물건이 떨어져 있어도 사람들이 가져가지 않을 정도로 기강이 잡혔다고 합니다. 이웃 제나라 사람들은 공자가 노나라의 재상 대리를 오래 할수록 자기 나라에 불리하다고 생각합니다. 원래 이웃 나라끼리는 서로 라이벌이라 상대 국가가

잘되는 것을 경계하잖아요. 그래서 제나라는 노나라 임금 노정공에게 말 120
필과 무용수 80명을 보내요. 노정공은 계환자와 노는 것으로는 죽이 잘 맞았
습니다. 이들이 제나라 판 기쁨조에 빠져서 정사를 게을리하자 공자는 '이건
아니다' 싶었는지 노나라를 바로 떠나버려요. 다시 공자행! 이런 결단력이 없
었으면 공자는 거대한 위인이 되지 못했을 겁니다.

🌙 18-8.

逸民, 伯夷, 叔齊, 虞仲, 夷逸, 朱張, 柳下惠, 少連. 子曰 "不降其志, 不辱其身, 伯夷
일민 백이 숙제 우중 이일 주장 유하혜 소련 자왈 불강기지 불욕기신 백이
叔齊與!" 謂柳下惠少連, 降志辱身矣, 言中倫, 行中慮, 其斯而已矣. 謂虞仲夷逸, 隱
숙제여 위유하혜소련 강지욕신의 언중륜 행중려 기사이이의 위우중이일 은
居放言, 身中淸, 廢中權. 我則異於是, 無可無不可.
거방언 신중청 폐중권 아즉이어시 무가무불가

학문과 덕행이 있으면서 세상에 많이 알려지지 않은 사람이 있다. 백이, 숙제와
우중과 이일, 주장과 유하혜와 소련이 그들이다. 공자께서 말씀하시었다. "자신
의 생각을 비굴하게 낮추지 않고 그 몸을 욕되게 하지 않은 자는 백이와 숙제
일 것이다." 또 유하혜와 소련을 평하시어 말씀하시었다. "자신의 생각을 낮추
기도 하고 몸을 욕되게도 하였으나, 그 말이 윤리에 들어맞고 올바르게 행동했
다. 이것만으로도 훌륭하다 할 것이다." 또 우중과 이일을 평하시어 말씀하시었
다. "숨어 살면서 함부로 말하지 않았으며 몸을 깨끗하게 하고 벼슬하지 않는
것이 도리에 들어맞았다." 덧붙여 말씀하셨다. "나는 이들과 다르다. 벼슬할 만

하면 하고, 그만두어야 하면 그만둔다. 머물고 싶으면 머물고 떠나야 하면 바로 떠난다."

· · · · 우중은 오태백의 동생 중옹仲雍입니다. 오나라를 창건해 태백의 뒤를 이어 왕이 됐습니다. 이일과 주장에 대해서는 알려진 바가 없어요. 소련에 대해서 《예기》에 기록이 있다고 합니다. "거상居喪을 잘했는데 사흘 동안 게으름이 없었고, 석 달 동안 해이함이 없었으며, 일 년 동안 비애로왔고, 삼 년 동안 근심 속에서 살았다고 했다. 동이東夷의 자식이라 했으니, 동방예의지국 조선 사람인지도 모르겠다."[1] 상을 잘 치렀다는 이야기지요.

☽ 18-9.

大師摰 適齊, 亞飯干 適楚, 三飯繚 適蔡, 四飯缺 適秦, 鼓方叔 入於河, 播鼗武
태사지 적제 아반간 적초 삼반료 적채 사반결 적진 고방숙 입어하 파도무
入於漢, 少師陽 擊磬襄, 入於海.
입어한 소사양 격경양 입어해

노나라의 태사 지는 제나라로 가고, 둘째 식사의 음악을 맡았던 간은 초나라로 가고, 셋째 식사의 음악을 맡았던 료는 채나라로 가고, 넷째 식사의 음악을 맡았던 결은 진나라로 가고, 북 치던 방숙은 황하가로 가고, 작은 북을 흔들던 무는 한중으로 들어가고 소사 양과 경쇠를 치던 양은 바다 섬으로 들어갔다.[2]

태사는 국립 악단장을 뜻하고 소사는 부악단장입니다. 넷째 식사까지 나오는데 모두 임금이 수라를 들 때 연주한다는 의미입니다. 하루에 밥을 네 번 먹었고, 음악을 들으면서 식사를 했다는 이야기가 왜 《논어》에 나오는지 알 수가 없어요. 공자가 음악 광팬임을 증명하는 대목일까요? 아무리 그래도 감흥이 일지 않습니다.

제
19
편 ○

자
장

子張

19-1.

子張曰 "士見危致命, 見得思義, 祭思敬, 喪思哀, 其可已矣."
자장왈 사견위치명 견득사의 제사경 상사애 기가이의

자장이 말했다. "선비가 위태로운 일을 보면 목숨을 바치고, 득이 될 일을 보면 의를 생각하며, 제사 지낼 때 공경으로 하고, 슬픔으로 상을 치른다면, 그것으로 된 것이다."

〈자장〉 편에는 자장, 자하, 자유의 말이 주로 실려 있습니다. 공자 말년의 제자들로 공자 사후에 3대 세력을 형성한 사람들이죠. 자장은 《논어》 전편을 통해 핵심을 찌르는 질문을 많이 한 사람입니다.

19-2.

子張曰 "執德不弘, 信道不篤, 焉能爲有? 焉能爲亡?"
자장왈 집덕불홍 신도부독 언능위유 언능위무

자장이 말했다. "덕을 잡음(지킴)이 넓지 못하며 도를 믿음이 독실하지 못하면 어찌 있다고 말하며 어찌 없다고 말하겠는가?"[1]

···· 위 해석은 성백효 선생이 했는데 이 절에 대한 주희의 설명은 다음과 같습니다.

"얻은 바가 있으나 지킴이 너무 좁으면 덕이 외롭고, 들은 것이 있으나 독실하지 못하면 도가 폐해진다. 어찌 있다고 하며 어찌 없다고 하겠는가라는 말은 족히 경중이 될 것이 없다는 말과 같다."[2]

주희의 설명에 대한 해석 역시 성백효 선생이 했는데 우리말이면서 해독이 어렵게 느껴집니다. 좀 더 알기 쉽게 옮겼으면 좋았을 텐데 하는 아쉬움이 남습니다.

子夏之門人 問交於子張. 子張曰 "子夏云何?" 對曰 "子夏曰 '可者與之, 其不可者拒之.'"
자하지문인 문교어자장 자장왈 자하운하   대왈 자하왈 가자여지 기불가자거지

子張曰 "異乎吾所聞, 君子 尊賢而容衆, 嘉善而矜不能. 我之大賢與, 於人何所不
자장왈 이호오소문 군자 존현이용중 가선이긍불능 아지대현여 어인하소불

容? 我之不賢與, 人將拒我, 如之何其拒人也?"
용   아지불현여 인장거아 여지하기거인야

자하의 제자 한 사람이 자장에게 사람을 사귀는 일에 대하여 물어보자 자장이 말했다. "자하 선생은 무어라 말씀하시던가?" 문인이 대답했다. "자하 선생님께서는 '함께할 만한 사람과는 사귀고 그렇지 못한 사람은 사귀지 마라'라고 하셨습니다." 자장이 말했다. "내가 스승께 들은 것과는 다르구나. 군자는 현명한 사람을 존경하되 대중도 포용하며, 선한 사람을 아름답게 여기지만 능력 없는 자를 불쌍히 여긴다. 내가 크게 어질다면 사람들을 어찌 포용하지 못하겠는가? 내가 만일 어질지 못하다면 남들이 나를 거부할 것이니, 어찌 남을 거부하겠는가?"

이 절은 자장의 제자가 기록한 것으로 보입니다. 은근 자기 선생님이 자하보다 통이 큰 것처럼 묘사해놨습니다. 라이벌 의식이 낳은 결과라고나 할까요?

19-4.

子夏曰 "雖小道, 必有可觀者焉, 致遠恐泥, 是以 君子不爲也."
자하왈 수소도 필유가관자언 치원공니 시이 군자불위야

자하가 말했다. "비록 작은 기술이라 해도 반드시 볼 만한 것은 있지만, 먼 길
을 가는 데 장애가 될까 염려된다. 이런 이유로 군자는 작은 기술에 집착하지
않는다."

　····　주희에 의하면 작은 기술은 농포의복지속農圃醫卜之屬, 즉 농사짓기,
텃밭 가꾸기, 치료하기, 점치기 등을 뜻합니다.[3] 공자 학단은 실용적인 지식보
다는 형이상학적인 지식을 중요하게 생각했습니다. 《주역》의 〈계사전繫辭傳〉에
이런 말이 있습니다. "형이상자 위지도 형이하자 위지기形而上者 謂之道 形而下者
謂之器",[4] 형상을 넘어선 것을 도라 하고 형상 아래 있는 것을 기라 한다는 의
미입니다.

　아리스토텔레스는 'Metaphysics'라는 책을 썼는데 동양의 학자들이 이걸
'형이상학'이라고 번역했습니다. 형이상학은 물리적 자연현상을 넘어선 그 어
떤 것에 대한 학문입니다. 공자 시대에는 어땠을지 모르지만 현대사회에서는
작은 기술 즉, 소도小道가 아니면 살 수 없습니다. 그야말로 테크놀로지의 시
대니까요.

19-5.

子夏曰 "日知其所亡, 月無忘其所能, 可謂好學也已矣."
자하왈 일지기소무 월무망기소능 가위호학야이의

자하가 말했다. "날마다 그 모르는 것을 알게 되고, 달마다 자신이 능한 것을
잊지 않는다면, 배우기를 좋아한다고 할 수 있다."

19-6.

子夏曰 "博學而篤志, 切問而近思, 仁在其中矣."
자하왈 박학이독지 절문이근사 인재기중의

자하가 말했다. "널리 배우고 뜻을 쉽게 포기하지 마라. 절실히 묻고 가까운 것
부터 생각하라. 그러면 인은 그 가운데 있다."

공자께서도 말씀하셨습니다. "인이 먼 것이겠는가? 내가 인하고자 하
면 바로 인이 다가온다"(〈술이〉 편 29절 참고)고요.

19-7.

子夏曰 "百工居肆 以成其事, 君子學 以致其道."
자하왈 백공거사 이성기사 군자학 이치기도

자하가 말했다. "모든 기술자들은 공방에서 그들의 일을 이루고, 군자는 배움의 세계에서 그들의 도를 이룬다."

〈태백〉편 14절에서 공자도 말했습니다. "그 자리에 있지 않으면, 그 정사를 도모하지 마라"라고요. 플라톤도 《국가》에서 비슷한 말을 했죠. "정의란 제 할 일을 하고 남의 일에 참견하지 않는 것"이라고요.[5] 일단 뜻을 이루려면 남의 일에 코를 박지 않는 게 우선인가 봅니다.

19-8.

子夏曰 "小人之過也 必文."
자하왈 소인지과야 필문

자하가 말했다. "소인은 잘못이 있으면, 반드시 꾸며댄다."

이 찔리는 기분은 뭘까요?

19-9.

子夏曰 "君子有三變, 望之儼然, 卽之也溫, 聽其言也厲."
자하왈 군자유삼변 망지엄연 즉지야온 청기언야려

자하가 말했다. "군자는 세 번 변한다. 그를 멀리서 바라보면 근엄한데, 가까이
가서 대해보면 온화하며, 그의 말을 들어보면 옳고 그름이 정확하다."

···· 사람은 겪어봐야 압니다.

19-10.

子夏曰 "君子 信而後 勞其民, 未信, 則以爲厲己也. 信而後諫, 未信, 則以爲謗己也."
자하왈 군자 신이후 로기민 미신 즉이위려기야 신이후간 미신 즉이위방기야

자하가 말했다. "군자는 백성들에게 신임을 얻은 후에 백성들을 부려야 한다.
만일 믿음을 주지 못하고서 부리면 백성들은 자신들을 괴롭힌다고 여길 것이
다. 윗사람에게는 신임을 얻은 후에 간해야 하는 것이니, 만일 믿음을 주지 못
하고서 간하면 윗사람은 자신을 헐뜯는다고 여길 것이다."

···· 노자의 《도덕경》에 이런 말이 있습니다. "신언불미 미언불신信言不美 美

言不信", 풀이하면 "믿음직스러운 말은 아름답지 못하고 아름다운 말은 믿기 어렵다"는 뜻입니다.[6] 믿음직스러운 말은 종종 듣기 거북합니다. 자하는 우선 믿음을 주고 그 뒤에 말을 해야 통한다는 소통의 이론을 말하고 있습니다. 제가 연기자 생활을 할 때, 대선배 임동진 선생은 이렇게 말씀하시곤 했습니다. "배우가 되기 전에 먼저 인간이 되어라." 이 말은 엔지니어가 되기 전에, 의사가 되기 전에, 팀장이 되기 전에 먼저 인간이 되어라, 전문가가 되기 전에 먼저 사람이 되어라로 바꿀 수도 있겠죠.

☾ 19-11.

子夏曰 "大德不踰閑, 小德出入可也."
자하왈 대덕불유한 소덕출입가야

자하가 말했다. "큰 덕의 한계 안에서는, 작은 덕은 융통성을 두어도 괜찮다."

•••• 〈자로〉 편 17절에서 보듯이 자하는 생각이 얕고 작은 것에 집착했던 사람입니다. 이런 자하가 크게 깨우친 것일까요? 제법 통이 큰 말을 합니다. 아마도 공자의 가르침을 제자들에게 전하는 과정에서 나온 말일 것입니다. 〈위령공〉 편 36절에서 공자는 말합니다. "군자는 정도를 따를 뿐이지, 작은 신의를 고집하지 않는다." 아마도 이 말씀을 자하 식으로 해석한 것 같습니다.

子游曰 "子夏之門人小子, 當洒掃應對進退, 則可矣, 抑末也. 本之則無 如之何?" 子
자유왈 자하지문인소자 당쇄소응대진퇴 즉가의 억말야 본지즉무 여지하   자
夏聞之, 曰 "噫! 言游過矣! 君子之道, 孰先傳焉? 孰後倦焉? 譬諸草木, 區以別矣.
하문지 왈 희 언유과의 군자지도 숙선전언 숙후권언 비저초목 구이별의
君子之道, 焉可誣也? 有始有卒者, 其唯聖人乎!"
군자지도 언가무야 유시유졸자 기유성인호

자유가 말했다. "자하의 제자들은 물 뿌리고 빗질을 하며 손님 응대하거나, 나
아가고 물러나는 예절 등은 잘 지키지만, 그런 것은 중요한 게 아니다. 근본적
인 것은 아무것도 없으니 문제 아닌가?" 자하가 듣고서 말했다. "아! 자유의
말이 지나치구나! 군자의 도에서 어느 것을 먼저 전하고 어느 것을 미루겠는
가? 풀과 나무에 비유하자면, 종류에 따라 기르기를 달리하는 것과 같다. 어찌
처음부터 깊이 있는 도를 가르치겠는가? 처음부터 끝까지 모든 것을 차례대로
잘 가르칠 수 있는 분은 공자 선생님밖에 없을 것이니!"

흔히 소림사에 들어가면 처음 1년은 마당을 쓸고, 그다음 1년은 빨래
를 하고, 마지막 1년은 밥을 짓는다고 합니다. 이렇게 3년이 지나야 무술의 기
초를 배울 수 있습니다. 도 역시 말하자면 인간성부터 가르쳐야 합니다. 그 인
간성은 시험을 쳐서 알 수 있는 것이 아닙니다. 청소도 시켜보고 리셉션도 맡
겨봐야죠. 자유가 큰 그림을 그렸다면, 자하는 '디테일이 전체를 결정한다'는
생각을 가졌던 겁니다. 마지막 문장의 의미는 아마 이런 것 아닐까요? "자유
자네나 나나 공자 선생님과 비교하면 도토리 키 재기야. 그러니까 신경 끄셔."

19-13.

子夏曰 "仕而優則學, 學而優則仕."
자하왈 사이우즉학 학이우즉사

자하가 말했다. "벼슬하면서 여력이 있으면 공부를 하고, 공부를 하면서 또 여력이 있으면 벼슬을 한다."

19-14.

子游曰 "喪致乎哀而止."
자유왈 상치호애이지

자유가 말했다. "상을 당해서는 슬픔을 극진히 하는 데서 그쳐야 한다."

•••• 《논어집주》에서 공자의 11대손인 한나라 학자 공안국孔安國은 이 구절을 "훼불멸성毁不滅性"이라고 해설했습니다.[7] 이 말을 저는 이렇게 해석합니다. "상을 당해서 슬프다고 해도 몸을 너무 망칠 정도가 되어선 안 된다." 당연한 말씀입니다.

19-20.

子貢曰 "紂之不善, 不如是之甚也. 是以 君子惡居下流, 天下之惡皆歸焉."
자공왈 주지불선 불여시지심야 시이 군자오거하류 천하지악개귀언

자공이 말했다. "은나라 주왕이 좋지 않은 자였지만, 그렇게 심한 악행을 저지른 것은 아니었다. 그래서 군자는 하류에 있기를 싫어한다. 세상의 악이 전부 그곳으로 모이기 때문이다."

　　　주나라를 건국한 후 은나라의 마지막 임금 주왕은 폭군으로 낙인찍혔습니다. 자공은 의문을 제시합니다. '과연 주왕이 그렇게 나쁜 놈이었을까?' 꼭 그렇지는 않을 수도 있다. 평균보다 좀 더 하류, 좀 더 수준 아래의 나쁜 놈일 수도 있다는 겁니다. 다만 한번 나락으로 떨어지면 악한 자와 비겁한 자와 아첨하는 자들이 몰려들기에 자공은 그것을 경계했습니다. 추락하는 것은 날개가 없습니다.

19-21.

子貢曰 "君子之過也, 如日月之食焉, 過也, 人皆見之, 更也, 人皆仰之."
자공왈 군자지과야 여일월지식언 과야 인개견지 경야 인개앙지

자공이 말했다. "군자의 잘못은 일식이나 월식과 같다. 잘못을 하면 사람들이 모두 그것을 바라보고, 잘못을 고치면 사람들이 모두 그것을 우러러본다."

･････ 군자로 살기도 참 어렵습니다.

🌙 19-22.

衛公孫朝問於子貢曰 仲尼焉學 子貢曰 文武之道 未墜於地 在人 賢者 識其大者 不
위공손조문어자공왈 중니언학 자공왈 문무지도 미추어지 재인 현자 지기대자 불

賢者 識其小者 莫不有 文武之道焉 夫子 焉不學 而亦何常師之有
현자 지기소자 막불유 문무지도언 부자 언불학 이역하상사지유

위나라의 대부 공손조가 자공에게 물었다. "중니(공자) 선생은 어디에서 배웠습니까?" 자공이 말했다. "문왕과 무왕의 도가 아직 땅에 떨어지지 않고 사람들에게 남았습니다. 현명한 자는 그중에서 큰 흐름을 기억하고 현명하지 못한 자라 해도 그중 소소한 것은 알고 있으니, 문왕과 무왕의 도를 모르는 자가 없습니다. 그러니 선생님께서 어디에서든 배우지 않을 수 있겠습니까? 또 어찌 정해진 스승이 있겠습니까?"

･････ "우리 선생님은 뭘 따로 배우지 않으셨고요, 엄청 독학하셨고 열공하셨어요. 거기다 머리가 되게 좋으세요." 자공은 이렇게 말하고 싶었겠죠?

19-23.

叔孫武叔 語大夫於朝曰 子貢 賢於仲尼 子服景伯 以告子貢 子貢曰 譬之宮牆 賜之
숙손무숙 어대부어조왈 자공 현어중니 자복경백 이고자공 자공왈 비지궁장 사지

牆也及肩 竅見室家之好 夫子之牆 數仞 不得其門而入 不見宗廟之美 百官之富 得
장야급견 규견실가지호 부자지장 수인 부득기문이입 불견종묘지미 백관지부 득

其門者 或寡矣 夫子之云 不亦宜乎
기문자 혹과의 부자지운 불역의호

노나라의 대부 숙손무숙이 조정에서 대부들에게 말했다. "자공이 중니보다 낫다." 중신 자복경백이 이 말을 자공에게 일러주자 자공이 말했다. "선생님과 나의 경지를 건물 담장과 비유해볼까요? 내 담장은 어깨 높이 정도여서 들여다보면 그 안이 다 보이죠. 그러나 선생님의 담장은 매우 높고 어렵게 그 문을 찾아 들어가 보지 않으면 안에 있는 종묘의 아름다움과 백관이 일하는 풍요로운 모습을 도저히 볼 수가 없어요. 그 문을 찾을 수 있는 자도 드물죠. 그러니 숙손 선생이 그렇게 말씀하는 것이 당연합니다."

숙손무숙은 노나라 삼환 중 한 사람으로 실권자였습니다. 그는 자공을 높이 평가했습니다. 자복경백은 공자 학단에 호감을 가졌던 대부입니다. 숙손무숙이 공자보다 자공을 높이 평가하는 말을 하자, 자복경백은 이 말을 자공에게 전합니다. 자공은 "큰일 날 소리! 나는 절대 공 선생님을 따라가지 못합니다. 그분은 거인입니다" 하고 손사래를 치며 부인합니다. 이 대화는 자공도 어느 정도 명망이 있던 시기이자 공자 말년에 이루어졌던 것으로 추정됩니다. 스승에 대한 자공의 평가는 존경심이 가득합니다.

19–24.

叔孫武叔毁仲尼. 子貢曰 "無以爲也! 仲尼不可毁也. 他人之賢者, 丘陵也, 猶可踰
숙손무숙훼중니 자공왈 무이위야 중니불가훼야 타인지현자 구릉야 유가유
也, 仲尼, 日月也, 無得而踰焉. 人雖欲自絶, 其何傷於日月乎? 多見其不知量也."
야 중니 일월야 무득이유언 인수욕자절 기하상어일월호 다견기부지량야

숙손무숙이 공자를 헐뜯자, 이를 들은 자공이 말하였다. "그래야 소용없다. 선
생님은 헐뜯을 수가 없다. 다른 사람의 현명함이란 언덕과 같은 것이라서 그래
도 넘어갈 수 있지만, 선생님은 해나 달과 같으셔서 넘어갈 수가 없다. 사람들
이 해나 달을 보지 않겠다 한들, 해와 달이 무슨 해를 입겠는가? 다만 자신의
한계를 드러낼 뿐이다."

••••• 숙손무숙은 공자에게 좋지 않은 편견을 가진 사람이었습니다. 그 덕에
《논어》에 몇 번 등장하지만 오명만 남았습니다. 이 구절에 나오는 자공의 평가
를 잘 들어보면, 이미 자공은 스승의 이름이 역사에 영원히 남으리라고 확신하
고 있는 것 같습니다. 현인이라 해도 따라갈 수는 있지만, 공 선생님의 수준은
해와 달 같으니 따라가려 해도 도저히 따라갈 수가 없다는 겁니다. 이때, 자공
은 알았을까요? 자신의 이름도 스승의 그것과 함께 영원하리라는 것을?

陳子禽謂子貢曰 "子爲恭也, 仲尼豈賢於子乎?" 子貢曰 "君子一言以爲知, 一言以爲
진자금위자공왈　자위공야 중니기현어자호　　자공왈 군자일언이위지 일언이위

不知, 言不可不愼也. 夫子之不可及也, 猶天之不可階而升也. 夫子之得邦家者, 所謂
부지 언불가불신야 부자지불가급야 유천지불가계이승야 부자지득방가자 소위

立之斯立, 道之斯行, 綏之斯來, 動之斯和. 其生也榮, 其死也哀, 如之何其可及也?"
입지사립 도지사행 수지사래 동지사화 기생야영 기사야애 여지하기가급야

자공의 제자 진자금이 자공에게 말하였다. "선생께서 겸손해서 그렇지, 공자 선생님이 어찌 선생보다 낫겠습니까?" 자공이 말했다. "군자는 말 한마디로 지혜롭다고 인정받기도 하고 말 한마디로 어리석다고 여겨지기도 하니 말을 조심해야 한다. 우리가 공 선생님에게 미칠 수 없는 것은 마치 하늘에 사다리를 놓고 올라갈 수 없는 것과 같다. 선생님께서 나라를 맡아 다스린다면 곧 새롭게 될 것이고 바른 방향으로 이끌면 그리 되었을 것이다. 평화롭게 다스리면 이웃 나라 백성들이 모두 귀순했을 것이며 그들을 격려하여 화목하게 했을 것이다. 그분이 살아계실 때는 백성들이 영예롭게 생각하고, 그분이 돌아가시면 백성들이 애통해할 것이니, 어떻게 공 선생님의 경지에 이를 수 있겠는가!"

• • • 자공의 제자 진자금이 아첨을 하다 뒤통수를 한 대 맞습니다. 이 대목에 이르면 공자에 대한 자공의 존경심은 거의 숭배 수준입니다. 선생님에 대한 비유도 다채롭습니다. "매우 높은 담장", "종묘의 아름다움", "해와 달", "사다리로 닿을 수 없는 하늘"이라니, 어쩌면 이렇게 멋진 표현을 하는지! 문학적인 상징으로 선생님에 대한 사랑을 풍성하게 드러내는 대단한 제자입니다.

제
20
편 ◦

요
왈
堯曰

20-1.

堯曰 "咨! 爾舜! 天之曆數在爾躬, 允執其中. 四海困窮, 天祿永終." (중략) "朕躬有
요왈 자 이순 천지력수재이궁 윤집기중 사해곤궁 천록영종   짐궁유

罪, 無以萬方, 萬方有罪, 罪在朕躬." (후략)
죄 무이만방 만방유죄 죄재짐궁

요임금이 순임금에게 왕위를 물려주며 말했다. "아아, 너 순이여! 하늘의 뜻이
그대에게 있어 왕으로 지명했으니, 진실로 그 가운데를 잡아 치우치지 마라. 만
백성이 가난하고 고달프게 되면 하늘의 복도 끊어지리니." 탕왕이 하늘에 말
했다. "제 몸에 죄가 있다면 만백성의 탓이 아닙니다. 또 만백성에게 죄가 있다
면 그 책임은 오직 저의 몸에 있습니다."

왜 《논어》의 마지막을 요임금의 말로 장식했을까요? 처음에는 저도 어
리둥절했습니다. 잘 나가다가 갑자기 왜 요순 어록이 나오나 하고요. 아시다시
피 요임금, 순임금은 태평성대를 뜻하는 요순시대의 주인공입니다. 전설적인

중국의 개국시조입니다. 중국 역사서 《서경》 첫머리에 요임금에 대한 언급이 나와요. "요임금님은 공경스럽고 총명하고 우아하고 신중하시어 온유함을 느끼게 하셨고, 진실로 공손하시고 겸양하시어 감화의 빛은 온 세상에 퍼져 하늘과 땅에 이르렀다."[1] 어마어마하죠? 이런 분이 자기와 붕어빵인 순임금에게 왕위를 물려줬고, 순임금 역시 성격 좋고 능력 있는 우임금에게 선양했습니다.

이 절은 요임금, 순임금, 은나라의 시조인 탕왕의 어록입니다. 요-순-우-탕왕(은나라)-문왕/무왕(주나라)-주공으로 이어지는 중국 고대사의 성인들은 공자가 존경했던 사람들입니다. 나중에 주희는 유교의 법통이 이들로부터 공자로 이어졌다면서 "우리 부자夫子와 같은 분은 비록 그 지위를 얻지는 못하였지만, 지나간 성인을 계승하고 다가올 후학들의 길을 열어준 공은 오히려 요순보다 더 훌륭하시다"[2]라고 주장해요. 또한 이 절은 공자의 제자들이 《논어》 전편을 통틀어 유일하게 공자님을 '교주'의 위치에 올리기 위해 노력했던 흔적이 남은 부분입니다. 공자의 어록은 곧 요임금, 순임금, 탕왕의 어록이라는 거죠. 이 정도는 애교입니다.

요임금의 훌륭한 점은 자기 자식이 있었고 신하들이 2세에게 왕위를 물려줘야 한다고 주장하는데도 혈연을 떠나 덕 있는 이에게 왕위를 물려줬다는 것입니다. 순임금 역시 능력 있는 자에게 왕위를 물려줬습니다. (우임금 때부터는 혈통 선양이 이어지는데 이때부터 중국의 역사가 시작됩니다.) 요임금은 순임금에게 균형 감각을 가질 것, 백성 위주의 정치를 할 것을 부탁합니다. 좌우 어디로도 치우치지 말고, 가진 자만 위하지 말고 중용을 지키는 것은 바로 리더의 덕목입니다. 백성이 없으면 왕도 없습니다. 탕왕의 말은 리더의 책임감을 강조합니다. 탕왕은 '안 되면 내 탓, 잘되면 백성 탓'이라고 말합니다. 이런 것이 지도자의 마음가짐이어야 합니다.

🌙 20-2.

(전략) 子曰 "君子惠而不費, 勞而不怨, 欲而不貪, 泰而不驕, 威而不猛." (후략)
자왈 군자혜이불비 노이불원 욕이불탐 태이불교 위이불맹

공자께서 말씀하셨다. "군자는 은혜를 베풀되 낭비하지 않고, 수고해줘도 원망하지 않으며, 바라더라도 탐내지 않고, 느긋하지만 교만하지 않고, 위엄이 있되 사납지 않아야 한다."

자장이 "어떻게 하면 정치에 종사할 수 있겠습니까?" 하고 묻자 공자께서 "다섯 가지 아름다운 일을 존중해야 한다"며 하신 말씀입니다. 두고두고 좌우명으로 삼아야겠습니다.

20-3.

子曰 不知命 無以爲君子也 不知禮 無以立也 不知言 無以知人也
자왈 부지명 무이위군자야 부지례 무이립야 부지언 무이지인야

공자께서 말씀하셨다. "천명을 모르면 군자가 될 수 없다. 예의를 모르면 인격
이 완성될 수 없다. 소통할 줄 모르면 사람을 이해하지 못하게 된다."

•••• 천명, 하늘의 뜻입니다. 직업을 영어로 'calling'이라고 하죠? 신의 부름
에 응하는 것! 이 정도로 대단한 의미가 있습니다. 직업은 함부로 택해서는 안
됩니다. 조바심이 난다고, 부모님이 시킨다고, 당장 돈이 없다고 아무 직업이나
가지면 안 됩니다. 군자는 천명을 알아야 합니다. 과연 나의 천명은 무엇일지
마음의 소리를 듣고 따라가 보세요. 《중용》 첫 구절에 이런 말이 있습니다. "천
명지위성, 솔성지위도天命之謂性, 率性之謂道",³ 풀이하면 "하늘의 명령을 따르
는 것을 본성이라 하고, 본성을 따르는 것을 도라고 한다"입니다.

천명을 알고 내 일을 선택하는 것이 우선입니다. 더불어 예의를 갖추고 소통
할 줄 알면 군자, 즉 덕이 있는 사람이자 훌륭한 사람이 되는 겁니다.

공자의 일생

기원전 551년	노나라 추읍에서 하급 무사 숙량흘과 안징재 사이에서 출생.
기원전 549년(3세)	아버지 사망, 어머니는 공자를 데리고 곡부로 이사.
기원전 546년(6세)	어머니가 공부를 가르치기 시작. 어렸을 때부터 매우 영특했음. 제사 그릇을 갖고 놀았다고 함.
기원전 537년(15세)	학문에 뜻을 세움.
기원전 535년(17세)	어머니 사망.
기원전 533년(19세)	송나라 여인 기관 씨와 결혼.
기원전 532년(20세)	곡식을 관리하는 말단 관직을 맡음. 아들 리鯉(호는 백어伯魚) 출생.
기원전 531년(21세)	가축을 관리하는 말단 관직을 맡음.
기원전 530년(22세)	처음으로 제자를 받아 가르치기 시작.
기원전 522년(30세)	학문으로 어느 정도 자립을 이루었다고 평가하고 제자 양성에 공들임.
기원전 518년(34세)	노나라의 남궁경숙과 함께 주나라에 가서 노자를 만남.
기원전 517년(35세)	노나라의 내란을 피해 노소공과 함께 제나라로 감. 제나라 경공을 만남.
기원전 515년(37세)	제경공이 공자를 중용하려 했으나 안영의 반대로 무산. 노나라로 돌아옴.
기원전 512년(40세)	어떤 유혹에도 흔들리지 않는 자신을 발견함.

기원전 502년(50세)	천명을 깨달음.
기원전 501년(51세)	'중도'라는 고을의 시장이 됨.
기원전 502년(52세)	승진을 거듭하여 대사구(지금의 법무부 장관)가 됨. 노정공을 수행하여 제나라 경공을 만남. 제경공이 노정공을 위협하고 웃음거리로 만들려 하자 강력히 항의하여 사과를 받아냄.
기원전 498년(55세)	재상 대리가 되어 정사를 잘 펼침. 노정공이 제나라에서 보내 온 미녀에 빠져 정사를 소홀히 하자 제자들과 함께 노나라를 떠남. 14년의 천하주유가 시작됨.
기원전 493년(59세)	송나라에서 환퇴에게 박해당함.
기원전 492년(60세)	어떤 말을 들어도 이해가 되고 황당한 말을 들어도 그냥 넘길 수 있는 경지에 오름.
기원전 489년(63세)	오나라의 침략으로 진陳나라를 떠났으나 길이 막혀 일주일을 굶주림. 공자 생애 최대의 위기. 초소왕이 공자를 중용하려 했으나 자서의 반대로 무산.
기원전 485년(67세)	부인 기관 씨 사망.
기원전 484년(68세)	제나라가 노나라를 침략했으나 제자 염유의 활약으로 대승. 노나라 계강자의 초청으로 주유천하를 끝내고 귀국함. 이후에는 집필과 교육에 전념함.
기원전 482년(70세)	하고 싶은 대로 해도 법도를 벗어나지 않는 경지에 오름.
기원전 479년(73세)	자공 등 제자들이 지켜보는 가운데 세상을 떠남.

참고문헌

공자 지음, 권오돈 옮김, 《예기》, 홍신문화사, 1990.

공자 지음, 임자헌 옮김, 《군자를 버린 논어》, 루페, 2016.

공자 지음, 오강남 편역, 《도덕경》, 현암사, 199.

구레 도모후사 지음, 이정환 옮김, 《콧노래를 부르며 논어의 숲을 걷다》, 지식의숲, 2006.

김경탁 지음, 《주역》, 명문당, 2011.

김석환 역주, 《논어》, 학영사, 1995, 23쪽.

김수용 지음, 《아름다움과 인간의 조건》, 한국문화사, 2016.

김승호 지음, 《새벽에 혼자 읽는 주역 인문학》, 다산북스, 2015.

김예호 지음, 《한비자 정독》, 삼양미디어, 2014.

김용옥 지음, 《노자와 21세기》 1~3, 통나무, 1999~2000.

김용옥 지음, 《논어 한글역주》 1~3, 통나무, 2008.

김용옥 지음, 《대학·학기 한글역주》, 통나무, 2011.

김학주 지음, 《서경》, 명문당, 2002.

김희영 지음, 《이야기 중국사》 1, 청아출판사, 2006.

류종목 지음, 《논어의 문법적 이해》, 문학과지성사, 2000.

린위탕 지음, 김영수 옮김, 《공자의 유머》, 아이필드, 2010.

명로진 지음, 《공자 팬클럽 홍대지부》, 푸른지식, 2011.

박민영 지음, 《공자 속의 붓다, 붓다 속의 공자》, 들녘, 2005.

박성규 역주, 《대역 논어집주》, 소나무, 2011.

박태섭 지음, 《도덕보장 도경》, 대승회, 2009.

박한제 외 지음, 《아틀라스 중국사》, 사계절, 2007.

사마천 지음, 김영수 옮김, 《완역 사기 본기》, 위즈덤하우스, 2015.

사마천 지음, 김원중 옮김, 《사기 열전》, 민음사, 2007.

사마천 지음, 김원중 옮김, 《사기본기》, 민음사, 2010.

사마천 지음, 김원중 옮김, 《사기세가》, 민음사, 2010.

사마천 지음, 신동준 옮김, 《완역 사기 열전》 1~2, 위즈덤하우스, 2015.

사마천 지음, 신동준 옮김, 《완역 사기세가》, 위즈덤하우스, 2015.

사마천 지음, 연변대학고적연구소 옮김, 《사기열전》, 서해문집, 2006.

성백효 지음, 《(현토신역) 논어집주: 부 안설》, 한국인문고전연구소, 2013.

순자 지음, 김학주 옮김, 《순자》, 을유문화사, 2008.

시모무라 고진 지음, 고운기 옮김, 《논어》, 현암사, 2003.

신영복 지음, 《강의》, 돌베게, 2004.

신정근 지음, 《공자 씨의 유쾌한 논어》, 사계절, 2009.

아리스토텔레스 지음, 천병희 옮김, 《니코마코스 윤리학》, 숲, 2013.

아리스토텔레스 지음, 천병희 옮김, 《정치학》, 숲, 2009.

안기섭 지음, 《신체계 한문법대요》, 보고사, 2012.

안핑 친 지음, 김기협 옮김, 《공자 평전》, 돌베개, 2010.

오규 소라이 지음, 이기동 외 옮김, 《논어징》 1~3, 소명출판, 2010.

왕건문 지음, 이재훈·은미영 옮김, 《공자, 최후의 20년》, 글항아리, 2010.

위단 지음, 임동석 옮김, 《위단의 논어 심득》, 에버리치홀딩스, 2007.

유교문화연구소 지음, 《논어》, 성균관대학교출판부, 2005

유교문화연구소 지음, 《대학·중용》, 성균관대학교출판부, 2007.

유교문화연구소 지음, 《시경》, 성균관대학교출판부, 2008.

유의경 지음, 김장환 옮김, 《세설신어》, 지식을만드는지식, 2012.

유재주 지음, 《평설 열국지》 1~13, 김영사, 2001.

이기동 역해, 《논어강설》, 성균관대학교출판부, 2008.

이기동 지음, 《시경강설》, 성균관대학교출판부, 2004.

이세동 지음, 《대학·중용》, 을유문화사, 2007.

이을호 지음, 《논어고금주 연구》, 한국학술정보, 2015.

이인서원 기획, 김동인·지정민·여영기 옮김, 《세주 완역 논어집주대전》 1, 한울아카데미, 2009.

이재호 지음, 《논어정의》, 솔, 2006.

이중톈 지음, 심규호 옮김, 《이중톈 제국을 말하다》, 에버리치홀딩스, 2008.

이한우 지음, 《논어로 논어를 풀다》, 해냄, 2012.

자사 외 지음, 이세동 옮김, 《대학·중용》, 을유문화사, 2007.

자오빙천 지음, 하진이 옮김, 《논어》, 휘닉스드림, 2008.

정병석 옮김, 《주역》 상, 을유문화사, 2010.

정이천 주해, 심의용 옮김, 《주역》, 글항아리, 2015.

정주영 지음, 《시련은 있어도 실패는 없다》, 제삼기획, 1991.

주희 지음, 박헌순 옮김, 《논어집주》 1~2, 한길사, 2008.

지은이 미상, 심영환 옮김, 《시경》, 홍익출판사, 2012.

지은이 미상, 이민수 옮김, 《공자가어》, 을유문화사, 2015.

지은이 미상, 정상홍 옮김, 《시경》을유문화사, 2014.

진현종 지음, 《공자의 열정》, 들녘, 2001.

채지충 지음, 채지충 그림, 정광훈 옮김, 《채지충의 유교 사상 이야기》, 김영사, 2009.

최진석 지음, 《노자의 목소리로 듣는 도덕경》, 소나무, 2001.

카렌 암스트롱 지음, 정영목 옮김, 《축의 시대》, 교양인, 2010.

패트리샤 버클리 에브리 지음, 이동진·윤미경 옮김, 《사진과 그림으로 보는 케임브리지 중국사》, 시
    공사, 2010.

풍몽룡 지음, 김구용 옮김, 《동주 열국지》 1~12, 솔, 2001.

풍몽룡 지음, 김영문 옮김, 《동주 열국지》 1~5, 글항아리, 2015.

플라톤 지음, 강철웅 옮김, 《소크라테스의 변명》, 이제이북스, 2014.

플라톤 지음, 천병희 옮김, 《국가》, 숲, 2013.

하영삼 지음, 《한자어원사전》, 도서출판3, 2014.

한비 지음, 김원중 옮김, 《한비자》, 글항아리, 2010.

한비 지음, 이운구 옮김, 《한비자》 1~2, 한길사, 2002.

한비 지음, 임동석 옮김, 《한비자》 1, 동서문화사, 2013.

홍사중 지음, 《나의 논어》, 이다미디어, 2004.

Confucius, trans., James Legge, *The Analects of Confucius*, CreateSpace Independent
    Publishing Platform, 2016.

Confucius, trans., Raymond Dawson, *The Analects*, Oxford University Press, 2008.

Confucius, trans., Roger T. Ames and Henry Rosemont Jr., *The Analects of Confucius A
    Philosophical Translation* ,Ballantine Books, 1999.

Confucius, trans., William Edmond Soothill, *The Analects*, Dover Publications, 1995.

Plato, trans., Benjamin Jowett, *Six Great Dialogues: Apology, Crito, Phaedo, Phaedrus,
    Symposium*, Dover Publications, 2007.

—주

제1편. 학이學而

1)   유교문화연구소 지음, 《논어》, 성균관대학교출판부, 2005, 1쪽.
2)   이기동 역해, 《논어강설》, 성균관대학교출판부, 2008, 33쪽.
3)   류종목 지음, 《논어의 문법적 이해》, 문학과지성사, 2000, 16쪽.
4)   김석환 역주, 《논어》, 학영사, 1995, 23쪽.
5)   성백효 지음, 《(현토신역) 논어집주: 부 안설》, 한국인문고전연구소, 2013, 38쪽.
6)   오규 소라이 지음, 이기동 외 옮김, 《논어징 1》, 소명출판, 2010, 58쪽.
7)   성백효 지음, 앞의 책, 39쪽.
8)   오규 소라이 지음, 앞의 책, 71쪽.
9)   위의 책, 65쪽.
10) 위의 책, 37쪽.
11) 위의 책, 79쪽.
12) Confucius, trans., Raymond Dawson, *The Analects*, Oxford University Press, 1993, p. 3.
13) Confucius, trans., James Legge, *Confucian Analects, The Great Learning and The Doctrine of the Mean*, Dover book, 1971, p. 137.
14) Confucius, trans., William Soothill, *The Analects*, Dover publication, 1995, p. 188.
15) 신정근 지음, 《공자 씨의 유쾌한 논어》, 사계절, 2009, 46쪽.
16) 공자 지음, 임자헌 옮김, 《군자를 버린 논어》, 루페, 2016, 19쪽.
17) 오규 소라이 지음, 앞의 책, 155쪽.
18) 김용옥 지음, 《논어 한글역주 1》, 통나무, 2008, 338쪽.
19) 류종목 지음, 앞의 책, 35쪽.
20) 신정근 지음, 앞의 책, 65쪽.

21) 이한우 지음, 《논어로 논어를 풀다》, 해냄, 2012, 75쪽.

22) 이기동 역해, 앞의 책, 70쪽.

23) 이재호 정해, 《논어정의》, 솔, 2006, 46쪽.

24) 김석환 역주, 앞의 책, 36쪽.

제2편. 위정 爲政

1) 김석환 역주, 《논어》, 학영사, 1995, 57쪽.

2) Plato, trans., Benjamin Jowett, *Six Great Dialogues: Apology, Crito, Phaedo, Phaedrus, Symposium*, Dover Publications, 2007, pp. 4~5.

3) 명로진 지음, 《공자 팬클럽 홍대지부》, 푸른지식, 2011, 70~71쪽에서 발췌.

4) 김용옥 지음, 《논어 한글역주 1》, 통나무, 2008, 190~191쪽.

5) 이기동 역해, 《논어강설》, 성균관대학교출판부, 2008, 11쪽.

제3편. 팔일 八佾

1) 공자 지음, 오강남 편역, 《도덕경》, 현암사, 1995, 158쪽

제4편. 이인 里仁

1) 김수용 지음, <아름다움과 인간의 조건>, 학술원 논문집 제54편 2호, 대한민국학술원, 2015, 3쪽

2) 김용옥 지음, 《논어 한글역주 1》, 통나무, 2008, 190~191쪽.

3) 공자 지음, 임자헌 옮김, 《군자를 버린 논어》, 루페, 2016, 63쪽.

4) 린위탕 지음, 김영수 옮김, 《공자의 유머》, 아이필드, 2010, 34쪽.

5) 이을호 지음, 《논어고금주 연구》, 한국학술정보, 2015, 74쪽.

6) 위의 책, 74쪽.

7) 위의 책, 75쪽.

8) 위의 책, 323쪽.

9) 김용옥 지음, 《논어 한글역주 2》, 통나무, 2008, 176쪽.

10) 주희 지음, 박헌순 옮김, 《논어집주 1》, 한길사, 2008, 240쪽.

11) 이기동 역해, 《논어강설》, 성균관대학교출판부, 2008, 172쪽.

제5편. 공야장公冶長

1) 김용옥 지음, 《논어 한글역주 2》, 통나무, 2008, 216쪽에 따라 5-1편을 두 편으로 나누었다.

2) 성백효 지음, 《(현토신역) 논어집주: 부 안설》, 한국인문고전연구소, 2013, 234쪽.

3) 공자 지음, 권오돈 옮김, 《예기》, 홍신문화사, 1990, 198쪽에 나온 원문을 토대로 필자가 해석함. 원문은 다음과 같다. "大道之行也, 天下為公 (…) 人不獨親其親, 不獨子其子 使老有所終, 壯有所用, 幼有所長 矜寡孤獨廢疾者, 皆有所養 男有分, 女有歸 貨惡其棄於地也, 不必藏於己, 力惡其不出於身也, 不必為己 是故謀閉而不興, 盜竊亂賊而不作, 故外戶而不閉, 是謂大同."

4) 김용옥 지음, 앞의 책, 384쪽.

제6편. 옹야雍也

1) 주희는 《논어집주》에서 <옹야> 편 3절을 하나의 절로 다루었으나 실은 서로 다른 이야기다. 정약용은 이를 《논어고금주》에서 3, 4절로 나누었다. 이 책에서는 A와 B로 나누어 절충한다.

2) 정주영 지음, 《시련은 있어도 실패는 없다》, 제삼기획, 1991, 62쪽.

3) 한국학 중앙연구원의 한국민족문화대백과사전 '녹봉' 항목 참조(http://encykorea.aks.ac.kr/Contents/Index?contents_id=E0012978).

4) 김용옥 지음, 《논어 한글역주 2》, 통나무, 2008, 427쪽.

5) 오규 소라이 지음, 이기동 외 옮김, 《논어징 2》, 소명출판, 2010, 25쪽.

6) 박성규 역주, 《대역 논어집주》, 소나무, 2011, 227쪽.

7) 공자 지음, 임자헌 옮김, 《군자를 버린 논어》, 루페, 2016, 19쪽.

8) 카렌 암스트롱 지음, 정영목 옮김, 《축의 시대》, 교양인, 2010, 9쪽.

9) 하영삼 지음, 《한자어원사전》, 도서출판3, 2014, 755쪽.

10) 아리스토텔레스 지음, 천병희 옮김, 《니코마코스 윤리학》, 숲, 2013, 76~78쪽.

11) 위의 책, 85쪽.
12) 자사 외 지음, 이세동 옮김, 《대학·중용》, 을유문화사, 2007, 291~292쪽.

제7편. 술이述而

1) 이한우 지음, 《논어로 논어를 풀다》, 해냄, 2012, 465쪽.
2) https://www.britannica.com/biography/Confucius의 내용을 토대로 저자가 번역함.
3) 사마천 지음, 신동준 옮김, 《완역 사기세가》, 위즈덤하우스, 2015, 676쪽.
4) 자사 외 지음, 이세동 옮김, 《대학·중용》, 을유문화사, 2007, 222쪽.
5) 오규 소라이 지음, 이기동 외 옮김, 《논어징 2》, 소명출판, 2010, 122쪽.
6) 김용옥 지음, 《논어 한글역주 2》, 통나무, 2008, 595쪽.
7) 김용옥 지음, 《논어 한글역주 3》, 통나무, 2008, 281쪽.

제8편. 태백泰伯

1) 유의경 지음, 김장환 옮김, 《세설신어》, 지식을만드는지식, 2012, 54쪽.
2) 박성규 역주, 《대역 논어집주》, 소나무, 2011, 485쪽.
3) 최진석 지음, 《노자의 목소리로 듣는 도덕경》, 소나무, 2001, 157쪽.
4) 공자 지음, 권오돈 옮김, 《예기》, 홍신문화사, 1990, 352쪽의 원문만 인용.
5) 성백효 지음, 《(현토신역) 논어집주: 부 안설》, 한국인문고전연구소, 2013, 356쪽에서 한문만 인용.
6) 박태섭 지음, 《도덕보장 도경》, 대승회, 2009, 82쪽.

제9편. 자한子罕

1) 박성규 역주, 《대역 논어집주》, 소나무, 2011, 485쪽.
2) 안기섭 지음, 《신체계 한문법대요》, 보고사, 2012, 186쪽.
3) 사마천 지음, 신동준 옮김, 《완역 사기세가》, 위즈덤하우스, 2015, 677쪽.
4) 성백효 지음, 《(현토신역) 논어집주: 부 안설》, 한국인문고전연구소, 2013, 364쪽.

5) 공자 지음, 임자헌 옮김, 《군자를 버린 논어》, 루페, 2016, 148쪽.

6) 김용옥 지음, 《논어 한글역주 2》, 통나무, 2008, 84~85쪽.

7) 이을호 지음, 《논어고금주 연구》, 한국학술정보, 2015, 373쪽.

8) 김용옥 지음, 《논어 한글역주 3》, 통나무, 2008, 126쪽.

9) 위의 책, 126쪽.

10) 최진석 지음, 《노자의 목소리로 듣는 도덕경》, 소나무, 2001, 459쪽.

11) 오규 소라이 지음, 이기동 외 옮김, 《논어징 2》, 소명출판, 2010, 277쪽.

12) 성백효 지음, 앞의 책, 397쪽에서 원문만 인용.

13) 김용옥 지음, 《논어 한글역주 3》, 통나무, 2008, 152쪽.

14) 성백효 지음, 앞의 책, 400쪽.

15) 이기동 역해, 《논어강설》, 성균관대학교출판부, 2008, 358쪽.

제10편. 향당 鄕黨

1) 김용옥 지음, 《논어 한글역주 3》, 통나무, 2008, 163쪽.

2) 위의 책, 167쪽.

3) 사마천 지음, 신동준 옮김, 《완역 사기세가》, 위즈덤하우스, 2015, 647~648쪽.

4) 김용옥 지음, 앞의 책, 169쪽. 이 풀이 전체가 김용옥의 것이다.

5) 이 절은 의복 습관에 따라 네 부분으로 나누어 소개한다.

6) 오규 소라이 지음, 이기동 외 옮김, 《논어징 2》, 소명출판, 2010, 346쪽.

7) 이기동 역해, 《논어강설》, 성균관대학교출판부, 2008, 375쪽.

8) 김용옥 지음, 앞의 책, 207쪽.

9) 오규 소라이 지음, 앞의 책, 347쪽.

10) 부분 생략되었다.

11) 성백효 지음, 《(현토신역) 논어집주: 부 안설》, 한국인문고전연구소, 2013, 434쪽에서 원문만
   인용.

제11편. 선진先進

1) 이중톈 지음, 심규호 옮김, 《이중톈 제국을 말하다》, 에버리치홀딩스, 2008, 185쪽.
2) 공자 지음, 권오돈 옮김, 《예기》, 홍신문화사, 1990, 363쪽에서 한문 원문만 인용.
3) 박성규 역주, 《대역 논어집주》, 소나무, 2011, 431쪽.
4) 위의 책, 435쪽.
5) 위의 책, 435쪽.
6) 김용옥 지음, 《논어 한글역주 3》, 통나무, 2008, 281쪽.

제12편. 안연顔淵

1) 이을호 지음, 《논어고금주 연구》, 한국학술정보, 2015,
2) 아리스토텔레스 지음, 천병희 옮김, 《정치학》, 숲, 2009, 168쪽.
3) 김석환 역주, 《논어》, 학영사, 1995, 338쪽.
4) 유교문화연구소 지음, 《논어》, 성균관대학교출판부, 2005, 417쪽.
5) 성백효 지음, 《(현토신역) 논어집주: 부 안설》, 한국인문고전연구소, 2013, 520쪽.
6) 플라톤 지음, 강철웅 옮김, 《소크라테스의 변명》, 이제이북스, 2014, 104쪽.

제13편. 자로子路

1) 박성규 역주, 《대역 논어집주》, 소나무, 2011, 531쪽.
2) 맹자 지음, 박경환 옮김, 《맹자》, 홍익출판사, 2005, 208쪽.
3) 사마천 지음, 김원중 옮김, 《사기 열전》, 민음사, 2007, 168쪽.

제14편. 헌문憲問

1) 김용옥 지음, 《논어 한글역주 3》, 통나무, 2008, 378쪽.
2) 순자 지음, 김학주 옮김, 《순자》, 을유문화사, 2008, 306쪽.

3) 이을호 지음, 《논어고금주 연구》, 한국학술정보, 2015, 440쪽.

제15편. 위령공衛靈公

1) 이 절은 편의상 A, B 두 개의 장면으로 나누어 설명한다.
2) 김용옥 지음, 《논어 한글역주 3》, 통나무, 2008, 444쪽.
3) 자사 외 지음, 이세동 옮김, 《대학·중용》, 을유문화사, 2007, 141쪽.
4) 마태복음 7장 12절.
5) 사마천 지음, 신동준 옮김, 《완역 사기세가》, 위즈덤하우스, 2015, 655~656쪽.

제16편. 계씨季氏

1) 케팔로스의 대답은 플라톤 지음, 천병희 옮김, 《국가》, 숲, 2013, 28~29쪽에서 인용.

제17편. 양화陽貨

1) 아리스토텔레스 지음, 천병희 옮김, 《니코마코스 윤리학》, 숲, 2013, 40쪽.
2) 위의 책, 62쪽.
3) 지은이 미상, 정상홍 옮김, 《시경》, 을유문화사, 2014, 163~164쪽.
4) 박성규 역주, 《대역 논어집주》, 소나무, 2011, 691쪽.
5) 이을호 지음, 《논어고금주 연구》, 한국학술정보, 2015, 255쪽.
6) 김용옥 지음, 《논어 한글역주 3》, 통나무, 2008, 515쪽.
7) 위의 책, 526쪽.
8) 성백효 지음, 《(현토신역) 논어집주: 부 안설》, 한국인문고전연구소, 2013, 751쪽.
9) 이기동 역해, 《논어강설》, 성균관대학교출판부, 2008, 618쪽.
10) 신정근 지음, 《공자 씨의 유쾌한 논어》, 사계절, 2009, 710쪽.

제18편. 미자微子

1) 김용옥 지음, 《논어 한글역주 3》, 통나무, 2008, 543쪽.
2) 김석환 역주, 《논어》, 학영사, 1995, 521쪽.

제19편. 자장子張

1) 성백효 지음, 《(현토신역) 논어집주: 부 안설》, 한국인문고전연구소, 2013, 780쪽.
2) 위의 책, 781쪽.
3) 주희 지음, 박헌순 옮김, 《논어집주 2》, 한길사, 2008, 550쪽.
4) 김경탁 옮김, 《주역, 명문당》, 2011, 518쪽에서 원문만 인용.
5) 플라톤 지음, 천병희 옮김, 《국가》, 숲, 2013, 235쪽.
6) 공자 지음, 오강남 편역, 《도덕경》, 현암사, 1995, 368쪽에서 원문만 인용.
7) 이을호 지음, 《논어고금주 연구》, 한국학술정보, 2015, 655쪽.

제20편. 요왈堯曰

1) 지은이 미상, 김학주 옮김, 《서경》, 명문당, 2002, 40쪽.
2) 자사 외 지음, 이세동 옮김, 《대학·중용》, 을유문화사, 2007, 141쪽
3) 유교문화연구소 지음, 《대학·중용》, 성균관대학교출판부, 2007, 119쪽.

논어는 처음이지?

지은이	명로진
펴낸이	오세인
펴낸곳	세종서적(주)

주간	정소연
기획	윤혜자
책임편집	김하얀
편집	이진아
디자인	전성연 전아름
마케팅	임세현
경영지원	홍성우

출판등록	1992년 3월 4일 제4-172호
주소	서울시 광진구 천호대로132길 15, 세종 SMS 빌딩 3층
전화	마케팅 (02)778-4179, 편집 (02)775-7011
팩스	(02)776-4013
홈페이지	www.sejongbooks.co.kr ┃ 네이버 포스트 post.naver.com/sejongbook
페이스북	www.facebook.com/sejongbooks ┃ 원고 모집 sejong.edit@gmail.com

초판 1쇄 발행 2017년 12월 27일
　　4쇄 발행 2021년 3월 15일

© 명로진, 2017

ISBN 978-89-8407-672-3 03140

이 도서의 국립중앙도서관 출판시도서목록(CIP)은 서지정보유통지원시스템
홈페이지(http://seoji.nl.go.kr)와 국가자료공동목록시스템(http://www.nl.go.kr/kolisnet)에서
이용하실 수 있습니다.(CIP제어번호: CIP2017033796)

• 잘못 만들어진 책은 바꾸어드립니다.
• 값은 뒤표지에 있습니다.